納税環境の整備

Improvement of Tax Environment

日税研論集
Journal of Japan Tax Research Institute

VOL 67

研究にあたって

東京大学名誉教授　金子　宏

公益財団法人日本税務研究センターでは，かねて，所得税部会のプロジェクトとして，租税通則法制としての「納税環境の整備」と「租税手続の整備」の2つの課題について，研究の機会をもちたいと考えてきたが，平成25年にマイナンバー制度が導入されたのを機会に，まず，平成26年度の研究課題として，「納税環境の整備」をとり上げ，研究を行うこととした。

納税環境というのは，非常に広い領域を持つ概念であるが，この研究でとり上げたのは，租税通則法制の1部としての納税環境であり，具体的には，⑴納税者憲章，⑵納税者番号，⑶納税者の秘密の保護，および⑷コーポレートガバナンスとタックスコンプライアンスの4つの課題である。

第1の納税者憲章については，平成23年度の国税通則法の改正法案の4条に規定が入っていたが，国会の審議の過程で削除されたという経緯がある。しかし，その採用が前世紀の末以来の世界的潮流となっており，国際研究組織でも，2016年に「モデル納税者憲章」の最終版を公表するといわれているので，わが国でも，そう遠くない将来に採用の動きが本格化するのではないかと思われる。

第2のマイナンバー制度は，法律用語としては，個人・法人識別番号と呼ぶのが適当であるが，それは，租税との関係では納税者番号にほかならない。昨年（平成27年）中に番号の通知が完了し，今年（平成28年）から適用が始まっている。この部分では，日本の納税者番号制度のほか，番号制度の先進国であり，わが国の制度の原型であるアメリカの制度，同じく番号制度の先進国であり，しばしばアメリカの制度と対置されるスウェーデンの番号制度，アメリカの制度ともスウェーデンの制度とも異なるドイツの制度をとり上げることとした。

第3の納税者の秘密の保護は，国税通則法126条，地方税法22条が租税

課員の守秘義務という形で保障しているところであるが，納税者番号制度の導入・適用とともに，納税環境の整備の一環として，ますます重要性を増すであろう。そこで，このプロジェクトでは，独立の課題としてとり上げることとした。

第4のコーポレートガバナンスとタックスコンプライアンスは，わが国では比較的新しい問題であり，研究の少ない問題領域であるが，会社法の立法・解釈および適用において，コーポレートガバナンスは，ますます重要性を増していくであろうし，税制および租税行政も，それに対応して，タックスコンプライアンスを改善するため，その成果をとり入れていくことになると考える。このプロジェクトで，この問題を課題としてとり上げたのは，そのような理由からである。

本論集は，以上の諸問題に関する研究の成果であるが，所収のいずれの論文も，それぞれの課題について，外国の文献・資料も引用しつつ広い角度から突っ込んだ検討を行っており，有益な研究であると考える。

本論集が，わが国における納税環境の整備に関する今後の研究の発展，および立法論・解釈論の展開に役立つことができるならば，それは，研究会の構成員一同にとって大きな喜びである。

目　　次

研究にあたって …………………………………… 金子　宏

第 1 章　納税者憲章と納税者権利章典 ………… 中里　実・1

は じ め に………………………………………………………… 1

Ⅰ　納税者の手続的権利・義務の背景 …………………………… 2

　　1　納税者の手続的権利の歴史的背景－租税法律主義………… 2

　　2　納税者の手続的権利・義務の基本構造 ………………… 5

Ⅱ　OECD 加盟国における納税者の権利・義務 ……………… 6

Ⅲ　Charter 系統の権利・義務 ………………………………… 8

　　1　イ ギ リ ス ………………………………………………… 9

　　2　フ ラ ン ス ………………………………………………… 11

　　3　そ の 他 ………………………………………………… 17

Ⅳ　Bill of Rights 系統 ………………………………………… 17

　　1　アメリカの連邦 ………………………………………… 17

　　2　アメリカの州 …………………………………………… 24

　　3　様々な権利章典 ………………………………………… 26

Ⅴ　納税者憲章と納税者権利章典 ……………………………… 27

Ⅵ　実体法的納税者保護措置の重要性 ………………………… 29

Ⅶ　ま　と　め ………………………………………………… 31

第2章　日本の納税者番号制度 ……………………… 渕　圭吾・33

　Ⅰ　は じ め に ……………………………………………………… 33
　Ⅱ　納税者番号制度をめぐる議論の経緯 ………………………… 34
　　　1　納税者の同一性の管理と他人に関する情報申告 ……… 34
　　　2　一元的番号制度に関する動向 ………………………… 44
　　　3　金融所得を把握する方策としてのグリーン・カード制
　　　　　度の挫折 ………………………………………………… 47
　　　4　社会保障と租税とを一体的な目的と理解する番号法の
　　　　　登場 ……………………………………………………… 54
　　　5　番号の記載によって何が変わるのか ………………… 55
　Ⅲ　納税者番号制度に関する論点 ………………………………… 56
　　　1　どのような論点があるのか …………………………… 56
　　　2　個人の同一性の管理と数字 …………………………… 58
　　　3　国家が収集しうる個人情報 …………………………… 59
　　　4　他人についての情報申告義務 ………………………… 60
　　　5　税目間・年度間の情報の融通，他の納税者に関する情
　　　　　報の利用 ………………………………………………… 62
　　　6　本稿で検討できなかった問題 ………………………… 64

第3章　米国の納税者番号制度 ……………………… 藤谷　武史・67

　Ⅰ　は じ め に ……………………………………………………… 67
　Ⅱ　米国の納税者番号制度の概観 ………………………………… 69
　　　1　米国の納税者番号制度の全体像 ……………………… 69
　　　2　社会保障番号（SSN）制度 …………………………… 71
　　　3　納税者番号制度・略史 ………………………………… 73

4	納税者番号の税制上の位置づけ	……………………	76
5	納税者番号制度の効果？	………………………………	80
6	納税者番号（社会保障番号）の利用範囲の広がり	…………	84

Ⅲ 納税者番号と税務情報の保護……………………………………… 90

1	納税者番号と税務情報保護の関係	………………………	90
2	米国の税務情報保護制度	…………………………………	92
3	税務情報の利用と規制	……………………………………	96

Ⅳ 近時の問題―"Identity Theft"への対応 ……………………… 99

1	多目的番号制度の光と影？	………………………………	99
2	税務分野を中心とした Identity Theft 問題	………………	100

第4章　スウェーデンの納税者番号制度 … 馬場　義久・103

Ⅰ は じ め に …………………………………………………………… 103

Ⅱ 住民登録制度と ID カード ………………………………………… 104

Ⅲ 住民登録の問題点 …………………………………………………… 108

1	SKV による情報の配布と個人情報の保護	…………………	108
2	その他の直面する課題	……………………………………	114

Ⅳ スウェーデン財政における納税者番号の重要性 ………………… 116

1	高負担社会と納税者番号制度	……………………………	116
2	高福祉社会と納税者番号制度	……………………………	122

Ⅴ スウェーデンの納税・徴税の実態と納税者番号制度の役割 … 127

1	簡単な所得税申告	…………………………………………	127
2	申告制度における源泉課税・追加納税・還付	……………	130
3	巨額税収の支え	……………………………………………	131
4	SKV による Tax チェック	………………………………	136
5	Tax Gap	………………………………………………………	141
6	Tax Gap 削減の試み	………………………………………	147

VI　結びに代えて ……………………………………………………… 150

第5章　ドイツにおける納税者番号制度 … 吉村　典久・155

はじめに ……………………………………………………………… 155
I　統一的納税者番号制度導入前史 ………………………………… 157
II　連邦統一的納税者番号の導入の模索 ………………………… 160
III　ドイツ納税者番号制度の概要 ………………………………… 164
IV　ドイツ租税通則法に規定する納税者番号制度の評価 ……… 175
おわりに ……………………………………………………………… 181

第6章　納税者番号制度と納税者の
秘密の保護 …………………………… 髙橋　祐介・183

I　はじめに ………………………………………………………… 183
II　個人情報保護の根拠と対策 …………………………………… 186
　　1　はじめに ………………………………………………… 186
　　2　プライバシーの権利に関する議論 …………………… 187
　　3　現行個人情報保護法制とその改正の動き …………… 191
　　4　国際的展開 ……………………………………………… 193
　　5　番号法における個人情報保護 ………………………… 198
　　6　小　　括 ………………………………………………… 199
III　番号制を含む現行税制の個人情報保護上の問題点とその
　　検討 ……………………………………………………………… 202
　　1　はじめに ………………………………………………… 202
　　2　介入・情報収集 ………………………………………… 202
　　3　情 報 処 理 ……………………………………………… 210
　　4　情 報 提 供 ……………………………………………… 215

Ⅳ おわりに ……………………………………………………………… 216

第7章 コーポレートガバナンスと
タックスコンプライアンス
……………………………… 岩﨑　政明・川島　いづみ・219

Ⅰ　は じ め に ……………………………………………………… 219
Ⅱ　会社法・金商法上の内部統制におけるタックスコンプラ
　　イアンスの位置づけ ………………………………………… 222
　　1　考察の対象 …………………………………………………… 222
　　2　米国の SOX 法と関連規則 ……………………………… 223
　　3　OECD のコーポレートガバナンス原則 ……………… 228
　　4　会社法上の取締役（会）の義務と租税法 ……………… 231
Ⅲ　租税行政の効率化とタックスコンプライアンス向上のた
　　めの方策－米国 FASB 解釈指針第 48 号及び内国歳入庁
　　CAP 制度の意義と実効性－ ……………………………… 236
　　1　考察の対象 …………………………………………………… 236
　　2　米国財務会計基準書第 109 号及び同解釈指針第 48 号
　　　の詳細と分析 ……………………………………………… 238
　　3　内国歳入庁による法令遵守確認手続の詳細と分析 ……… 244
　　4　小　　　括 …………………………………………………… 249
Ⅳ　お わ り に ……………………………………………………… 250

納税環境の整備

第1章　納税者憲章と
納税者権利章典

東京大学教授　中里　実

は じ め に

　名称の問題として，納税者の保護をうたう文書には，イギリスやフランスの納税者憲章系統のそれ（Charter 系統）と，アメリカやカナダの納税者権利章典系統のそれ（Bill of Rights 系統）の二種類が存在する。この二つは，そもそも本質的に根本的に異なるものなのか，それとも，文書の性格に多少の違いはあるものの，納税者の保護にそれほどの違いがあるものなのか，本稿においては，主に，そのような点について見ていきたい。

　本来ならば，このような問題については，文書の存在という形式的な面のみならず，それぞれの国における運用の実体に注目する必要があるのであるが，この点については資料の制約等の理由でできていないことをあらかじめおわびしておきたい。

　なお，以下においては，参照の便宜のために，英語については基本的に原文も掲げることとする。

I　納税者の手続的権利・義務の背景

1　納税者の手続的権利の歴史的背景－租税法律主義

　現代へとつながる租税の歴史は，中世から近代にかけてのヨーロッパ史の
バックボーンをなすものであるといってもいいほどの重要性を有する。その
中で育まれてきた現代の租税制度は，長い歴史的変遷の中で，中世ヨーロッ
パに生まれた領邦領主の私権的な性格を色濃く有する領主権（droits
seigneuriaux）に基づく課税権（＝領有権〔droits domaniaux〕[1]）が，主権概念
と主権国家の成立後，公法的色彩を強めて，現在にまで至ったものであると
いってよい。

　すなわち，中世において，ローマ的な公権は崩れ，私権的な性格の濃厚な
領邦領主の領主権へと変容し，次いで，中世を通じて，そのような領主権を
基礎とする（最有力な領邦領主である）王の権限が，他の領邦領主の権限を吸
収するというかたちで徐々に強化され，絶対主義が成立する過程で，近代的
な意味の主権が形成されていく。そして，十字軍以降の中世における身分制
議会の課税承認権が，絶対主義の成立とともに形骸化し，30年戦争を終結
させた1648年のウェストファリア条約を境に，主権概念が実定法化され，
領邦領主の徴収する**封建的地代**から，主権国家における王の徴収する**中央集
権的租税**への転換が達成されるとともに，封建貴族の領邦領主から官僚への
転向が進んだが，このことが（封建貴族の非課税等の）課税上の不平等を招き，
やがて市民革命へとつながる。そして，市民革命において，形骸化していた
課税承認権が復活するのである。

　租税制度との関係において，市民革命の中でも特に重要なのが，イギリス
の名誉革命[2]である。この，名誉革命によって作り出されたイギリスの国家
体制は，歴史学において財政軍事国家（Fiscal Military State）と呼ばれてい

---

(1)　Cf. Henri Eugène Sée, Les Classes Rurales et le Régime Domanial en
France au Moyen Age, pp. 301-354, 1901 (1980 reprint).

る[3]。特に，名誉革命において形成された財政軍事国家における財政と金融の結びつきの意味が大きい。すなわち，現在のような財政と金融が密接に結びついた政治経済秩序が真の意味で成立したのは，17 世紀後半のイギリスの名誉革命においてであり，名誉革命の世界史的な意義は，現在にまで至る財政金融制度の基礎を全て作り出したという点にあるといってよい。この名誉革命と財政金融制度との関係についての詳細な分析は別稿に委ね，ここでは概要のみについてふれておくこととする。

名誉革命においては，国家の財政と金融が密接な関係を保つかたちで組織化されており，そのシステムにしたがって，その後の国家秩序が形成された点が重要である。権利章典（Bill of Rights）[4]においては重要な原則がいくつか採用されたが，その一つが，議会の同意なしに課税はできないという，真の意味の租税法律主義である[5]。これはドイツやフランスで生まれたわけでは必ずしもなく，イギリスで名誉革命によって，今のような形で生まれたといえる。

のみならず，名誉革命時においては，国の支出に対する議会の強い関与が行われるようになった[6]。また，その関連で，国の借り入れについては税収を担保にするということが法律により規定された[7]り，イングランド銀行が設立されたりした。租税法においては，通常は，租税法律主義のみが強調されるが，借金に関する議会の関与の意味も大きい[8]。議会が課税も借入も，どちらもコントロールするということになると，議会が直接に国債を発行す

---

(2) Mark Dincecco, Political Transformations and Public Finances: Europe, 1650-1913, 2011; Alan D. Morrison and William J. Wilhelm, Jr., Investment Banking: Institutions, Politics, and Law, pp. 37-63, 2007, 参照。

(3) John Brewer, The Sinews of Power, 1989.

(4) 権利章典については，cf. English Bill of Rights 1689, An Act Declaring the Rights and Liberties of the Subject and Settling the Succession of the Crown, http://avalon. law. yale. edu/17th_century/england. asp

(5) すなわち，権利章典においては，"levying money for or to the use of the Crown by pretence of prerogative, without grant of Parliament, for longer time, or in other manner than the same is or shall be granted, is illegal" とされた。

るわけではないにせよ，議会の管理支配の下に国債が発行されることになる。このような国債は，議会が権限を持っている課税権から生ずる将来の税収を当て込んで償還することができる[9]。これは，名誉革命以降，イギリスの国債を買った者は，議会の力により，将来税収でもってその国債の償還がなされるという約束の下に，安心して，イギリス国債を買うことができるということを意味する。その結果，イギリス国債のデフォルトのリスクは著しく低くなり，イギリスは，低金利で資金調達することができるようになったところに，大きな意味があった[10]。

イギリスが，新大陸での植民地競争においてスペインやフランスと戦うための資金は，議会がコントロールしているところの租税制度により，あるい

---

(6) 権利章典にはこの点に関する直接の定めはないが，たとえば，イギリス王室のホームページには，名誉革命について，"Parliament tightened control over the King's expenditure; the financial settlement reached with William and Mary deliberately made them dependent upon Parliament, as one Member of Parliament said, 'when princes have not needed money they have not needed us'." との記述がある（http://www.royal.gov.uk/Historyofthe Monarchy/KingsandQueensoftheUnitedKingdom/TheStuarts/MaryIIWilliam IIIandTheActofSettlement/MaryIIWilliamIII.aspx）。

(7) 税収を担保とする借入等について，佐藤芳彦「名誉革命後イングランド議会における予算の審議過程（I）——対フランス戦争と『軍事歳出予算』及び『1年間援助金議与法』導入を中心に——」アルテスリベラレス第82号43〜67頁，44頁，2008年6月，参照。

(8) 日本国憲法85条は，国家債務負担行為について国会の承認を要求している。

(9) Karin Knorr Cetina and Alex Preda eds., The Oxford Handbook of the Sociology of Finance, p.494 は，"According to North and Weingast (1989), sovereign borrowers can more credibly commit to repay their loans when they share political power with those from whom they borrow. By sharing power with parliament after the Glorious Revolution of 1689, British monarchs found it easier to borrow because national debts were "backed" by parliament." と述べて，Douglass C. North and Barry R. Weingast (1989), Constitutions and Commitment: The Evolution of Institutions Governing Public Choice in Seventeenth-Century England. The Journal of Economic History, vol.49, pp.803-832, 1989 を引用している。

(10) Cf. Institutional economics, Glorious revolutions and their discontents, The Economist, December 4th 2013, http://www.economist.com/blogs/freeexchange/2013/12/institutional-economics

は，議会がコントロールしているところのイギリス国債の発行によって得られる。このシステムの下，イギリスは，植民地競争において必要な資金をきわめて効率的に調達できるようになったのである(11)。このように，イギリスで生まれた租税法律主義は，金融に対する議会のコントロールと不可分一体のものであり，大陸法における法治国原理とは異なり，あくまでも財政・金融を統合した議会支配の原理の表現であった。そして，日本国憲法84条や85条を見ると，そのような理念は，日本国憲法における財政の章にも受け継がれているといってよい。

　以上のように，課税は，議会の支配を通じて間接的ながらも納税者の同意の下に行われるのであるが，個々の納税者の保護は，別の原則に依存せざるを得ない。

2　納税者の手続的権利・義務の基本構造

　上で述べたように，歴史的な流れの中で，間接的なかたちとはいえ，納税者の同意のない課税を阻止する原則としての租税法律主義が出てきたのであるが，個々の納税者の保護のためには，租税法律主義に基づいて議会により決定される租税法律の実体法的中身に加えて，そのような法律の執行の面における納税者の手続的保障の確保が必要であるのは当然である。

　そこで，ここでは初めに，憲法上の納税の義務（日本国憲法30条）と，租税手続法上の納税者の権利・義務の関係について，ごく簡単に整理しておくこととしたい。まず，憲法上の納税の義務と密接に関連する不可分一体の原則が，租税法律主義（日本国憲法84条）である。これは，基本的には，租税実体法（すなわち，納税義務＝租税債権，の発生や消滅に関する法）の内容を決める立法上の手続に関する法原則である。次に，このようにして制定された法律により生み出される個々の納税者の具体的な納税義務（租税債権）に関し

---

(11)　その私的金融に及ぼした影響について，cf. Stephen Quinn, The Glorious Revolution's Effect on English Private Finance: A Microhistory, 1680-1705, The Journal of Economic History, Vol. 61, No. 3, pp. 593-615, 2001.

て，それぞれの納税者に関する手続法上の権利と義務が生まれる[12]。その背後に存在する憲法上の原則は，憲法 31 条ということになるのであろう。

すなわち，要約すると，憲法上の納税の義務があって，法律に基づいて納税義務（租税債権）が成立し，その納税義務（租税債権）をめぐる具体的な手続法的法律関係の中で，納税者の権利と，納税者の義務が定められている，というのが基本構造である[13]。以下においては，このような手続的な納税者の権利と義務について議論する。

II OECD 加盟国における納税者の権利・義務

まず，OECD は，世界各国における納税者の権利と義務について調査してまとめた報告書[14]で，以下のように述べている[15]。

・大部分の国で，課税に関する納税者の権利と義務に関する立法が存在する。

・納税者の権利と義務の内容の詳細は国により多少異なるが，そこには，一定の共通性がある。

---

(12) 当然のことであるが，納税の義務がなければ納税者は存在しないのであるから，納税者の権利・義務も発生しようがない。

(13) なお，税理士法 1 条により，両者の統合が図られていると考えることができる。

(14) OECD Committee of Fiscal Affairs Forum on Tax Administration, Taxpayers' Rights and Obligations - Practice Note (Centre for Tax Policy and Administration, Tax guidance series, General Administrative Principles—GAP 002 Taxpayers' Rights and Obligations), 2003. この報告書は，1990 年に，OECD の Committee of Fiscal Affairs Working Party Number 8 が，"Taxpayers' rights and obligations - A survey of the legal situation in OECD countries" と題する文書を公表したのを受けて，Forum on Strategic Management（現在の，Forum on Tax Administration）の Steering Group の 2000 年 12 月の会合でさらに議論を行い，2002 年から 2003 年にかけて草案の審議を行い，2003 年 8 月に公表された。

(15) Cf. Simon R. James, A Dictionary of Taxation, 2nd ed., p. 264, 2012. また，cf. Philippe Dufresnoy, Civisme fiscal et «compliance»: la gestion de la relation aux contribuables dans l'OCDE, La Revue du Trésor, 86e année, n. 5, 2006.

第1章　納税者憲章と納税者権利章典　7

・1990年に，OECD の Committee on Fiscal Affairs Working Party Number 8 が公表した，「納税者の権利と義務－OECD 加盟国における法的状況のサーベイ」（"Taxpayers' rights and obligations - A survey of the legal situation in OECD countries"）においては，当時，ほとんどの国に納税者憲章は存在しなかったものの，どこにおいても，以下のような納税者の基本的な権利は認められていたという点が述べられている。ここでいう権利とは，納税の義務を履行する際の納税者の手続的権利である点に留意されたい。

　　・情報を受け，補助を受け，意見を申し述べる権利（The right to be informed, assisted and heard）
　　・課税庁の決定等に対して不服申立等をする権利（The right of appeal）
　　・正しい額の租税しか払わない権利（The right to pay no more than the correct amount of tax）
　　・確実性を求める権利（The right to certainty）
　　・プライバシーの権利（The right to privacy）
　　・秘密保持を要求する権利（The right to confidentiality and secrecy）

・同時に，**納税者の義務も存在する。ただし，それは，以下に列挙するように，納税者に要求されるごく基本的なものである。**納税者の権利と義務のこのようなバランスがなければ，租税制度は効果的かつ効率的に機能しないであろう（"Without this balance of taxpayers' rights *and* obligations taxation systems could not function effectively and efficiently."）。

　　・誠実に対応する義務（The obligation to be honest）
　　・協力的である義務（The obligation to be co-operative）
　　・正確な情報と文書を時期に遅れずに提供する義務（The obligation to provide accurate information and documents on time）
　　・記録をする義務（The obligation to keep records）
　　・時期に遅れずに租税を支払う義務（The obligation to pay taxes on

time）

・多くの国で，上のような権利・義務を，納税者憲章等の様々な形式の
文書にまとめている。しかし，そのように明示的なかたちの納税者憲
章が存在しない場合であっても，国は，納税者の権利について（憲章
等の存在する国と同様に）尊重している。

このように，OECD は，納税者の権利・義務の検討に関連するかたちで，
納税者憲章について議論した[16]。この報告書は，納税者憲章に関しては，
すべての国で画一的な要素を盛り込む必要はなく，それぞれの国が自国の立
法的背景や行政慣行や文化を考慮して，それぞれの方針を採用すべきである
としている。実際に，各国の対応は様々であり，納税者憲章という名称のも
のを採用しない国もあり，例えば，アメリカ議会は，Taxpayer Bill of
Rights（1 は 1988，2 は 1996，3 は 1998）を制定したし，カナダは，Declara-
tion of Taxpayer Rights という名称のものを作成した。また，憲章の導入
ですべての問題が解決されるというわけではなく，たとえば，イギリスでは，
国税庁が IR 167, Charter for Inland Revenue Taxpayers, July 2003 の公表
を宣伝したが，それに対する反応はあまり良くなかった。

ある論者は，結局，租税憲章（tax charter）の問題は，租税行政の成果の
基準（standards of performance in tax administration）の問題と関連していると
述べている[17]。

Ⅲ　Charter 系統の権利・義務

多くの国に，納税者の権利・義務を簡潔に要約して示した行政文書である
納税者憲章が存在する。ここでは，その代表的な例として，イギリスとフラ
ンスについて見ておくこととする。

---

(16)　このパラグラフは，Simon James, Kristina Murphy and Monika Reinhart,
The Taxpayers' Charter: A Case Study in Tax Administration, 7-2 Journal
of Australian Taxation 336-356, p. 342, 2004 による。

1 イギリス

　かつて，私がイギリスの国税庁を訪れた際に，入り口の左横の壁には，レリーフで納税者憲章が掲げられていた（これは，1991 年の Taxpayer's Charter であったと記憶している）が，それは，第一に，国家運営に必要な税収を確保することが国税庁の使命であること，第二に，国税庁は納税者の様々な権利を守ること，ただし，納税に関して不正をなす者に対しては，一般納税者の権利を守るために厳正に対処すること，第三に，納税者は，誠実に，国税職員を尊重し，適正な義務履行を図ること等，が定められていた[18]。

　イギリスは，Taxpayer's Charter（1986 年），新しい Taxpayer's Charter 及び Customer Service Initiative（1991 年）に次いで，HM Revenue and Customs 発足（2005 年）後に，Your Charter（2009 年）を公表した[19]。すべて，行政文書の形式である。

　具体的には，現行の Your Charter は，以下のような内容の，かなり簡潔なものである[20]。納税者を "You" と二人称で呼んでいる。

---

(17)　このパラグラフは，James et al., supra note 7, at 341 による。その結果，たとえば，イギリスでは，そのような点に関して課税庁が熱心で，政府白書である "The Citizen's Charter in 1991" の中で，国税庁は，'The Taxpayers' Charter, which we published jointly with HM Customs and Excise in July 1986, was an important statement of the principles which guide all our dealings with the public.' と述べ（Inland Revenue, Report for the Year Ending 31st March 1991, p. 14.），この "The Citizen's Charter" 公表後に，イギリスの納税者憲章は改訂された（1991 年 8 月）。そこでは，従来からの 'giving a fair and efficient service' という目標を維持しつつ，改訂版は，'fresh, and more sharply focused, version' であり，このような目的を国民に対してより明確に提示できるものであるとされた（Inland Revenue, supra, p. 14.）。

　　　また，カナダが 1985 年，フランスが 1987 年，アメリカが 1988 年，といった，納税者憲章の導入については，Georg Kofler, Miguel Poiares Maduro, Pasquale Pistone, Human Rights and Taxation in Europe and the World, 2011, p. 120 参照。

(18)　Cf. http://www.hmrc.gov.uk/charter/index.htm

(19)　Cf. The Chartered Institute of Taxation, A Taxpayers' Charter for the United Kingdom, 2008.

(20)　https://www.gov.uk/government/organisations/hm-revenue-customs/about

・国税庁の役割（Our role）

ここでは，国税庁は，議会により定められた租税公課を徴収することにより，連合王国の公共サービスのための資金調達を確実にするとして，「我々は，相互に平等で正確で相互信頼と相互尊重に基づくサービスを提供したい。我々は，また，皆さんにとって物事が正しく進行することが可能な限り容易になるように努力をする。」（"We want to give you a service that is even-handed, accurate and based on mutual trust and respect. We also want to make it as easy as we can for you to get things right."）と述べられている。

・納税者の権利（Your rights）

この部分では，「我々課税庁から納税者であるあなたが期待できること」（What you can expect from us）として，以下の諸点が列挙されている。

1 あなたを尊重します（Respect you）

2 物事を適正に運営するためにあなたをサポートします（Help and support you to get things right）

3 あなたを誠実であるとして扱います（Treat you as honest）

4 あなたを対等に扱います（Treat you even-handedly）

5 専門家として首尾一貫した対応をします（Be professional and act with integrity）

6 ルールを故意に破る人と対抗し，ルールを捻じ曲げる人に挑戦します（Tackle people who deliberately break the rules and challenge those who bend the rules）

7 あなたの情報を守り，あなたのプライバシーを尊重します（Protect your information and respect your privacy）

8 第三者があなたの代理をすることを認めます（Accept that someone else can represent you）

9 あなたが私達と可能な限り低いコストで交渉できるように全力を尽くします（Do all we can to keep the cost of dealing with us as low as possible）

・納税者の義務（Your obligations）

　ここでは，「私達があなたに期待していること」（What we expect from you）として，きわめて簡潔に，以下の諸点が列挙されている。

　　　1 誠実であること（Be honest）

　　　2 私達の職員を尊重すること（Respect our staff）

　　　3 ものごとを適正に処理するように留意すること（Take care to get things right）

2　フランス

　大陸法国では，納税者憲章は，ドイツには存在しないがフランスには存在する。フランスの納税者憲章は，租税手続的色彩が強い[21]。

① 　La charte des droits et obligations du contribuable vérifié

　課税庁による租税調査における納税者の保護については，フランスでは，課税庁が，行政実務を整理して作成していた文書があったが，1986 年 8 月 4 日法律は，課税庁と納税者の間の関係の円滑化のための納税者憲章について定めた。その結果，1987 に至り法的効力のある，「調査の対象とされている納税者の権利と義務に関する憲章（Charte des droits et obligations du contribuablevérifié）」が制定された。そこでは，調査の際の納税者の権利について述べられており，この憲章は，調査前に納税者に手渡すものとされている[22]。もっとも，納税者は，調査と関係なく，いつでも課税庁に要求すれば入手できる[23]。

---

(21)　この点については，たとえば，Vincent Nouzille, Comment le fisc nous surveille, Le Figaro Magazine, Publié le 06/12/2013, http：//www. lefigaro. fr/impots/2013/12/06/05003-20131206ARTFIG00440-comment-le-fisc-nous-surveille. php 参照。

(22)　詳しくは，Patrick Michaud, L'Examen Contradictoire de la Situation fiscal Personnelle, V2. 09. 13, http：//www. avocatfiscaliste-paris. fr/media/02/01/ 1081682650. pdf 参照。

(23)　このパラグラフは，Victor Thuronyi, Tax Law Design and Drafting, vol. 1, p. 30, 1996 による。

Loi 87-502, 1987-07-08, JORF 9 juillet 1987 の art. 8 により, 1988 年 1 月 1 日施行された, 租税手続法典 (Livre des procédures fiscales) の L10条[24] の 4 項 (4ème alinéa) は, 次のように定めている。

「…課税庁は, 納税者に対して, 調査を受ける納税者の権利と義務に関する憲章 (la charte des droits et obligations du contribuable vérifié) を交付する。当該憲章に含まれた定めは, 課税庁に対して対抗できる (les dispositions contenues dans la charte sont opposables à l'administration.)。」

これについて, フランス大蔵省のホームページ[25]では, Charte des droits et obligations du contribuable vérifié は, 国税庁 (Direction générale des finances publiques) が 1987 年から出しているもので, その中身 (Description) について, 「この憲章の目的は, 自らが対象となっている調査の前に, きわめて具体的に納税者が享受することのできる保護について知らせることである」と述べている[26]。そして, 課税庁は, この文書について, 以下のように説明している[27]。

「調査対象となっている納税者の憲章 (Charte du contribuable vérifié)

租税手続法典の L. 10 条の 4 項に従い, 課税庁は, 納税者に対して, 租税手続法典の L. 12 条と L. 13 条に定める調査 (vérifications) に取り掛かる前に, 調査対象となっている納税者の権利と義務の憲章 (la

---

(24) 同法典の, 調査 (Le contrôle de l'impôt) の箇所の, 課税庁の調査権 (Le droit de contrôle de l'administration) の総論の部分にある。

(25) Le portail des ministères économiques et financiers, http : / / www. economie. gouv. fr/cedef/repertoire-des-informations-publiques-fiscalite

(26) たとえば, この憲章について, あるホームページ (http://www. abcdent. fr/ jurifiscal/articles/70) には, 以下のようなことが述べてある。
・租税手続法典の L. 10 条故に, 調査手続の開始日に納税者に対して調査の意見とともに交付されなければならないところの, 調査の対象となっている納税者の権利と義務の憲章の定めは, 課税庁に対して対抗できる。
・この憲章は納税者に対してすべての法的保護について知らせるものであり, 租税調査の事項に関して適用される主要な原則を想起させることにより納税者が防御できるようにするものなので, その内容が対抗可能であるかという問題については, コンセーユ・デタにより判断されたいくつかの判決が存在する。

charte des droits et obligations du contribuable vérifié）を交付する。当該
憲章に含まれた諸規定は，課税庁に対して対抗できる（opposables à
l'administration）。

　あらゆる調査（会計の調査，あるいは，個人的な課税上の状況の整合性の
検査）の開始前に，調査対象となっている納税者への憲章の事前の交
付は，交付を受ける利害関係人である者が，調査の進行状況，自らの
義務，及び，その受けることのできる保護について知らされることを
可能にする。

　この義務を尊重しない場合は，調査手続が無効となり得…る。

　課税庁は，それ故，調査の開始前に，調査の対象となっている納税
者に対して，この文書を送付ないし交付しなければならない。

　（以下，略）」

②　La charte du contribuable

他方，2005 年の 5 月 17 日に，大蔵大臣の Jean-François Copé は，課税
庁と納税者の間の関係[28]に関して，信頼と相互理解の環境を醸成するため
に，納税者憲章（Charte du contribuable）[29]の草案を提示した[30]。

「納税者憲章：草案の提示」と題するフランス政府のホームページによれ

---

(27)　Direction générale des finances publiques, CF‐Garanties applicables lors
　　　de l'exercice du contrôle‐ Information du contribuable et envoi d'un avis
　　　devérification et de la charte du contribuable vérifié, Bulletin Officiel des Fi-
　　　nances Publiques-Impôts, BOI-CF-PGR-20-10-20120912, http://bofip.im
　　　pots. gouv. fr/bofip/236-PGP. html；BOI-CF-PGR-20-10-20150522, http://
　　　bofip. impots. gouv. fr/bofip/236-PGP. html?identifiant=BOI-CF-PGR-20-10-
　　　20150522

(28)　Cf. Cour des Comptes, Synthèse du Rapport public thématique, Les rela-
　　　tions de l'administration fiscale avec les particuliers et les entreprises, Eval-
　　　uation d'une politique publique, 2012；Ameliorer la Securité juridique des
　　　Relations entre l'Administration fiscal et les Contribuables：Une Nouvelle
　　　Approche, Rapport au ministre du Budget, des comptes publics et de la
　　　fonction publique (Présenté par M. Olivier Fouquet, président de Section au
　　　Conseil d'Etat, Julie Burguburu, rapporteur general, David Lubek, rap-
　　　porteur general, Sylvie Guillemain, rapporteur), 2008.

ば，この憲章は，納税者と課税庁の権利と義務に関する明確で包括的な情報を与えることを意図し課税庁により作成されるものであり，課税庁と納税者の関係[31]について規律することにより，両者間の信頼関係と相互の尊重を確立しようとするものであった[32]。この納税者憲章の具体的な中身を，多少の省略を行いながら要約すると，ほぼ以下のようなものである[33]。

はじめに

課税庁はすべての市民に奉仕する存在であり，専門的知識を有する職員により使命を果たす。課税上のコンプライアンスは，市民と課税庁職員の責任ある関係を基盤とするもので，簡素性，相互の尊重，及び公正さが課税庁の行動の方針である。その反面として，責任ある市民には義務も生ずる。納税者憲章は，明確かつ簡易に，市民の権利と課税庁の責務に照らして，以上の点について述べたものである。その目的は，課税庁の使命の正当な行使と，同様に正当な市民の期待の間の正しいバランスを見出し，それを相互の信頼に基づく平和な関係として根付かせることである。

---

(29) Guide pour l'Élaboration d'une Charte du Contribuable, 2009. 同書によれば，これは，以下のような事情で，モデル納税者憲章を作成しようとしたものである。

"Lors de la réunion de l'Assemblée générale du Centre de Rencontres et d'Études des Dirigeants des Administrations Fiscales (CREDAF) tenue à Cotonou, au Bénin, le 18 février 2008, un groupe de travail a été chargé d'élaborer un modèle de charte du contribuable."

(30) Derection général des Impôts, Rapport Annuel de Performance 2005, p. 30, http://www. economie. gouv. fr/files/files/directions_services/dgfip/Rapport/dgi_rapport_performance_2005. pdf

(31) Cf. Serge Lepage, Le traitement social de l'administration fiscale à l'égard des professionnels, 2012/2013.

(32) http://www. impots. gouv. fr/portal/dgi/public/popup;jsessionid=TGXO044 KBWPA5QFIEIQCFFA?docOid=documentstandard_2874&espId=0&typePage =cpr02&hlquery=charte%20%20du%20contribuable&temNvlPopUp=true

(33) Ministere du Budget, des Comptes publics et de la Fonction publique, La charte du contribuable, Septembre 2005, Mise à jour juin 2007, http://www2. impots. gouv. fr/documentation/charte_contrib/charte. pdf

まえがき（Préambule）

　納税者と課税庁の関係は，フランス人権宣言と，第五共和国憲法の6条，13条，14条に基礎を置くとした上で，租税の原則が正当である（Le principe de l'impôt est légitime.）こと，市民が課税に承認を与えること，納税者が課税の前に平等であることを述べている。

　租税は，納税者により行政に対して提出された申告において提供された情報から算定される。この制度は，申告制度（système déclaratif）と呼ばれる。課税庁は，提供された情報が正確であるか否かを調査する。納税者は納税すべき金額を支払わなければならないが，それ以上に支払う必要はない。

　申告された情報を調査することは，申告納税制度の必然的帰結である。法律は，調査の態様と，納税者に対して認められる保護について定める。納税者は，裁判所で，租税法律の適正な適用に関する保護を与えられる。

　課税庁は，納税者の義務や租税をできるだけ軽くするように努力する。課税庁は，納税者をサポートすべく努力する。課税庁は，納税者の課税庁との関係を改善すべく努力する。

　納税者は権利を有するが，それは同時に，課税庁にとっての義務である。逆に，納税者はその義務を果たさなければならない。両者が相互に尊重しあうことが全体の利益となる。重要なのは，課税庁の義務と納税者の義務のバランスである。

皆さんの生活を簡便にする執行（Une administration qui vous simplifie la vie）

・明確でわかりやすい言葉で納税者に語り掛ける。

・義務は簡潔にする。

・より合理的な制裁の制度を心がける。

市民納税者（Un contribuable citoyen）

- あなたは，租税の原則の正当性を認識している。
- あなたは，自らの義務を知っている。
- あなたは，期限内に申告を行う。
- あなたは，決められた日時までに租税を支払う。
- あなたは，質問には応答する。
- あなたは，手続きの現代化に貢献する。
- あなたは，調査の有効性を認識している。
- あなたの信義は前提とされている。

人と権利を尊重する行政 (Une administration qui respecte les personnes et les droits)

- あなたは，法的保障の権利を有する。
- あなたは，課税庁の立場に異議を唱えることができる。
- あなたは，問い合わせ，考慮する権利を有する。
- 租税秘密は，課税庁にとって大きな価値のあるものである。

協力する納税者 (Un contribuable coopératif)

- あなたが調査の対象である場合，責任をもって調査官に対応する。
- あなたは，手続きの円滑な運営に貢献する。
- あなたは，自らの責任を果たす。
- 我々課税庁は，租税法の専門家である。
- 我々課税庁は，忠実性の義務を負う。

公平な行政 (Une administration équitable)

- 我々課税庁は，あなたとの関係に関する衡平性を重視する。
- 我々課税庁は，問題に適応した調査を行う。
- 我々課税庁は，透明である。

忠実な納税者（Un contribuable loyal）

・あなたの申告は，誠実で完全でなければならない。

・あなたの参加は，積極的な物でなければならない。

・あなたは，自らの状況についてありのままを開示しなければならない。

これは，基本的に，イギリスの納税者憲章と類似のものといえるであろう。

3　そ　の　他

　ここではふれないが，類似の行政文書は，アフリカやオセアニア等も含めて，様々な国にみられる[34]。また，国際組織も，独自のモデルを提示している[35]。

Ⅳ　Bill of Rights 系統

　次に，納税者の権利章典について，述べておくこととする。これは，Ⅲで述べた納税者憲章とは異なり，納税者の権利について定めたものである。

1　アメリカの連邦[36]

　納税者の権利保護を定める Taxpayer Bill of Rights[37]は内国歳入法典に組み込まれて久しい。連邦議会における，納税者権利章典に関する聴聞会は，

---

(34)　例えば，アルジェリアのそれは，フランス類似のものである。Cf. Ministère des Finances, Direction Générale des Impôts, Direction des Relations Publiques et de la Communication, La charte du contribuable, Vos droits & Vos obligations.

(35)　たとえば，Asia-Oceania Tax Consultants Association（AOTCA），Confédération Fiscale Européenne（CFE），Society of Trust and Estate Practitioners（STEP），Model Taxpayer Charter to promote greater fairness in taxation across the world, 2013.

(36)　カナダの連邦にも，類似の納税者権利章典が存在する。Cf. http://www.cra-arc.gc.ca/rights/

1981 年 5 月 20 日[38]，1982 年 4 月 19 日[39]，1983 年 5 月 20 日[40]，1084 年 3 月 19 日[41]，1985 年 6 月 24 日[42]，1987 年 4 月 10 日と 9 月 17 日及び 25 日[43]，1990 年 4 月 6 日[44]，1991 年 12 月 10 日[45]，1995 年 3 月 24 日[46]，1997 年 9 月 23 日及び 24 日（Senate Committee on Finance Oversight on Practices and Procedures of the IRS における聴聞会)[47]，1998 年 4 月（Senate Committee on Finance Oversight on Practices and Procedures of the IRS における聴聞会)[48]，において行われた[49]。

その結果，成立した Taxpayer Bill of Rights には，以下のように，1988 年のそれ，1996 年のそれ，及び，現行の 1998 年のそれ，の三つがある。

① The 1988 Taxpayer Bill of Rights（Taxpayer Bill of Rights ＃1）

---

(37) この立法化のきっかけとしては，課税庁職員による過酷な対応が問題となった，Lojeski v. Boandl et. al., 788 F. 2d 196, 1986 事件が存在する。この事件における内国歳入庁の対応については，様々な批判がなされている。高木英行「米国連邦税徴収行政における手続的デュー・プロセス」早稲田法学会誌 54 巻，53-107 頁，2004 年，参照。また，Cf. Senate David Pryor (chairman of the Senate Finance Committee's panel on Internal Revenue Service oversight), The Near Totalitarian I. R. S., Published: April 15, 1988, http://www. ny times. com/1988/04/15/opinion/the-near-totalitarian-irs. html; Leandra Lederman, Of Taxpayer Rights, Wrongs, and a Proposed Remedy, Tax Notes, May 22, 2000, 1133-1142. さらに，Taxpayer Bill of Rights 成立の背景として，Jack Warren Wade, Jr., The Power to Tax, a Critical Look at IRS' Collection Policies, 1983; Jack Warren Wade, Jr. and Jack Shafer, Confessions of an IRS Agent, Inquiry, April 1983, http://www. unclefed. com/TxprBoR/JWWade. html 等がある。
(38) http://www. unclefed. com/TxprBoR/1981/index. html
(39) http://www. unclefed. com/TxprBoR/1982/index. html
(40) http://www. unclefed. com/TxprBoR/1983/index. html
(41) http://www. unclefed. com/TxprBoR/1984/index. html
(42) http://www. unclefed. com/TxprBoR/1985/index. html
(43) http://www. unclefed. com/TxprBoR/1987/index. html
(44) http://www. unclefed. com/TxprBoR/1990/index. html
(45) http://www. unclefed. com/TxprBoR/1991/index. html
(46) http://www. unclefed. com/TxprBoR/1995/index. html
(47) http://www. unclefed. com/TxprBoR/1997/index. html
(48) http://www. unclefed. com/TxprBoR/1998/index. html
(49) http://www. unclefed. com/TxprBoR/hearings. html

これは，長い議論の後に，1988 年の Technical and Miscellaneous Reve-
nue Act of 1988 により，内国歳入法典に組み込まれたものである。主な定
めは，以下のようなものである[50]。

・調査時の納税者と課税庁による録音
・最初の調査時に，課税庁職員が，調査・徴収手続における納税者の権利
　について説明する義務
・納税者が専門家に相談する権利
・納税者が代理人を立てる権利
・課税庁の書面における誤りに際して制裁金等を要求されないこと
・一定の場合の，徴収の際のオンブズマンの介入
・内国歳入庁は，その職員を執行に関する成果主義で評価しないこと
・一定の場合に，租税を分割払いすることが認められた
・Assistant Commissioner for Taxpayer Services の下に，Office for
　Taxpayer Services を設けること
・租税訴訟等で課税庁が訴訟費用等を負担する場合の拡大
・納税者は，一定の場合に，課税庁の職員の行為により生じた損失につい
　て損害賠償を求めて出訴する権利を認められる
・また，従来課税庁の権限がきわめて強かった差し押えや担保（Seizures
　& Liens）の分野についても，一定の制限が設けられたことは注目され
　る。

② The 1996 Taxpayer Bill of Rights（Taxpayer Bill of Rights #2）

　1996 年 7 月 30 日にクリントン大統領により署名された Public Law 104-
168 は，一般的には，Taxpayer Bill of Rights #2[51]と呼ばれる。これは，
内国歳入法典の遵守に際しての一層の納税者保護を定めた（provide in-
creased protections of taxpayer rights in complying with the Internal Revenue
Code）ものである。具体的には，それは，以下のような事項に関する定めを

---

(50)　以下は，http://www.unclefed.com/TxprBoR/1988/Taxprborart.html によ
　　る。

含んでいる。

- 納税者の代弁者・オンブズマン（Taxpayer Advocate）
- 分割の合意（Installment Agreements）
- 利子や罰則の軽減（Abatement of Interest and Penalties）
- 夫婦共同申告（Joint Returns）
- 徴収活動（Collection Activities）
- 情報申告（Information Returns）
- 訴訟費用と弁護士報酬（Litigation Costs and Attorneys' Fee）
- 認められない徴収活動（Unauthorized Collection Activities）
- 信託資金に対する課税の不納付に対する罰則（Penalty for Failure to Pay Trust Fund Taxes）
- 資料提出命令（Summonses）
- 内国歳入庁の非行（IRS Misconduct）
- 告知と情報提供（Notice and Information Reporting）
- 雑則（Miscellaneous Provisions）
- 租税を申告・支払を怠った場合の罰則（Penalties for Failure to File and Pay Tax）
- 非課税組織（Tax Exempt Organizations）
- ③　Taxpayer Bill of Rights #3[52]

---

(51)　以下は，Internal Revenue Service, Taxpayer Bill of Rights II, Document 7394 (Rev. 08-96), Catalog Number 10590R, http://www.irs.gov/pub/irs-utl/doc7394.pdf による。この Publication は，Taxpayer Bill of Rights II に含まれた規定の一般的な概観を提供しようとしたものである。Cf. http://www.unclefed.com/TxprBoR/1996/index.html. また, cf. Abe Greenbaum, Taxpayers' Bills of Rights 1 and 2: A Charter to be Followed by the Rest of the World or Just Another Attack on the Tax Authority?, 7-1 Revenue Law Journal 138-163, 1997.

(52)　Internal Revenue Service, Taxpayer Bill of Rights III: The Right to Pay No More than the Correct Amount of Tax, FS-2015-7, February 2015, http://www.irs.gov/uac/Newsroom/Taxpayer-Bill-of-Rights-Number-3-The-Right-to-Pay-No-More-than-the-Correct-Amount-of-Tax

第1章　納税者憲章と納税者権利章典　21

　これが，現行の納税者権利章典である。この権利章典がイギリスやフランスと異なるのは，表題が納税者権利章典（Taxpayer Bill of Rights）となっていることと，納税者の義務については触れていない点である。

　この納税者権利章典について解説した内国歳入庁のホームページには，納税者の権利（Taxpayer Rights）として，以下のような事項が列挙されている[53]。

・納税者としてのあなたの権利（Your Rights as a Taxpayer）

　　・納税者の権利章典（Taxpayer Bill of Rights）

　　あなたは納税者として内国歳入庁との交渉に際して様々な権利を有します（"You have rights as a taxpayer when dealing with the IRS."）

　　　・公示 1 納税者としてのあなたの権利（Publication 1, Your Rights as a Taxpayer）

　　　・あなたの市民権は守られます（Your Civil Rights are Protected）

　　　・あなたの権利を理解するために（Understanding Your Rights）

　　・代理人を指名するあなたの権利（Your Rights to Retain Representation）

　　あなたは，あなたの内国歳入庁との交渉においてあなた自身の選んだあなたを代理する資格のある代理人を指名する権利を有しています（"You have the right to retain an authorized representative of your choice to represent you in your dealings with the IRS."）

　　　・弁護士の権限（Power of Attorney）

　　　一定の要件を満たす人には，低コスト又は無料で租税に関する助言を行ってくれる低所得納税者クリニックが用意されています（"For those who qualify, the Low Income Taxpayer Clinic program offers low- to no-cost tax assistance."）

・内国歳入庁の手続におけるあなたの権利（Your Rights In IRS Processes）

　　・調査（Examination）

───────────────

(53)　http://www.irs.gov/Advocate/Taxpayer-Rights

内国歳入庁はたいていの申告書をそのまま是認するが，あなたの申告書が調査された場合には，あなたには権利があります。もし内国歳入庁が追加的支払を提案し，あなたがそれを支払うことに不同意である場合，あなたは当該決定を争うことができます（"The IRS accepts most returns as filed but if your return is audited, you have rights. If the IRS proposes additional tax and you don't agree that you owe it, you have the right to challenge that decision."）

- 告示556－申告書の調査，不服申立の権利，還付請求（Publication 556: Examination of Returns, Appeal Rights, and Claims for Refunds）

・徴収（Collection）

- もし内国歳入庁があなたが納税義務を負っている租税を徴収しようとする場合，あなたには権利があります。あなたが納税義務を負っているが全額を支払えない場合は，分割で支払うか，徴収手続に不服を申し立てることができます。（"If the IRS moves to collect overdue tax from you, you have rights. If you owe tax but can't pay in full, you may be able to pay in installments or appeal the collection action."）

    - 公示5107－内国歳入庁の徴収手続：あなたの権利と義務（Publication 5107: The IRS Collection Process: Your Rights and Responsibilities）

    - 公示594－内国歳入庁の徴収手続（Publication 594: The IRS Collection Process）

    - 内国歳入庁の徴収手続についてよくある疑問（Frequently Asked Questions for IRS Collection Procedures）

    - オンラインの支払合意の申込（Online Payment Arrangement Application）

・不服申立（Appeals）

- 内国歳入庁が調査や徴収に関して取った多くの手続について，あなた

第1章　納税者憲章と納税者権利章典　23

は不服を申し立てる権利を持っています（"You have the right to appeal many actions the IRS taken in examination and collection."）

- ・話題151－あなたの不服申立の権利（Topic 151：Your Appeal Rights）
- ・公示5－あなたの不服申立の権利と，あなたが同意しない場合にどのように抗議するか（Publication 5：Your Appeal Rights and How to Prepare a Protest if You Don't Agree）

このうちの最初の部分について，内国歳入庁のホームページには，"Your Rights as a Taxpayer" と題する箇所があり[54]，そこに，納税者権利章典（Taxpayer Bill of Rights）について，「すべての納税者は，内国歳入庁とやり取りする際に知っておくべき基本的な権利を有している。内国歳入庁が2014年6月に採用した納税者の権利章典は，租税法典の中の権利を取り上げ，それらを以下の10の類型に分けて，理解しやすいようにしたものである。」として，以下の10の項目が列挙されている[55]。

- ・情報を与えられる権利（The right to be informed）
- ・質の高いサービスを受ける権利（The right to quality service）
- ・正確な額の租税以上を支払わない権利（The right to pay no more than the correct amount of tax）
- ・内国歳入庁の立場に異議を唱え，意見を述べる権利（The right to challenge the IRS's position and be heard）
- ・内国歳入庁の決定について独立の法廷に訴え出る権利（The right to appeal an IRS decision in an independent forum）

---

(54) http://www.irs.gov/publications/p334/ch11.html. これは，IRS Publication 1の一部である。

(55) なお，この文書は，1998年以来，毎年改定されているようである。最初は，Internal Revenue Service, Your Rights as a Taxpayer, Internal Revenue Service Publication 1 (Rev. December 1998) Catalog Number 64731w, Internal Revenue Service, Business taxpayer information publications, vol. I, pp. 3-4, 1999 である。

・調査等に確定・終結を宣言される権利（The right to finality（調査などの
　終期））
・プライバシーの権利（The right to privacy）
・守秘義務の適用を受ける権利（The right to confidentiality）
・代理人を選任する権利（The right to retain representation）
・公正で正当な租税制度の適用を受ける権利（The right to a fair and just
　tax system）

　また，そこには，次いで，"Your Rights In IRS Processes"として，調査，
不服申立，徴収，及び還付（Examinations, Appeals, Collections, and Refunds）
についての方針が列挙されている。

2　アメリカの州

　アメリカのいくつかの州にも，納税者権利章典と呼ばれるものが存在す
る[56]。たとえば，アラバマ州にも，同様の，Taxpayers' Bill of Rights が
存在し，租税手続における納税者の権利についてきわめて詳細な定めをおい
ている[57]。ただし，それは，その冒頭で，「『納税者』という用語は，その
帳簿記録が当局の調査を受ける納税者のみを意味し，自律的に運営されるカ
ウンティーや市町村で徴収・調査される租税に関する納税者を含まない。」
("the term "taxpayer" shall only mean a taxpayer whose books and records are
subject to examination by the department, and shall not include any taxpayer re-
garding taxes collected or examined by a self-administered county or municipali-
ty.") とあるように，帳簿・記録が調査対象となっている納税者のみに対し
て適用されるものである[58]。また，テネシー州にも，Taxpayer Bill of

---

(56)　その背景について，cf. Marjorie E. Kornhauser, Legitimacy and the Right of
　　　Revolution: The Role of Tax Protests and Anti-Tax Rhetoric in America,
　　　50 Buffalo Law Review 819-930, 2002.

(57)　2013 Code of Alabama, Title 40 - Revenue and Taxation, Chapter 2A - Al-
　　　abama Taxpayers' Bill of Rights and Uniform Revenue Procedures Act,
　　　Section 40-2A-4- Taxpayers' Bill of Rights.

第 1 章　納税者憲章と納税者権利章典　25

Rights が存在する。それは，課税庁が納税者を課税庁との関係において公
正かつ丁寧に扱うことを保証するものである⁽⁵⁹⁾。そのサマリーは以下のよ
うに述べている⁽⁶⁰⁾。

> 「あなたは，納税者として，一定の権利を保有している。あなたの権利
> は大変に重要で，1992 年に，テネシー州議会は，それらの権利を明文
> 化する法律を制定した。テネシー納税者権利章典は，州課税当局があな
> たに対応する際に遵守しなければならない州の租税法律や租税ルールを
> 要約している。」("You, as a taxpayer, have certain rights. Your rights are
> so important that, in 1992, the Tennessee General Assembly enacted legisla-
> tion to spell them out. The Tennessee Taxpayer Bill of Rights summarizes
> state tax laws and revenue rules with which the Department of Revenue must
> comply while serving you.")

それは，課税庁が遵守しなければならない州の租税法律を要約したものであ
り，基本的に，イギリスやフランスの納税者憲章と類似の存在であるといっ
てよかろう。

　また，1992 年のコロラド州における Taxpayer Bill of Rights は，コロラ
ド州憲法の 10 条が改正され，小さな政府をめざす保守的な層により導入さ
れたものである。これは，権利の憲章ではなく，州と地方団体の税収の増加
をインフレ率と人口増加率により制限し，超過額は還付される⁽⁶¹⁾としたも
のである。これに触発されて，ある論者は，コロラドと同様の措置をウィス

---

(58)　Alabama Taxpayers' Bill of Rights and Uniform Revenue Procedures Act,
　　　Section 40-2A-4- Taxpayers' Bill of Rights, (a)(1).
(59)　Tennessee Code Annotated Section 67-1-110.
(60)　Tennessee Department of Revenue fact sheet on the "Tennessee Taxpayer
　　　Bill of Rights", http://www.state.tn.us/revenue/pubs/billofrights.pdf
(61)　http://www.colorado.gov/cs/Satellite/Treasury/TR/1196935260080. Cf.
　　　Derek M. Johnson and Ryan W. McMaken, Tax Revenues in the American
　　　States, The Tax Revolt, and Colorado's TABOR Amendment (Presented
　　　at the Ludwig Von Mises Institute, Auburn, Alabama, March 20, 2004),
　　　http://www.ibrarian.net/navon/page.jsp?paperid=13394799

コンシン州でも採用すべきであると主張する[62]。また，他の論者は，テネシー州には，Taxpayers Bill of Rights が存在する[63]が，それは，課税庁が納税者を公正かつ丁寧に扱うことを保証する法律の定めの要約であり，課税の上限を画するものではないので，コロラド州のようなものを作るべきであると述べる[64]。

さらに，ペンシルバニア州では，市町村のための Taxpayers Bill of Rights が存在する[65]。すなわち，1998 年 5 月 5 日に，Pennsylvania General Assembly は，Act 50 of 1998 を公布した。これは，Title 53 of the Pennsylvania Consolidated Statutes（Municipalities Generally）に，いくつかの新たな subchapter を追加したが，そのうちの三つは，市町村の租税行政手続に関するもので，市町村に，固定資産税に関して，Local Taxpayers Bill of Rights 等を設ける権限を与えるものであり，そのモデル・フォームが掲げられている。

このように，Taxpayer（or Taxpayers, Taxpayers'）Bill of Rights と呼ばれるものでも，その内容は，実に様々である点に留意する必要がある。

3 様々な権利章典

アメリカで納税者の権利章典という名称が使用された背景には，実は，権利章典には，様々な種類のものがあり，納税者の権利章典はそれらの中の一

---

(62) Charles J. Sykes, Trusting the Public: The Case for a Taxpayers Bill of Rights, Wisconsin Interest, Winter 2005, pp. 7-13.

(63) Tennessee Department of Revenue fact sheet on the "Tennessee Taxpayer Bill of Rights", http://www.state.tn.us/revenue/pubs/billofrights.pdf

(64) Bill Hobbs, The Right Time: The Case for a Real Tennessee Taxpayers Bill of Rights (based on a speech given Jan. 11, 2003 to the organizing conference of the Tennessee Taxpayers Bill of Rights Project in Crossville, TN), http://www.tntaxrevolt.org/TABOR_white_paper.pdf

(65) Governor's Center for Local Government Services, Department of Community and Economic Development, Manual for Local Taxpayers Bill of Rights and Real Property Taxpayer Programs Under Act 50 of 1998, Second Edition, February 2002.

つにすぎないという事情があるように思われる。

　本来の権利章典は州憲法の人権規定のことであるが，アメリカやイギリスでは，様々な分野で，同様の名称のものが定められている。たとえば，交通局等（NYC Taxi & Limousine Commission 等）で定めているタクシーの乗客の権利章典（Taxicab Rider Bill of Rights）[66]，医療機関で定めている患者の権利章典（Patient Bill of Rights）[67]，教育機関等で定めている学生の権利章典（Student Bill of Rights）[68]，様々な企業の定めている顧客の権利章典（Customer Bill of Rights）[69]等の顧客サービスの一環として定められたものが代表的であるが，他にも，優秀な子供の権利章典（Gifted Kids' Bill of Rights）[70]とか，訴訟弁護士の権利章典（Trial Lawyers' Bill of Rights）[71]等といったものも存在する。はたまた，動物の権利章典（Animal Bill of Rights）[72]もあるし，実験用の魚の権利章典を定めるといった議論さえもなされている（'Stressed' fish get bill of rights と題する，Times Online の記事[73]を参照）。

V　納税者憲章と納税者権利章典

　以上，Ⅲで紹介した納税者憲章と，Ⅳで紹介した納税者権利章典に関する議論を振り返ると，現行法律が存在するのに，それに加えて納税者憲章や納税者権利章典を別途作成する意義は，納税者の便宜のために，あるいは，租税行政の円滑な推進のために，法律の定めた制度についてわかりやすく整理

---

(66)　http://www.nyc.gov/html/tlc/html/passenger/taxicab_rights.shtml

(67)　http://www.cc.nih.gov/participate/patientinfo/legal/bill_of_rights.shtml

(68)　http://schools.nyc.gov/RulesPolicies/StudentBillofRights/default.htm

(69)　http://www.jetblue.com/p/Bill_Of_Rights.pdf

(70)　http://www.lessontutor.com/ml3.html

(71)　http://justicebuilding.blogspot.com/2006/01/trial-lawyers-bill-of-rights.html

(72)　http://org2.democracyinaction.org/o/5154/t/3755/petition.jsp?petition_KEY=82

(73)　http://www.timesonline.co.uk/tol/news/science/article2010193.ece

するという点にあるというふうにまとめることができよう。そのような意味
において，納税者憲章や納税者権利章典の納税者にとっての意義は大きいと
いわなければならない。

　しかし，ドイツにはそのようなものが存在しないから，ドイツにおける納
税者の権利保護は低い水準にあるというような単純なことではないのではな
かろうか。問題は，その国の法制度において果して納税者保護が実際にどの
程度行われているかという点にあるのであり，納税者憲章や納税者権利章典
の存在・不存在という形式面それ自体にあるのではない。その点は，ちょう
ど，英米法の国に民法典がないから財産権保護が行われていないということ
がありえないのと同様のことであろう。

　次に，納税者憲章と納税者権利章典を比較して見ると，前者が権利・義務
を扱っているのに対して，後者は権利のみを扱っているという差異が存在す
る。この点を重視する考え方も存在するが，しかし，義務として列挙されて
いることは納税者として当然のことでしかなく，また，権利の扱い方につい
ては，アメリカの連邦の納税者権利章典も，法律に定められた納税者の権利
について簡潔に要約した文書であるイギリスやフランスの納税者憲章と，基
本的に変わらないように見える。そうであるならば，両者の間にはそれほど
本質的な差異はないのではなかろうか。

　いずれにせよ，いくら，納税者に対して「あなた」と呼びかけたからとい
って，一般納税者が納税者憲章や納税者権利章典のような文書を見た場合に，
その中身について理解することが容易なことではないという点に変わりはな
いのかもしれない。実際に，いくら「わかりやすく」書いたものであっても，
そこに書かれた権利を実際に行使するためには，専門家の協力が必要な場合
が少なくないであろう。それにもかかわらず，そのような文書に一定の意味
があるとすれば，租税手続の円滑化のための課税庁の姿勢を強調していると
いう点であると考えるのが妥当なのではないかと思われる。そうであるなら
ば，国側は，納税者憲章や納税者権利章典という文書に限らず，より包括的
に，作成しやすい申告書様式を提供したり，納税相談や申告相談に応じやす

いようにしたり，インターネットを通じた手続の普及を図ったりというように，様々な納税者サービスに努めるべきであろう。

　また，国側は，納税者の手続的権利が，現行法の下でどこまで保護されているかという点についての不断のチェックを行い，現行法の不十分なところを恒常的に補充していくことが必要であることは論を俟たない。その際に，包括的な新法を制定しつつ納税者憲章や納税者権利章典のようなものを作成するか，それとも，既存の法律の個別の条項の改正を継続的に行っていくかは，要するに形式的な差異にすぎないのではなかろうか。

　もちろん，納税者保護のための法律であれ，納税者憲章・納税者権利章典であれ，納税者にその手続的な権利についてわかりやすく知らせることが目的であるから，その点については不断の努力が必要である。そのような納税者の保護のための努力がひいては，投資環境の整備という結果となって，個人・法人・外国人・外国法人の日本への投資を活発にし，経済的成果を生み出すといえよう。

　日本においても，平成23年の国税通則法改正時に，納税者憲章・納税者権利章典の制定をめぐる議論が行われた。その際に，結果的には，そのような文書を作成するのではなく，国税通則法の中身を改正するかたちに落ち着いた経緯がある。この点に関する評価は様々であろうが，納税者の便宜のための努力を幅広く行っていく必要があろう。

VI　実体法的納税者保護措置の重要性

　さて，本稿において，指摘したいのは，納税者憲章であれ，納税者権利章典であれ，あるいは憲法31条であれ，納税者の手続的権利保護のみでは限界があるという点である。手続的保護があれば，それですべての問題が解決されると考えるのは，あまりにナイーヴである。

　上のⅠの2において述べた，納税義務と納税者の権利・義務の関係に関する基本構造を前提にすると，租税法律関係においては，実体的な納税義務の

あり方と，その義務を果たす際の納税者の手続的な権利・義務という二つの段階があるという点が重要である。ここでは，後者の，納税者憲章・納税者権利章典の議論において抜け落ちているところの前者の，実体的な納税義務のあり方について考えてみよう。

実体的な納税義務は，租税法律主義の下，議会の決議（＝納税者の合意の擬制）により決定される法定の金銭債権である。そして，重要なことは，いくら手続的保護を厚くしても，実体的な義務が過酷であれば深刻な問題が生ずるという点である。

ここで，実体的な権利保護を考える際に重要なのは，実体的適正手続（substantive due process）の理論なのではなかろうか。すなわち，租税法律主義は，法律で定めればどのような内容の課税であってもいいということを意味するものでは決してない。すなわち，憲法29条の財産権や市場経済メカニズムの保護の考え方と，憲法31条から導き出されるであろう実体的適正手続の考え方と合わせて，憲法30条の内容を考えると，そこからは，法律で定めればいかなる納税義務を定めることも可能であるというわけではなく，財産権や市場メカニズムが破壊されない程度に課税をとどめよという課税の謙抑性が導かれるのではなかろうか。すなわち，いくら応能負担とはいえ，いかなる納税者に対してであれ過重な課税は許されないのである。

そこで，この点との関連で，かつて，フランスにおいて，課税の上限に関する統制を行うための措置として，納税者に対して賦課される課税の上限を画するための「租税の盾（le bouclier fiscal）」[74]という概念が2006年から2010年まで存在したという点に注目したい[75]。すなわち，「最初の定め―直接税の上限」（"Dispositions préliminaires: plafonnement des impôts directs"）と題する，一般租税法典の旧第1条は，「一人の納税者により支払われる直接税は，その所得の60パーセントを超えてはならない（"Les impôts directs

---

(74) また，これに関するフィガロ紙の記事として，以下を参照。http://www.lefigaro.fr/impots/2012/12/03/05003-20121203ARTFIG00517-le-bouclier-fiscal-coutera-trois-fois-plus-cher-que-prevu.php

第1章　納税者憲章と納税者権利章典　31

payés par un contribuable ne peuvent être supérieurs à 60% de ses revenus.")」
と定めていた[76]。このような，課税実体法的統制それ自体も重要であると
いう点を忘れてはならない。

Ⅶ　ま　と　め

　日本においても，一時，納税者権利章典（ないし憲章）をめぐる議論が活
発化したことがある。このような議論において重要なのは，科学的かつ客観
的な態度である。そして，それに関する様々な立場からの議論は，表面的な
力点の置き方に多少の差異はあるものの，結局はあまりかわらないのではな
いかというのが，私の受ける率直な印象である。これは，すなわち，税制を
めぐる議論は，結局のところ，適正な納税義務の履行を，適正な手続の下に
実現し，結果として国家運営に必要な税収をあげることを終局的な目的とす
る点において，必然的に共通せざるをえないからなのではなかろうか。

　もちろん，少なくとも，納税者憲章なり納税者権利章典のようなものを個
別に定めておくことには，顧客サービス等の観点から意味があるといえよう。
また，納税者保護に限定せずに，様々な分野で様々な権利章典が作成される
ことにも，消費者保護や，環境保護の観点から意味のあることであり，我々
も，いろいろと考えてみることが必要なのかも知れない。市役所利用者の権
利章典とか，通信販売を利用する消費者の権利章典とか，入院患者の権利章
典[77]とかいったものが，名称はともあれ作成されるようになる時代は，近

---

(75)　この 60 パーセントの部分は，50 パーセントだったり，70 パーセントだったり，
改正があった。なお，逆方向の実体的統制が，アメリカにおける特別措置の総
量規制としての代替的ミニマムタックスであろう。Cf. Damien Durand, Le
plafonnement de l'ISF plus coûteux que l'ancien bouclier fiscal, Publié le 10
/08/2015 à 11:20, http：//www. lefigaro. fr/impots/2015/08/10/05003-
20150810ARTFIG00087-le-plafonnement-de-l-isf-plus-couteux-que-l-an-
cien-bouclier-fiscal. php

(76)　中里実「租税法と政策税制」現代租税法講座第一巻所収予定の中の，二 4「ま
とめ──政策税制の財政法的統制の必要性」の箇所，参照。

づいているのではないかと感じている。

　しかし，さらに重要なのは，このような文書を作成することそれ自体に過大な意義を見出す形式主義は，かえって危険である場合もありうるという点である。いくら条文があっても，それが守られていなければ何の意味もないのであり，逆にいえば，ドイツの如く，文書がなくとも，権利が守られていればそれでいいのかもしれない。その意味で，ごま札が家内安全をもたらすのではなく，普段の努力こそが大切であるといえよう。

　また，私はかつて，ある人から，市役所の職員から意識のない老人の入院に関して本人の委任状を提出すべきことを要求されたということを聞いたことがある。もちろん，これは，当該老人の人権に配慮したものなのであろうが，しかし，この職員の対応は要するに，自らの責任が生じないように形式的な点のみが満たされていればいいというあまりにも安易なものであり，本末転倒な結果に陥っている。納税者の権利保護についても，そのような形式主義に陥ることのないようにすることこそが最も重要な点であろう。

　納税の義務は憲法30条の定める国民の重要な義務であり，国家の運営は終局的には税収に依存しているのであるから，そのような重要な納税の義務を履行する際の納税者の権利について，明らかにしておくことには意味がある。その点で，イギリスやフランスの納税者憲章は，きわめて客観的に，国税庁の使命としての税収の確保，納税者の権利，納税者の義務をバランスよく配置した，絶妙な文書として評価することができる。また，アメリカの納税者憲章も，強大な組織から身を守らなければならない弱小の納税者の立場を踏まえた文書として評価することができる。

---

(77)　都立病院患者権利章典について，http://www.byouin.metro.tokyo.jp/kenri/ 参照。

納税環境の整備

第2章　日本の納税者番号制度

神戸大学教授　　**渕　　圭吾**

Ⅰ　は じ め に

　本稿は，日本の納税者番号制度について，それをめぐる議論の変遷及びその理論的な問題点について概観するものである。2013年5月31日，行政手続における特定の個人を識別するための番号の利用等に関する法律（以下，「番号法」と呼ぶ）が公布された[1]。番号法は，自らを行政機関の保有する個人情報の保護に関する法律（「行政機関個人情報保護法」），独立行政法人等の保有する個人情報の保護に関する法律（「独立行政法人等個人情報保護法」）及び個人情報の保護に関する法律（「個人情報保護法」）の特例を定めるものである（番号法1条）と位置づけている。この位置づけによれば，番号制度について法的な規律を行う理由は，それが個人情報の保護をないがしろにしかねないからだということになる。

　以下，日本における納税者番号制度についての議論の変遷を振り返った上で(Ⅱ)，（このたび公布された番号法ではなく）もっぱら所得税制度との関係で利用されるような納税者番号制度にどのような問題点が存在するのか，という

---

(1)　番号法については，水町雅子『やさしい番号法入門』（商事法務，2014年），宇賀克也『番号法の逐条解説』（有斐閣，2014年）参照。

34

ことを手短に考察する(Ⅲ)。

なお，本稿は，番号制度が個人情報の保護との関係で問題になりうるという番号法の自己認識を受け入れた上で，(1)（番号法が定めている共通番号とは異なる）単一の国家目的に関する番号制度（多元的番号制度）としての納税者番号制度の問題点と，(2)番号法が定めている共通番号のような一元的番号制度の問題点とを区別した上で，前者に重点を置いてごく簡単な検討を行うものである(2)。ここで，単一の国家目的に関する番号制度とは，一般的に単一と評価されるある特定の国家目的のために，当該国家目的の達成に必要な個々の個人（ないし世帯・法人その他の団体）に関する情報につき数字を利用して同一性の管理をすること（identification），と定義しておく(3)。番号制度を用いなくても同一性の管理をすることは可能であり（例えば，氏名や生年月日・住所を用いればよい），本稿では番号制度を用いない場合の問題点にも言及する。

Ⅱ　納税者番号制度をめぐる議論の経緯

1　納税者の同一性の管理と他人に関する情報申告

(1)　納税者の同一性の管理

租税制度においては，納税者である個人の同一性の管理をする必要があることがある。しかし，こうした個人の同一性の管理は，租税制度に必然的に伴うものではない。例えば，かつて国家の財源の中心をなしていた関税の場合，原則として，貨物が輸入されるに際して生じる納税義務の履行を確保する限りで納税義務者の同一性が管理されていれば足りる。すなわち，納税義務の成立・確定に際して，納税義務者である「貨物を輸入する者」（関税法6

---

(2)　「一元的番号制度」と「多元的番号制度」を明確に区別する，金子宏「行政機械化の法律問題」成田頼明編『行政法の争点』（1980年）28頁に従った。

(3)　「名寄せ」と言われることもあるが，意味内容を明確にするために，本稿ではできるだけ納税者（個人）の同一性の管理（確認）といった用語を用いることにする。

条）の属性が問題となることはない。また，間接消費税である酒税において
も，納税義務の成立・確定に際しては，担税者である消費者の属性はもちろ
んのこと，納税義務者である「酒類の製造者」（酒税法 6 条）の属性が問われ
ることはないのである。さらに，所得税であっても，一定の種類の利得のみ
を課税の対象として，しかも定率での租税を課すのであれば，納税義務者の
属性を考慮する必要は，納税義務の成立・確定の段階では，存在しない。

　これに対して，納税義務者の属性や人的事情を考慮して，それに応じて租
税負担を課す，というタイプの租税[4]にあっては，納税義務者である個人の
同一性の管理が不可欠である。現在日本に存在する所得税はこのタイプの租
税であって，納税義務者の同一性の管理が欠かせない[5]。現在の日本の所得
税法の背後仮説として有力である包括的所得概念によるならば，個人の「総
財産」の変動こそが所得税にとって決定的に重要であるということになる[6]。
そうだとすれば，個々の資産が誰に帰属するのか（誰の「総財産」に属するの
か）ということが所得税法にとって極めて重大な関心事にならざるを得ない。
なお，法人税の位置づけは難しいが，少なくとも，現在の日本で行われてい
るように一定の中小法人への優遇措置が存在する場合には，やはり納税義務
者の同一性の管理が必要となる。包括的所得概念が採用されていたかどうか
はともかくとして，日本の所得税・法人税は古くから納税義務者の属性や人
的事情を考慮してきた。このため，大まかに言って，源泉徴収によって課税
関係が終了するようなタイプの所得（戦前の所得税法における「第二種所得」）
を除いて，納税義務者の同一性の管理が極めて重要であった[7]。

---

(4)　神野直彦は，シュメルダースに倣って，このような租税を「訴え税」と呼んで
　　いる。神野直彦『財政学』（有斐閣，2002 年）170 頁。
(5)　渕圭吾「所得の構成要素としての純資産増加」金子宏ほか編『租税法と市場』
　　（有斐閣，2014 年）92 頁。
(6)　「総財産」概念については，渕・前掲注 5 及びそこで引用した幾つかの私の論
　　文，さらに，渕圭吾「財産権保障と租税立法に関する考察－アメリカ法を素材
　　として」神戸法学雑誌 65 巻 2 号（2015 年）を参照されたい。「総財産」概念
　　への税法における言及として，「納税者の総財産」についての国税の優先を定
　　める国税徴収法 8 条参照（この点，木村弘之亮教授のご指摘に負う）。

ところで，納税者の同一性の管理が肝要であるにもかかわらず，これまで，納税者の同一性の管理が実際にどのように行われているのか，ということについて，表立って書かれたり，話されたりすることはほとんどなかった。居住者の所得税については，確定所得申告に関する所得税法 120 条 1 項が申告書への記載事項を定めており，同項 11 号の委任を受けた財務省令は「申告書を提出する者の氏名及び住所」(所得税法施行規則 47 条 1 号) を記載すべきであるとしてきた(8)。このため，少なくとも，氏名及び住所を用いた納税者の同一性の管理が可能である。ところが，氏名及び住所が申告書に正確に書かれているとは限らない。また，氏名の漢字表記や住所の表記には，いずれも正しい複数の記載方法がある。例えば，筆者は「渕圭吾」という氏名であるが，少なくとも上記財務省令によれば，片仮名で「フチケイゴ」と書いても誤りではなさそうである。また，「渕」という字は元来「淵」という字の草書体が活字となったものであり，「淵」の異字体に過ぎない(9)。このため，「淵圭吾」という表記も誤りではない。住所についても同様であって，「東京都国分寺市東恋ケ窪 2 丁目 13 番地 5 号」と書こうと，「国分寺市東恋ケ窪 2-13-5」と書こうと，どちらも正しい。言うまでもなく，結婚等を機に改姓し，あるいは，転居して住所が変わることもある。「国分寺市東恋ケ窪 2-13-5」に住んでいた「渕圭吾」が「神戸市灘区六甲台町 2-1」に住む「淵圭吾」と同一人物であると言い切ることは意外に難しい。

もっとも，こうした個人の同一性の管理は納税者番号がないとできないわけではない(10)。誤りや表記ゆれを含む大量のデータをもとに同一性の管理

---

(7) 勝正憲『所得税の話』(千倉書房，1930 年) 6-8 頁が率直に述べるように，納税義務者の同一性の管理が事実上不可能な類型の所得について源泉徴収によって課税関係を終了させることとした，というのが正確であろう。源泉徴収という手法の長短を論じている田中勝次郎『所得税法精義』(巌松堂書店，1930 年) 79-81 頁も参照。

(8) 番号法の施行に伴う改正により，個人番号が記載すべき事項として附加される (2016 年 1 月 1 日から施行)。

(9) 諸橋轍次ほか著『大修館新漢和辞典〔三訂版〕』(大修館書店，1991 年) 529 頁では「渕は〔淵の〕俗字」と書かれている。

第2章　日本の納税者番号制度　37

を行う（「データ・クレンジング」）ソフトウェアが存在している[11]。国税庁で
も，かねてより同一性を管理するための仕組みが（恐らくは，当初は手作業で
のそれとして）存在していたに違いないし[12]，現在ではデータ・クレンジン
グのソフトウェアが導入されていると考えられる。なお，国税庁では，1954
年から加算機，計算機，簿記会計機，電子式統計機等を使って機械化を行っ
ていたものの[13]，1961年から電子計算機（コンピュータ）の導入を検討し，
1966年には初めてコンピュータが用いられるようになった（ADPセンタ
ー）[14]。コンピュータの利用は当初大都市圏を管轄する国税局（都市局）に
とどまっていたが，1983年には国税庁事務管理センター[15]が設立され，
1987年度には地方局の電算化も完了した[16]。さらに，1988年から導入が検
討されていた[17]国税総合管理システム（KSKシステム）が2001年までに完
成している[18]。

　ところで，納税者番号制度が存在しないからと言って，国税庁が納税者の
同一性を管理するために数字を用いていなかったというわけではない。2009

---

(10)　逆に，納税者番号が存在するからといって個人の同一性の管理が完璧にできる
　　　わけではない。
(11)　例えば，富士通株式会社は「Interstage Information Quality（インターステー
　　　ジ・インフォメーション・クオリティ）」というデータ・クレンジングのため
　　　のソフトウェアを販売している。
　　　http://interstage.fujitsu.com/jp/infoquality/
(12)　国税庁『国税庁三十年史』（大蔵財務協会，1979年）335-349頁は，1970年代
　　　までの管理事務の状況を手際よく要約している。なお，同書335頁で指摘され
　　　ているように，戦前の国税の徴収事務は市町村に委託されていた。
(13)　国税庁・前掲注12，337-342頁及び国税庁『国税庁二十年史』（大蔵財務協会，
　　　1969年）127頁参照。
(14)　国税庁・前掲注12，523-533頁，国税庁・前掲注13，126-133頁。
(15)　これは，元来，グリーン・カード制度に対応するものとして構想されていた。
(16)　国税庁『国税庁四十年史』（大蔵財務協会，1990年）203頁。
(17)　国税庁『国税庁五十年史』（大蔵財務協会，2000年）471-477頁。
(18)　国税庁『日本における税務行政（平成15年度版）』（2003年）第2，13。
　　　https://www.nta.go.jp/kohyo/katsudou/report/2003/japanese/text/02/
　　　11-14.htm♯a-13
　　　高野幸大「電子申告」租税法研究27号（1999年）16頁，18-19頁，占部裕典
　　　「資料情報制度」租税法研究27号（1999年）48頁，61頁も参照。

年5月12日の税制調査会第1回スタディ・グループに国税庁が提出した資料[19]によれば、国税庁が事務処理のために使用している番号として、「整理番号」というものがある。これは、税務署別・納税者別に納税地を所轄する税務署が付番しているものである。これとは別に、e-Tax利用者識別番号も存在し、一定の機能を果たしている。こちらは転居等により所轄税務署が変わっても番号は変わらない。

租税以外に目を移すと、国または地方公共団体が個人の同一性管理を行っている制度は少なくない[20]。

まず、戸籍制度がある[21]。日本の戸籍制度は、出生・婚姻・死亡という事件を立証する「西欧法の身分証書制度」とは異なり、国民登録、親族登録、住民登録という三つの機能を合わせ持つ、比較法的には特異なものである[22]。そして、伝統的には戸籍について「公開原則」が採用されており[23]、戸籍に関する届け出や戸籍に関する証明書の交付に際して本人確認が必要になったのは2008年になってからであった[24]。

住民基本台帳も、個人の同一性を管理する仕組みである[25]。住民基本台

---

(19) 国税庁「税務行政における資料情報制度の運用実態（国税当局が事務処理のために使用している番号等）」（2009年）。http://www.cao.go.jp/zeicho/siryou/pdf/sg 1 kai 1-2.pdf

(20) 以下に述べるものの他に、警察による巡回連絡カードによる個人の把握、出入国管理における個人の把握、自動車及び原動機付自転車の運転免許（道路交通法84条以下）において免許証に記載される事項（道路交通法93条。第1号では「免許証の番号」が挙げられている）を通じた個人の把握等、番号の使用のいかんにかかわらず個人の同一性を管理する仕組みは数多く存在している。番号を使用している例の一覧として、水町・前掲注1、17頁（図2-2）。

(21) 国家による国民の把握という観点からの考察として、齊藤笑美子「戸籍による国民の把握とその揺らぎ」公法研究75号（2013年）117頁。

(22) 水野紀子「戸籍制度」ジュリスト1000号（1992年）163頁。

(23) これを強く批判する水野・前掲注22のほか、二宮周平「個人情報の保護と戸籍公開原則の検討」立命館法学304号（2005年）2560頁参照。

(24) 戸籍法の一部を改正する法律（平成19年法律第35号，2007年5月11日交付，2008年5月1日施行）。

(25) 住所を通じた個人の把握という観点からの考察として、遠藤美奈「住所による個人の把握と人権保障」公法研究75号（2013年）129頁。

帳法は，それまでの住民登録法（昭和 26 年法律第 218 号）に代わって 1967 年 7 月 25 日に公布された[26]。住民基本台帳法 7 条によれば，住民票[27]には，氏名，出生の年月日，男女の別，世帯主であるか（世帯主でない場合は，世帯主の氏名及び世帯主との続柄），戸籍の表示，住所，住民票コード等が記載されている[28]。なお，住民票コード（住民基本台帳法 7 条 13 号）は 1999 年の住民基本台帳法の改正によって導入されたものである[29]。住民基本台帳法施行規則 1 条によれば，住民票コードは，無作為に作成された 10 桁の数字と 1 桁の検査数字から成る 11 桁の番号である。

公的年金（国民年金[30]及び厚生年金保険[31]）に関しても，年金記録を保険者が正確に把握していること，すなわち，個々の被保険者の保険料拠出実績等を保険者が把握していることが，制度の根幹となっている。歴史的には，公的年金制度は独立した複数の制度から成り立っており，いわゆる国民皆年金体制が実現[32]してからも制度間の連絡が行われるようになったものの，被保険者の同一性の管理が十分にはできていなかった[33]。そこで，1997 年 1 月から，各種公的年金を横断する共通の番号である基礎年金番号（10 桁）が導入された[34]。しかし，実際には，2007 年に発覚した「年金記録問題」[35]に明らかなように，基礎年金番号の導入後においても，被保険者の同一性の管理が必ずしも十分に行われていなかった例があるようである。

---

(26)　昭和 42 年法律第 81 号。遠藤文夫「住民基本台帳法と住居表示法改正」ジュリスト 379 号（1967 年）38 頁。

(27)　個人を単位とする住民票を世帯ごとに編成して作成されるのが住民基本台帳である。住民基本台帳法 6 条 1 項。

(28)　このうち，氏名，生年月日，性別，住所が「基本 4 情報」と呼ばれる。遠藤・前掲注 25，129 頁。

(29)　住民基本台帳法の一部を改正する法律（平成 11 年法律第 133 号）。久保信保「『改正住民基本台帳法』の概要」ジュリスト 1168 号（1999 年）72 頁及び（その導入当時の評価につき）ジュリスト同号に収められている諸論文を参照。

(30)　国民年金法（昭和 34 年法第 141 号）。

(31)　厚生年金保険法（昭和 29 年法律第 115 号）。

(32)　公的年金の変遷については，例えば，菊池馨実『社会保障法』（有斐閣，2014 年）124-128 頁参照。

(33)　制度ごとにそれぞれの年金番号は存在していた。

(2) 他人に関する情報申告

租税制度においては，他人に関する情報を国または地方公共団体に申告する義務が課されていることがある[36]。正確に言えば，納税義務者による納税申告（「申告書」を提出）の内容の正しさを確認するために，納税義務者に対する何らかの「支払」を行う者等（第三者）が行う申告が「情報申告（information reporting）」であり，そこで提出されるのが「支払調書」（所得税法225条等），「源泉徴収票」（所得税法226条1項等），「調書」（所得税法228条1項等）ないし「計算書」（所得税法227条等）である[37]。

情報申告は，（納税者でも課税庁でもない）第三者による証明[38]の仕組みであり，以下の二つの機能を有する。第一に，情報申告によって課税庁が得る情報が課税庁による税務調査の効率性を高める。第二に，情報申告制度があること自体が，自己の情報を課税庁が把握していることを納税義務者に認識させるので，納税義務者が正しく申告するための誘因となる[39]。

---

(34) 岩村正彦「基礎年金番号の意義と課題」ジュリスト1092号（1996年）22頁。岩村（27-28頁）が指摘するように基礎年金番号には法令上の根拠が存在しなかったが，「国民年金事業等の運営の改善のための国民年金法等の一部を改正する法律」（平成19年法律第110号）において国民年金法が改正され（この部分の施行は2010年1月1日），基礎年金番号が法律上規定されるようになった。国民年金法14条によれば，基礎年金番号とは「政府管掌年金事業（政府が管掌する国民年金事業及び厚生年金保険事業をいう。）の運営に関する事務その他当該事業に関連する事務であって厚生労働省令で定めるものを遂行するために用いる記号及び番号であって厚生労働省令で定めるもの」である。

(35) 岩村正彦「公的年金給付をめぐる法的諸問題」日本社会保障法学会編『これからの医療と年金〔新・講座社会保障法1〕』（法律文化社，2012年）236頁，樋口修「年金記録問題の経緯と課題」調査と情報654号（2009年）。

(36) 杉村章三郎ほか『所得税法』（大蔵出版，1953年）は，「所得税手続法」の一環として「納税に関する第三者の協力等」という章を立てている。

(37) アメリカでは，「情報申告書（information return）」と呼ばれる。*See* Bittker & Lokken, Federal Taxation of Income, Estates, and Gifts, ¶111.1.9.

(38) 裁判における証明という厳密な意味ではない。

(39) 情報申告が，納税者と課税庁の間にある二つの情報の非対称性を解決すると指摘する文献として以下のものがある。Leandra Lederman, Reducing Information Gaps To Reduce the Tax Gap: When Is Information Reporting Warranted?, 78 Fordham L. Rev. 1733 (2010), 1735-1736.

情報申告を行う義務を課されている者の多くは支払者であるが（「支払調書」・「源泉徴収票」を提出すべき者），むしろ支払を受ける者が提出すべき場合（所得税法228条が規定する名義人受領の場合）や「支払」が伴わない場合もある（信託の受託者が提出する「信託の計算書」等）。

情報申告という概念を広く定義すれば，他の納税者による確定申告も一種の情報申告と言えるかもしれない。このように考えるならば，反面調査が許容される条件[40]や他の納税者に関する情報を用いることが許される条件[41]といった事柄を法律で規定している上記のような情報申告と対照して検討することができる。

ここで，法定調書制度の歴史と現状を簡単に見ておくことにする。

戦前の所得税法においても，支払調書は存在していた[42]。給与に関する支払調書，配当に関する支払調書及び信託の計算書である（所得税法56条1・2項，所得税法施行規則20条乃至22条の3）。大変興味深いのは，これらの調書又は計算書を提出した者に対して，「交付金」が支払われていたことである（所得税法56条3項，所得税法施行規則23条）。1件1人ごとに5厘，1信託ごとに3銭，という具合である。相続税法（1905（明治38）年法律第10号）においては，1938（昭和13）年法律第47号による改正（このとき，生命保険金に対するみなし相続財産としての課税が始まった）により，「本法施行地に於て生命保険（徴兵保険を含む以下同じ）の保険金を支払ひたる者は命令の定むる所に依り支払調書を政府に提出すべし」（相続税法12条の2）と定められた。戦後になって，法定調書を提出すべき範囲は徐々に拡大していった[43]。現在では，およそ60種類の法定調書が存在している。

---

(40)　反面調査に補充性が必要かという論点につき，注解所得税法研究会編『注解所得税法〔5訂版〕』（大蔵財務協会，2011年）1231-1233頁参照。
(41)　この点については後述する。
(42)　どの書物にも載っているが，ここでは勝・前掲注7，230-235頁を参照した。なお，金子宏「わが国の所得税と源泉徴収制度：その意義と沿革」同『所得課税の法と政策』（有斐閣，1996年）125頁（初出1991年），137頁は大正末期の段階で支払調書提出義務等が存在していたことを指摘している。

法定調書制度の現状として，報酬・料金（所得税法225条1項3号）を例にとって，法定調書の存在によって納税者の同一性の管理ができているかどうか検証してみよう。

例えば，大学教員T（居住者）が法律雑誌に原稿を執筆し，出版社Wから報酬（原稿料）を受け取ったとする。Tにとって，この報酬は雑所得の収入金額であって，それを得るのに要した必要経費を控除した金額が所得税の課税の対象になる。ところが，所得税法は報酬の全額をTが受け取ることを認めない。所得税法204条1項は，Wにこの報酬についての源泉徴収義務を課しているのである（1号の「原稿［…］の報酬」に該当する）。源泉徴収税額は，同一人に対し1回に支払われる金額が100万円を超えない限り，支払われる報酬の10パーセントである（所得税法205条）。さらに，所得税法225条1項は，Wに税務署長への支払調書の提出を命じている。Wは同項3号にいう「居住者［…］に対し国内において第204条第1項各号に掲げる報酬［…］につき支払をする者」に該当するからである。支払調書に記載すべき事項は所得税法施行規則84条1項が定めており，そこには報酬の額（2号）や源泉徴収される所得税額（3号）の他に「その支払を受ける者の氏名又は名称及び住所若しくは居所又は本店若しくは主たる事務所の所在地」（1号）が掲げられている[44]。税務署（そして国税庁）は，支払調書に記載された氏名及び住所を手掛かりに，Tがこの報酬を雑所得として正しく申告しているかどうか，確認することができる。ところが，Wが支払調書に記載した氏名及び住所はTからWに伝えられた情報に基づいているところ，TがWに正しい情報を伝えているかどうか，また，Wが伝えられた情報を正し

---

(43) 所得税法における法定調書制度の沿革については，武田昌輔監修『DHCコンメンタール所得税法』（第一法規，加除式）8963頁以下参照。相続税法について言えば，1947（昭和22）年の相続税法において，生命保険金を支払った者の支払調書提出義務（相続税法68条1項），退職手当金を支給した法人の支払調書提出義務（相続税法68条2項），他益信託の受託者の信託に関する証書の提出義務（相続税法68条3項）が定められている。1950（昭和25）年の相続税法59条1項もほぼ同様である。

(44) 2016年1月1日からは，ここに個人番号または法人番号が付け加えられる。

く記載しているかどうか，については保証がない。とりわけ，T が W に正しく氏名及び住所を伝えなくてはならない，という点については，実定法上の根拠があるわけでもないし，それゆえ本人確認が行われるわけでもない。このことは，所得税法 224 条を見ればわかる。同条は，利子，配当等の「支払を受ける者」がその者の氏名及び住所[45]を「支払をする者」に対して告知すべきことを定めている。さらに，同条後段は，支払を受ける者による支払をする者が告知した氏名及び住所の真正性を確認すべきことを定めている。もちろん，このような真正性の確認が正しく行われるかどうかは，（国税通則法 74 条の 2 第 1 項 1 号ロが定めているような質問検査権が存在するとはいえ）最終的にはそれぞれの支払をする者の良識に依らざるを得ない面がある[46]。いずれにせよ，今検討した報酬の場合には，所得税法 224 条に対応する規定が

---

(45)　2016 年 1 月 1 日からは，ここに個人番号または法人番号が付け加えられる。

(46)　1949（昭和 24）年の所得税法 59 条では，支払を受ける者による告知義務が定められていたに過ぎなかった（以下，詳しくは，武田監修・前掲注 43, 8893-8893 の 3 頁を参照）。1973（昭和 48）年改正で，支払をする者による限定的な場面での本人確認義務が定められた。これは，既に先行して無記名公社債の利子等について源泉分離課税の選択がない場合につき当時の租税特別措置法 3 条の 3，租税特別措置法施行令 2 条の 3 に基づいて住民票の写し，国民健康保険の被保険者証等を用いた氏名及び住所の真正性の確認を求めていた取扱いを源泉徴収の有無を問わず一般的に拡張したものである（内川澄男「所得税法の一部改正」税経通信 28 巻 7 号（1973 年）17 頁，29 頁）。少額貯蓄等利用者カード制度（グリーン・カード制度）が実施されないまま廃止された 1985（昭和 60）年の改正では，少額貯蓄非課税制度の利用にあたり（氏名及び住所に加えて）新たに生年月日を告知すること，住民票の写し等の一定の書類を提示すること，また，金融機関の営業所等の長が「確認した旨の証印」をすることが定められた（所得税法 10 条 3 項以下。現在もこの規定は障害者等の少額預金の利子所得等の非課税との関係で生きている。改正の内容につき，鈴木速人「所得税法・租税特別措置法（所得税関係）の一部改正について：利子配当課税関係の改正」税経通信 40 巻 8 号（1985 年）26 頁，29-30 頁及び金子宏ほか（座談会）「マル優制度のゆくえ」ジュリスト 858 号（1986 年）10 頁，11-12 頁〔金子宏発言〕参照）。2004（平成 16）年の改正では，本人確認書類の範囲に住民基本台帳カード等が加えられている（所得税法施行令 337 条 2 項参照）。なお，前述の少額貯蓄非課税制度等，利子所得への優遇の歴史については，金子宏「利子所得課税のあり方：グリーン・カードの問題を含めて」同『所得概念の研究』（有斐閣，1995 年）241 頁（初出 1982 年），243-256 頁を参照。

ないため，TがWに誤った氏名及び住所を伝えても，Wはそれらが誤っていることを認識しないかもしれないし，認識したとしても正しい氏名及び住所を申告させる手立てがない。そして，Wから報酬を得たTがこの報酬を雑所得として申告していなくても，Tが正しい氏名及び住所をWに伝えなかった以上，税務署がTの同一性を確認する手段はもはや存在しないのである。もっとも，WがTから氏名及び住所に関する正しい情報を得るインセンティブが全くないわけではない。Wが法人税の申告にあたりTへの支払いを損金算入するためにはこの支払いが真正であること（本当に金銭が支払われたこと）を主張しなくてはならず，Tの氏名及び住所が実在することが支払いの真正性を裏づけるからである。以上のような状況は，番号制度の導入後であっても，TがWに故意に誤った個人番号を伝えるのであれば，ほとんど変わらない。

2 一元的番号制度に関する動向

個人の同一性を管理するために番号を用いることは，古くから行われていた。自動車等の運転免許や健康保険・年金との関係で，個人に番号が振られることは決して珍しくなかった。ところが，1970 年代初頭から，個人の同一性を管理するために番号を利用することに対して警戒を示す議論が登場した。その端緒は，1968 年 8 月 30 日の政府の電子計算機利用の高度化に関する閣議決定及び 1969 年 7 月 11 日の第二次計画の閣議決定に基づいて行政管理庁が始めた事務処理用統一コード設定への動きであった[47]。1968 年 8 月 30 日の閣議決定により関係各省庁の連絡会議が始まったが，行政管理庁としては，各種コードの統一標準化の一環として，国民に様々な行政目的に応じてそれぞれ付されている番号を統一することを考えていた[48]。その理由

---

(47) 以下，一元的番号制度に関する構想の最初期については，第 63 回国会参議院内閣委員会会議録 9 号 7-9 頁（1970 年 4 月 15 日）に掲載されている，山崎昇参議院議員（日本社会党）の質問に対する河合三良政府委員（当時，行政管理庁行政管理局長）の答弁に依拠して（ただし適宜敷衍して）記述する。

は，「統一した方が行政上便利ではないか」という点にあった。例えば，公的年金や医療保険において加入者が他の種類の年金・保険に移った場合に，その通算をする際に番号が統一されているとすればリファーできる。また，失業保険の番号が府県別・地域別になっているが，これを統一すれば重複支給をしないようにするための確認作業が容易になる。さらに，地方公共団体が委任事務を処理するに際して，各省庁が個人につけている番号がバラバラであるが，これが統一されると受け入れる側の地方公共団体として便利である，というのである。

　このような政府の動きに対して，反対論が盛り上がり，最終的に，1973年4月7日の参議院予算委員会第一分科会において，「行政管理庁も国民の反対があるために，このいわゆる国民総背番号制と申しますか，統一個人コードについては，これはもうストップしたと，私はそう判断しているわけですが，その点はどうですか」という質問[49]に対して，福田赳夫行政管理庁長官は次のように答弁した[50]。すなわち，「統一背番号制度につきましては，北欧四ヵ国が大体そういう制度を使っておる。しかし，その他の国におきましては，検討しておる国もありますが，その行き方というものを部分的に採用しておるという国も出てきているわけであります。つまり，アメリカ，カナダなんかで，社会保険という分野におきまして，統一というか，一部背番

---

(48) 行政管理庁による検討に際して出された報告書のうち筆者が参照し得たものとして以下のものがある。第1に，「事務処理用各省庁統一コード」研究開発会議「事務処理用各町長統一個人コード設定に関する研究　報告書」（財団法人日本経営情報開発協会，1971年）。1971年2月27日付のこの報告書に先立って，1970年11月30日には同研究会議が「中間報告書」を出して「個人コード一斉付与の方法と問題点」及び「個人コードに対する国民の認識状況の把握と問題の確認」について問題点を列挙し解説を加えていたようであるが（前掲報告書1頁），参照することができなかった。第2に，行政管理庁行政管理局（情報システム担当管理官）「情報社会におけるプライバシイ保護に関する調査研究報告書」（行政管理庁行政管理局，1971年）。9-18頁では当時の輿論における個人コードへの反対意見を紹介・分類している。
(49) 質問者は塩出啓典参議院議員（公明党）。
(50) 第71回国会参議院予算委員会第一分科会議録第3号19頁（1973年4月7日）。

号というか，そういうような形のものを使っておりますが，その辺は，ある
いはこれはわが国におきましても検討すべき問題でもあるまいかと，そんな
ふうに考えておりますが，北欧三国がやっておるような広範な，いわゆる統
一国民コードというようなものにつきましては，これは問題も多々あるだろ
うと思うのです。まあ国民のコンセンサスが熟すればということを考えてみ
るわけでありますが，そう急ぐ問題じゃない。世界の大勢，国民コンセン
サスの流れ，そういうものをよく見た上，結論を得べきものだと，かように
考えております」，と。

　当時の統一個人コード（ないし，批判する側からの呼称として「国民総背番号
制」）に対する反対論[51]の中には，コンピュータに対する漠然とした危惧感
に基づくものがあったことは否定できない。おしゃべりなコンピュータが何
もかもしゃべってしまうかもしれない，というような意見である[52]。他方
で，当時はプライバシーの問題と呼ばれていたものの，後に個人情報保護の
問題として整理されることになる問題提起が，当時の反対論には含まれてい
た[53]。すなわち，個々の国家目的のために集められた情報を他の目的に転
用することは当然には許されない，という考え方が形成されてくる[54]。

　もっとも，「国民総背番号制」すなわち一元的番号制度への反対論は，次
のような議論にもつながった。それは，ある国家目的のための番号制度（多

---

(51) 行政管理庁行政管理局（情報システム担当管理官）・前掲注48，9-18頁，朝日
　　ジャーナル1972年1月28日号4頁以下の「特集・個を否定する国民総背番号
　　制」を主として参照した。

(52) このような考え方がすっかり過去のものになったわけではない。朝日新聞
　　2015年7月24日朝刊17面は，人工知能が人間にとって脅威になりうるとい
　　うニック・ボストロムの見解を伝えている。なお，「人工知能が人類を征服し
　　たり，自分の意思を持ったりする可能性はない」という松尾豊（東京大学）の
　　コメントも紹介されている。

(53) 宇賀克也『個人情報保護法の逐条解説〔第4版〕』（有斐閣，2013年）1頁は，
　　事務処理用個人コードの検討が国民の間で個人情報保護の必要性の認識を高め
　　る契機になったことを指摘している。

(54) 実定法に即して言えば，行政機関個人情報保護法8条1項（利用目的以外の目
　　的のための利用を原則禁止），及び，番号法9条（利用目的を限定）に対応す
　　る考え方である。

元的番号制度）が構想されているとしても，それを導入することが一元的番号制度（「国民総背番号制」）を導入するための端緒となりかねない（政府はその魂胆を隠している），それゆえ当該多元的番号制度の導入にも反対する，という論理である[55]。これは一種の陰謀論であって，そのような陰謀があると信じる人には説得力があるが，信じない人には説得力がない。しかし，こうした論理が，1970年代後半からの納税者番号制度に関する議論へも負の影響を及ぼすことになる[56]。

3　金融所得を把握する方策としてのグリーン・カード制度の挫折

　納税者番号制度に関する議論が日本で行われるようになったのは，統一個人コードへの動きが頓挫してしばらく経ってからであった。政府税制調査会の答申で「納税者番号制度」という言葉が登場するのは1979（昭和54）年度の税制改正に関する答申に始まるが[57]，それに先立って，1978年に金子宏が「納税者番号制度と納税者の秘密の保護」という論文において，納税者番

---

(55)　例えば，医療情報システムとの関係で論じる，奥平康弘「国民総背番号制と人権侵害」ジュリスト548号（1973年）78頁。納税者番号制度との関係での同様の議論として，石村耕治「課税庁保有情報の開示制度」同『アメリカ連邦税財政法の構造』（法律文化社，1995年）95頁，96-97頁（初出1992年），佐藤幸治「プライヴァシーの権利と個人情報の保護」同『現代国家と人権』（有斐閣，2008年）459頁，521頁（初出1996年）。

(56)　ここで負の影響というのは，本文で述べたような論理が，納税者番号制度の導入によって単に不利益を被る人々（事実上課税されないという利益をこれまで享受していた人々）によって利用されてしまい，本文で述べたような論理を唱導する者たちがそのような（意に反するはずの）利用を受け入れてしまうことで，納税者番号制度に関する客観的な議論が成り立ちにくくなることである。本文で述べたような論理を唱導する者たちは，国民総背番号制によってあらゆる個人情報が一元的に管理されることを危惧している（この危惧自体は，正当である）のに対して，単に不利益を被る人々は国家が脱税に関する情報を把握することを危惧している（この危惧は，正当化し難い）のであって，たとい両者が「プライバシー侵害の恐れ」という同じ言葉を使っているとしても，それによって意味されている内容は全く異なるはずである。

(57)　岩田陽子「納税者番号制度の導入と金融所得課税」調査と情報475号（2005年），2頁。

号制度の意義と機能の紹介，そして「納税者の秘密の保護」という観点からの検討を行っていた[58]。

　金子は，アメリカにおける状況を見た上で，一般論として，「納税者番号制度は，所得をより正確に把握するための手段としてきわめて有効である」，と結論づける[59]。そして，日本においても，仮名預貯金の所得を隠蔽するための手段としての利用を防いで，（源泉分離選択制度がとられていた）利子所得・配当所得を総合課税の対象に含めること，また，（所得税法10条に基づき非課税とされていた）マル優制度や郵便貯金の濫用[60]を防ぐこと，さらに，（所得税法9条により原則として非課税とされていた）有価証券の譲渡益を課税の対象に含めること，これらの目的のために納税者番号制度が大きな機能を発揮することが期待される，と述べている[61]。

　金子は続いて，「納税者の秘密の保護」を検討する。そこで論じられているのは現在であれば納税者の個人情報の保護と呼ばれるべき事柄であるが，金子は実定法に従って「秘密」という言葉を用いている。金子によれば，実定法上，租税職員の守秘義務についての一般的規定として国家公務員法100条があり，所得税法・法人税法・資産再評価法及び相続税法には「もっぱら，税務調査に関連して得られた私人の秘密の保護を目的とする」特別の規定が存在していた。こうした実定法の定めを前提として，金子は以下の二点を検

---

(58)　金子宏「納税者番号制度と納税者の秘密の保護」同『所得課税の法と政策』（有斐閣，1996年）180頁（初出1978年）。

(59)　金子・前掲注58，186頁。

(60)　当時，本人確認が行われていなかったので，仮名での預貯金を行うことは容易であった。当時ののどかな状況を良く伝えるのが，以下の井上ひさしの小説の一節である。「真坂時太郎というのは架空の名前だ。明君とぼくと，それから庄平君の三人で，半日がかりで考え出した名前なのだ。ぼくらが通帳にお金を積むのは「まさかのときのため」だから，それで「真坂時太郎」という名前で通帳をこしらえたわけだ。だから，明君もぼくも庄平君もそれぞれ真坂時太郎なんだ。ハンコは駅前のハンコ屋さんで作ってもらった。」井上ひさし『偽原始人』（新潮社〔新潮文庫〕，1989年改版）19頁（初出は，朝日新聞社，1976年。新聞連載としての初出は1975年）。なお，郵便貯金は所得税法上非課税であり，郵便貯金法で1人あたり300万円という総額制限がかかっていた。

(61)　金子・前掲注58，186-188頁。

討する。第一に，保護の対象となっている「秘密」の意義である。この点につき，金子は「個人であると法人であるとを問わず，私人の生活範囲に属する事実のうち，まだ一般に知られておらず，知られないことがその人の利益に合致すると認められる事実をいう」とした上で，個人的秘密のみならず経済的秘密も含まれる，と主張する。第二に，「租税資料の開示の禁止」である。金子は，個々の租税職員の守秘義務という角度のみならず，「租税行政庁は，納税者に関する租税資料またはそこに含まれている各種の情報を，どこまで外部に開示できるか」という角度からも検討すべきである，という極めて重要な指摘を行っている。そして，「この点について，現行法は何らの定めをおいていないが，納税者の租税資料及びそこに含まれている情報は，原則として門外不出であって，租税行政庁はそれを外部に開示してはならないという原則が，現行法上妥当していると解すべきではないだろうか」と述べて，「租税資料開示禁止原則」を提唱する[62]。

　このように，租税職員ではなく租税資料自体，さらに進んで「情報」に着目したこと，そして，原則（デフォルト・ルール）が「開示禁止」であるということを提唱したこと[63]，この二点において，金子論文は行政機関個人情報保護法や番号法の理念を先取りしていた。

　さて，前述のとおり 1979（昭和 54）年度の税制改正に関する答申で納税者番号制度の導入を検討すべきという意見が盛り込まれたものの，翌年，1980（昭和 55）度の税制調査会の答申は現実的な選択肢を提示した。当時の租税特別措置法が定めていた利子所得・配当所得についての源泉分離選択制度の適用期限が 1980 年末に到来することから，理屈の上では総合課税という原則に戻るはずであり，また総合課税の実をあげるためには本人確認と名寄せが必要であった[64]。しかし，税調答申及びそれを受けた 1980（昭和 55）年

---

(62)　この部分で金子は，自著『租税法〔初版〕』（弘文堂，1976 年）346-347 頁を引用している。「門外不出」という言葉はすでに同 347 頁に登場している。

(63)　もちろん，金子自身もこの原則に対する例外が存在しうることは認めている。金子・前掲注 58，193 頁。

度税制改正[64]では，マル優制度に基づく非課税特典及び郵便貯金の非課税特典を利用するための本人確認制度（少額貯蓄等利用者カード制度（グリーン・カード制度））を提言するにとどまり，利子所得・配当所得の総合課税化という課題は先送りされたのである[66]。グリーン・カード制度においては，1984年1月1日以降，マル優制度や郵便貯金を利用するにあたって，国税庁長官から交付を受けた少額貯蓄等利用者カードを金融機関等の店舗の庁に提示し，記載事項の確認を受けなくてはならないとされた[67]。

　グリーン・カード制度の導入には，単により公平な税制の実現という面のみならず，これまで事実上非課税扱いを受けてきた資金の移動が生じるという問題が伴っていた[68]。すなわち，第一に，グリーン・カード制度が実施されると，郵便貯金法に基づく限度額の管理がされていなかった郵便貯金が銀行預金をはじめとするそれ以外の金融商品に流れることが予想された。第二に，マル優及び郵便貯金という非課税貯蓄から，本来非課税の扱いを受けることができなかったはずの資金が，それ以外の金融商品に流れることが予想された。このため，郵政省及び郵政関係者を有力支持者とするいわゆる郵政族の議員たち（金丸信等）は，グリーン・カード制度の実施の延期及び廃

(64)　泉美之松・高橋元・石原信雄「特別鼎談／55年度税制改正をめぐって」税経通信35巻7号（1980年）2頁，9頁〔高橋元発言〕。
(65)　所得税法の一部を改正する法律（昭和55年法律第8号）。
(66)　税制調査会の答申では，「いわゆる納税者番号制度が最も有効な方策である」とされつつも，その導入のための十分な環境整備が行われていないので，現実的な解として少額貯蓄等利用者カード制度の採用が提案された。二ノ宮英敏「所得税法の一部改正について」税経通信35巻7号（1980年）30頁，31-32頁。
(67)　それまでは，マル優制度の利用に際しては，金融機関等の営業所を経由して住所地の所轄税務署長に非課税所得申告書を提出することとされていた。また，郵便貯金については，前掲注60で述べたような郵便貯金法に基づく限度額が遵守されていることを担保する税法上の手続は存在していなかった。グリーン・カード制度の詳細については，二ノ宮・前掲注66参照。
(68)　なお，グリーン・カード制度の公布当初は，銀行預金よりも郵便貯金の方が本人確認・名寄せの面で有利と思われたため（実際，郵政省は本人確認・名寄せの両面で，大蔵省への抵抗を示していた），郵便貯金への貯蓄の大量シフトが生じたようである。金子・前掲注46，279-280頁注47参照。

第 2 章　日本の納税者番号制度　51

止を求めて精力的に運動を行った。自民党及び一部野党の圧力でグリーン・
カード制度は徐々に骨抜きにされ（グリーン・カード以外での本人確認を認める
等）[69]，1983 年には同制度はその実施が 3 年間延期され，最終的に 1985 年
の税制改正で廃止された[70]。

　グリーン・カード制度の挫折の後も，政府税制調査会では納税者番号制度
についての検討を続けていた。そして，金子宏が小委員長を務める「納税者
番号等検討小委員会」が 1988 年 12 月[71]と 1992 年 11 月[72]にそれぞれ報告
書を提出した。これらの報告書については，金子自身による的確な紹介と検
討が行われているので[73]，詳細はそちらに譲る。

　しかし，次の点は指摘しておきたい。それは，「納税者番号とプライバシ
ーの保護」[74]ないし「プライバシーの保護」[75]という項目において，税務当
局による個人情報の当該個人からの取得の可否の問題，税務当局による個人
情報の他の行政機関からの取得の可否の問題，税務当局が収集した個人情報
の他の行政機関による利用の可否の問題，という 3 点が，しっかりと区別さ
れているということである。

　そして，第一の点については，「税務当局は納税者の所得等を正確に把握
する上で納税者に関する課税資料を収集することが必要となる。税務調査は

---

(69)　この段階での，グリーン・カード制度を含めた利子所得課税のあり方に関する
　　　検討として，金子・前掲注 46 がある。
(70)　経緯につき，泉美之松・大山綱明・吉住俊彦「60 年度税制改正をめぐって」
　　　税経通信 40 巻 8 号（1985 年）2 頁，6-8 頁〔泉・大山発言〕参照。
(71)　税制調査会「納税者番号等検討小委員会報告（昭和 63 年 12 月 13 日）」金融
　　　503 号（1989 年）21 頁以下に収録。
(72)　税制調査会「納税者番号等検討小委員会報告（平成 4 年 11 月）」金融 549 号
　　　（1992 年）29 頁以下に収録。
(73)　金子宏「納税者番号制度の意義と機能：税制調査会小委員会報告書の紹介と検
　　　討」同『所得課税の法と政策』（有斐閣，1996 年）196 頁（初出 1993 年）。当
　　　時までに現れていた文献のリストとして，同 198 頁注 1 参照。なお，両報告を
　　　丹念に読み解いた論文として，川上宏二郎「納税者番号制度におけるプライバ
　　　シー保護の問題」西南学院法学論集 26 巻 1・2 号（1993 年）69 頁がある。
(74)　税制調査会・前掲注 71，28-30 頁。
(75)　税制調査会・前掲注 72，34-35 頁。

個人の経済的秘密そのものに関する調査だと言ってもよいであろう。したがって，適正・公平な課税を実現するため必要な限りで個人のプライバシーの権利は制限されざるを得ない」とはっきり述べている[76]。第二の点についても，「税務当局が他の行政機関から情報を収集することについては，税務執行の目的に必要な範囲で広く認められるべきである」と明確な態度が示されている[77]。第三の点については，1988 年の報告で，共通番号を利用する行政目的の範囲の問題と納税者番号を利用して集めた個人情報の目的外利用のそれぞれについて適切な制度が必要だという認識が示されている[78]。1992 年の報告では，納税者番号制度が導入された暁には「番号データにより特定の個人が識別され，かつ，番号データを保有・使用する主体が国の行政機関である場合には，同法［引用者注：個人情報保護法］が適用されると考えられる」として，本稿の冒頭で示したような番号法の自己認識が先取りされている[79]。また，今後の課題としては，「ある行政機関が特定の行政目的のために番号を利用して収集した個人情報は，特別の法令上の措置なく本来の行政目的以外に利用することは適当でないと考えられることから，共通番号制度を導入する場合に，どの行政機関間でどのような情報をどのような要件の下で開示することを認めるのかという点については十分な検討が必要である」と，個人情報保護法の考え方に従った問題提起が行われている[80]。

これら 2 つの報告は，従来漠然とプライバシーの問題と言われてきた事柄をしっかり分節して論じている。それだけに，もう一歩踏み込んで，そもそも税務官庁がある納税者に関する情報を集めてよいのかという上記第一の点と，税務官庁が取得した納税者に関する個人情報を他の国家目的のために利用してよいのかという上記第三の点とが区別されるべき問題であることをもっと強調してもよかったように思う。もっとも，金子宏は 1994 年に公表し

---

(76) 税制調査会・前掲注 71，28-29 頁。税制調査会・前掲注 72，34 頁も同旨。
(77) 税制調査会・前掲注 71，29 頁。
(78) 税制調査会・前掲注 71，29 頁。
(79) 税制調査会・前掲注 72，35 頁。
(80) 税制調査会・前掲注 72，36 頁。

た論文[81]で，前者の問題を「税務情報の収集」，後者の問題を「税務情報の保護」としてしっかり区別して論じている。また，税務情報の収集の問題を「古典的・伝統的意味におけるプライバシー」との関係で，税務情報の保護の問題を「自己情報管理権」との関係で，それぞれ論じている。このような分析枠組みは今日でもなお維持することができるものであり，本稿も基本的にはこの枠組みにのっとって分析を行っているところである。

1988 年と 1992 年の小委員会報告の後，納税者番号制度は具体化することのないままにとどまった[82]。その間，かつて目標とされていた利子所得・株式譲渡所得の総合課税化はもはや諦められ，貯蓄から投資へというスローガン及び「金融所得」というカテゴライゼーションに基づく「金融所得課税の一体化」が進められた[83]。また，前述のように，基礎年金番号や住民票コードといった番号制度が導入されていった[84]。住民票コードに関してはいわゆる住基ネットに関してその違憲性を主張する者による訴訟が提起されたが，最高裁判所は，最判平成 20 年 3 月 6 日民集 62 巻 3 号 665 頁において住基ネットは合憲であると判断した。ただ，最高裁判所は，国及び地方公共団体による個人情報（本人確認情報）の共有システムについて，その合憲性を基礎づける事情を丹念に認定している[85]。このため，この判決はのちの番号法の立案にあたって参照されることになった[86]。

---

(81) 金子宏「税務情報の保護とプライバシー：納税者番号制度を視野に入れて」同『所得課税の法と政策』（有斐閣，1996 年）231 頁（初出 1994 年）。

(82) 2003 年時点での議論の状況を的確に示すものとして，宇賀克也「納税者番号制度」同『個人情報保護の理論と実務』（有斐閣，2009 年）411 頁（初出 2003 年）。

(83) 経緯及び課題につき，吉村政穂「金融所得課税の一体化」金子宏編『租税法の基本問題』（有斐閣，2007 年）351 頁を是非参照されたい。

(84) 原井直子「社会保障・税に関わる番号制度の概要」レファレンス 735 号（2012 年）17 頁。

(85) 具体的な審査基準が明示されているわけではない。山本龍彦・憲法判例百選 I〔第 6 版〕（2013 年）46 頁，47 頁。

(86) この点の指摘として，山本龍彦「番号制度の憲法問題：住基ネット判決から考える」法学教室 397 号（2013 年）49 頁，49 頁注 5 参照。

4 社会保障と租税とを一体的な目的と理解する番号法の登場

これから施行されようとしている番号法の直接の祖型は，2009年8月30日に執行された第45回衆議院議員総選挙における民主党のマニフェストに盛り込まれた「税・社会保障共通の番号の導入」に求められる[87]。同年12月の「平成22年度税制改正大綱」には，「社会保障制度と税制を一体化し，真に手を差し伸べるべき人に対する社会保障を充実させるとともに，社会保障制度の効率化を進めるため，また所得税の公正性を担保するために，正しい所得把握体制の環境整備が必要不可欠です。そのために社会保障・税共通の番号制度の導入を進めます」という記述がある[88]。2009年9月から2012年12月までの3年3ヶ月の民主党政権下では，番号法に向けた検討が進められていった[89]。2010年2月に「社会保障・税に関わる番号制度に関する検討会」が設置され，同年6月29日には同検討会が「中間とりまとめ」を公表した。同年11月には政府・与党社会保障改革検討本部の下に「社会保障・税に関わる番号制度に関する実務検討会」が設置され，2011年4月には同検討会が「社会保障・税番号要綱」を決定，さらに同年6月30日には政府・与党社会保障改革検討本部が「社会保障・税番号大綱」を決定した。2012年2月には，番号（マイナンバー）関連3法案が第180回通常国会に提出され，同国会では衆議院で閉会中審査とされたものの，結局，2012年11月16日の衆議院解散に伴い廃案となった。

自由民主党・公明党への政権交代後，第183回通常国会に番号（マイナン

---

(87) 『民主党政策集 INDEX 2009』(2009年) 19頁。原井・前掲注84, 24頁が指摘するように，この選挙のとき，自由民主党は「社会保障番号・カードの導入」をマニフェストに盛り込んでいた。

(88) 『平成22年度税制改正大綱：納税者主権の確立に向けて』(2009年) 11-12頁。

(89) 以下，内閣官房マイナンバー社会保障・税番号制度ホームページ「番号制度の基礎となった議論」
http://www.cas.go.jp/jp/seisaku/bangoseido/process/giron.html
特に，マイナンバー法成立までの経緯 http://www.cas.go.jp/jp/seisaku/bangoseido/pdf/seiritsukeii.pdf
に依拠している。

バー）関連 4 法案が提出された。2013 年 5 月 24 日に番号（マイナンバー）関連 4 法案が成立し，5 月 31 日，これら 4 法，すなわち，行政手続における特定の個人を識別するための番号の利用等に関する法律（平成 25 年法律第 27 号），行政手続における特定の個人を識別するための番号の利用等に関する法律の施行に伴う関係法律の整備等に関する法律（平成 25 年法律第 28 号），地方公共団体情報システム機構法（平成 25 年法律第 29 号），内閣法等の一部を改正する法律（平成 25 年法律第 22 号）が公布された。その後も，これらの法律についての細かい改正が続いている他，関係政省令も公布されている。

5 番号の記載によって何が変わるのか

番号法及びその関連法についての詳細は省略するが[90]，番号法は，個人について言えば，要するに，住民基本台帳で管理されている基本 4 情報（氏名，住所，性別，生年月日）と 12 桁の個人番号とを一対一に対応させた上で，社会保障，租税，災害対策の分野で個人番号を個人の同一性を管理するために用いるという仕組みである。そして，租税に関しては，⑴申告書・法定調書等の記載事項への「番号」の追加，⑵告知事項・本人確認事項への「番号」の追加，⑶本人確認書類の整備，という 3 つの措置が講じられた[91]。例えば，所得税について言えば，これまで氏名と住所のみをもって個人の同一性の管理が行われてきたが[92]，これらに個人番号が付け加えられることになる。

---

(90) 水町・前掲注 1，宇賀・前掲注 1 の他，松汐利悟＝藤崎直樹「行政手続きにおける特定の個人を識別するための番号の利用等に関する法律の施行に伴う国税通則法等の改正（平成 28 年 1 月マイナンバー利用開始）」『平成 27 年度税制改正の解説』（2015 年）1013 頁参照。

(91) 松汐＝藤崎・前掲注 90，1026 頁。

(92) 所得税の確定申告書には，氏名及び住所を記載することとされているが（国税通則法 124 条 1 項；所得税法 120 条 1 項 11 号の委任を受けた所得税法施行規則 47 条 1 号），実際の確定申告書には，恐らくは所得税法施行規則 47 条 19 号にいう「その他参考となるべき事項」として，生年月日を記入する欄が存在する。

「番号」の記載及び「番号」を通じた本人確認が義務づけられたことにより，納税者の同一性を管理する制度は確かに向上するはずである。しかし，前述のように，納税義務者＝金銭受領者から源泉徴収義務者＝金銭支払者への告知義務が存在しない場合には，納税義務者＝金銭受領者についての情報の伝達は任意のものにとどまり，それゆえこの情報の正確性を担保するのは納税義務者＝金銭受領者の良識に限られる。

Ⅲ　納税者番号制度に関する論点

1　どのような論点があるのか

　金子宏は，納税者番号制度に関して，個人情報の取得に関する問題と取得された個人情報の目的外利用の問題をしっかり区別して論じていた（Ⅱ3参照）。このような態度は，情報の取得段階での適法性の問題と情報の流用・利用の可否の問題とをしっかりと区別して論じる近時の憲法・刑事訴訟法の業績につながるものであり[93]，筆者も支持するところである。ところで，租税制度を「単一」の国家目的であると評価してよいのだろうか。この点につき，筆者は，イギリス法におけるコンフィデンシャリティ（confidentiality）の考え方[94]に示唆を得て，ある納税者のある年度のある税目についてある国家（または地方公共団体）のある行政機関が取得した情報は，当然には，他の納税者，他の年度，他の税目，他の行政機関によって利用できるわけでは

(93)　笹倉宏紀「行政調査手続と捜査」井上正仁＝酒巻匡編『刑事訴訟法の争点』（有斐閣，2013年）100頁，山本龍彦「監視捜査における情報取得行為の意味」法律時報87巻5号（2015年）60頁等参照。

(94)　イギリスにおけるコンフィデンンシャリティについては，内藤るり「私生活上の事実の保護における秘密保持の法理の活用：イギリス私法上のプライバシー保護の一展開」国家学会雑誌122巻1・2号221頁（2009年）。アメリカにおけるコンフィデンシャリティについては，池田公博『報道の自由と刑事手続』（有斐閣，2008年）181-183頁，241-247頁。また，日本法の文脈でもコンフィデンシャリティの考え方を用いることの有用性を指摘する見解として，山本龍彦ほか「〔座談会〕日本国憲法研究第10回プライバシー」ジュリスト1412号（2010年）91頁，97頁〔阪本昌成〕。

ない，という厳格な立場から考えてみたいと思う。そうすると，単一の国家目的についての番号制度（多元的番号制度）である納税者番号制度においても，一元的番号制度の場合と同様に，収集された情報の使用・利用の可否の問題が出てくることになる。

　そこで，単一の国家目的に関する番号制度としての納税者番号制度に関する問題点として，次の諸点を検討することとする[95]。

　第一に，そもそも，ある個人に関する情報につき数字を利用して同一性の管理をすることが，当該個人の憲法上の権利との関係で問題ないか。この点につき，筆者は，数字を利用すること自体には憲法上の問題は存在しない，と考える。そこで，以下の検討では，数字の利用ではなく，個人に関する情報の収集及びその利用の問題について考えていくことになる。

　第二に，租税制度との関係で個人に関する情報を国家が収集するとして，その内容につき当該個人の憲法上の権利との関係で限界は存在するかを検討する。

　第三に，ある者に対して他人についての情報申告義務，あるいは源泉徴収義務を課すことに，当該他人の個人情報の保護の観点から，問題がないかどうかを検討する。情報申告義務や源泉徴収義務は，場合によっては，この者に対して当該他人についての取引上当然に知りうる情報を超えた情報を収集する義務を負わせる可能性があるからである。

　第四に，国家がある個人に関する情報をある税目との関係で収集したとして，この情報を同一の個人の別の税目について，あるいは，同一の個人の将来の租税について，さらには，別の納税者に関する課税関係を確定するために利用することに問題はないか考えてみる。また，国家がある個人に関する情報を国税に関する限りで収集したとして，その情報を自治体の租税担当部局に提供することはいかなる条件のもとで許されるか，ということも考えてみる。

---

(95)　これから論じる事柄については，別の論文で詳論する予定である。

最後に，本稿で言及できなかった幾つかの点についてコメントする。

2　個人の同一性の管理と数字

　数字を用いて個人の同一性の管理を行うことには，憲法上，何らかの問題があるのだろうか。

　アメリカでは，ネイティブ・アメリカンが社会保障番号の利用について，番号の利用は（社会保障給付の対象である）子供の精神（spirit）を傷つけかねず，自由な宗教活動を保障する第1修正に違反する，と主張した事案に関する合衆国最高裁判所の判決が存在する[96]。最高裁判所（バーガー首席裁判官が法廷意見を執筆）は，政府が番号を用いないことを求める訴えについては，それが信教の自由条項の命ずるところではないとして棄却した。また，社会保障給付の条件として社会保障番号を記入しなくてはならないことは違憲であるとの主張も，理由づけは様々であって法廷意見が形成されなかったものの，結論として退けられている。

　日本では，前述のようなコンピュータへの漠然とした危惧感，さらに，番号で管理されたくない，という心情が吐露されることがある。囚人のように番号で管理されたくない，という主張には筆者自身も同意せざるを得ないところではある。しかし，問題は，憲法上の問題として，すなわち，憲法上保護された人権あるいは憲法が予定している仕組みからの帰結として，番号を付することが憲法違反となりうるかどうかである。この点につき，内野正幸は，番号を付されないという憲法上の権利は存在しないことを前提に，「番号化されない人格的利益」を立法政策上尊重すべきことを主張していた[97]。また，住基ネットに関する最判平成20年3月6日も，付番それ自体によって憲法上の権利が害されることはないことを前提としていると解される[98]。

---

(96)　Bowen v. Roy, 476 U.S. 693 (1986). 本判決の紹介として，石村・前掲注55，158-160頁。

(97)　内野正幸「プライバシー権論と住民基本台帳番号制」ジュリスト1092号（1999年）30頁。

(98)　この点の指摘として，山本・前掲注86，50頁。

第 2 章 日本の納税者番号制度 59

　以上のような日米での議論状況に基づいて，筆者としては，個人の同一性の管理を数字を用いて行うこと自体は憲法上の問題を惹起しない（立法政策上の配慮が必要かもしれないとしても），と考えておきたい。

3　国家が収集しうる個人情報

　租税制度を運用する上で，国家（または地方公共団体）が収集しうる個人情報の内容には，憲法上の限界が存在するだろうか。筆者は，国家が収集しうる個人に関する情報の内容は，租税実体法の制度設計に依存すると考えている。他方，国家が収集することが許されないような情報（例えば，思想や信仰）を課税要件とすることは，そもそも租税実体法として憲法上許されないだろう。そうすると，租税実体法が憲法に反しないような内容である場合には，租税実体法と独立に，租税実体法によって要求されるはずの情報を国家が収集することが憲法違反になるということは，あり得ないのではないかと思う。

　なお，国家が収集しうる個人情報については，金子宏が「収集すべき情報の範囲」として論じている[99]。この点については，筆者は，金子の考え方には必ずしも賛同できない。金子は「古典的・伝統的意味におけるプライバシーに属する情報は，原則として収集の範囲から除かれると解すべきである」と述べている。しかし，このように解してしまうと，家族構成や病歴，趣味に関する支出等，様々な私的事項が申告及び税務調査の対象となってしまう現行所得税法は違憲だと言わざるを得なくなってしまうのではないだろうか。また，一般に，個人の担税力＝保有する全財産の価値の増減に着目する所得税制度，また，それに依存する福祉国家は憲法違反ということになってしまうのではないだろうか。

　むしろ，筆者としては，国家が収集しうる個人情報の内容は，租税実体法の制度設計に依存することを強調しておきたい。国民の代表によって構成さ

---

(99)　金子・前掲注 81，233-237 頁。

れる国会が包括的な所得税を導入し，それを維持している以上，国民は国家が個人のプライバシーに関わる情報を集めることを甘受したと看做さざるを得ないのである。国民がこの意味でのプライバシー侵害を望まないのであれば，分類所得税や源泉分離課税によって課税関係が終了するようなタイプの所得税，あるいは，付加価値税のような租税に頼らざるを得ない。

さらに，「古典的・伝統的意味におけるプライバシー」と言っても，人々がプライバシーと考える情報の範囲は時代や法域によって大きく異なる。現在の日本では，都市に住む人々の多くは，自宅の電話番号を電話帳に載せていない。しかし，およそ40年前には，「国民総背番号制」に強硬に反対する論者ですら，電話帳に電話番号を載せるのはプライバシーの侵害になりうるとは考えていなかった[100]。現在でも，例えば，アメリカ合衆国においては，かなりの著名人であっても電話帳に名前と電話番号を載せているようである。

以上のことから，国家（または地方公共団体）が収集しうる個人情報は，原則として，ある税目に関するある納税義務者の納税義務を確定するために必要なものに限られるが，必要であると言えるならばこの納税義務者のプライバシーに関わるものであっても構わない，と考えるべきである。ただし，前述のような租税実体法と収集される個人情報との相関関係を考慮するならば，国民のプライバシーに関する感覚が変遷することによって，従来であれば問題のなかった租税制度（例えば，包括的所得概念に基づく所得税制度）がもはや維持できなくなる，ということがありうることに注意すべきである。

4 他人についての情報申告義務

他人についての情報申告義務や他人の租税についての源泉徴収義務を負わせることには，何らかの憲法上の問題があるだろうか。本来の納税義務者と源泉徴収義務者との間に特に密接な関係が存在しない場合には源泉徴収義務を課すことは許されない旨を述べる最高裁判決[101]があるが，そこに言う特

---

(100)　高木真歩「番号をつける側の論理」朝日ジャーナル1972年1月28日号10頁。
(101)　最判平成23年1月14日民集65巻1号1頁。

に密接な関係の意味については，必ずしも明確にされていない[102]。

　そこで，国家（または地方公共団体。以下同様）が納税義務者から直接情報を取得する場合と国家が情報申告義務者（多くの場合，源泉徴収義務者でもある）を通じて納税義務者の情報を取得する場合とを比較して，その優劣を考えてみよう。

　情報申告義務者を通じた間接的な情報取得の場合，納税義務者の個人情報が情報申告義務者によって保有されることになる。納税義務者が被用者であり情報申告義務者が雇用者である場合には，社会保険等との関係で雇用者が被用者の（所得税法上必要な）個人情報をすでに把握していることが多く，国家以外の主体が個人情報を保有することに伴う危険（例えば，個人情報の漏洩の危険）に関する追加的コストは小さい。また，雇用者と被用者といった日々接する関係にある場合には，納税義務者と国家という関係と比べて，情報申告義務者である雇用者が被用者＝納税義務者についての情報を取得するのが容易であって，かつ，情報の正確性を確認しやすいという利点もある。

　他方で，情報申告義務者が収集すべきとされる情報の質・量によっては，（国家とは異なり）個人情報保護に関する法規制とアーキテクチャー[103]を十分に備えていないかもしれない多様な主体に対して情報申告義務を課すことの危険が生じる。すなわち，こうした主体が個人情報を保有することで，個人情報が外部に漏洩したり，関係者により興味本位で閲覧されたり，あるいは，個人情報を利用してこうした主体が納税義務者を威嚇したりする，といった事態が生じる危険性が出てくる。

　以上のことから，前述の国家が個人情報を収集する場合と同様に，一定の個人情報について情報申告義務を課すことがアプリオリに憲法違反となるこ

---

(102)　筆者自身の検討として，渕圭吾「破産管財人の源泉徴収義務」（最判平成23年1月14日民集65巻1号1頁の評釈）判例時報2136号（2012年）170-177頁（判例評論637号24-31頁）。

(103)　アーキテクチャー概念については，以下の文献を参照。Lawrence Lessig, Code Version 2.0, Basic Books, 2006. 笹倉宏紀「捜査法の思考と情報プライヴァシー権」法律時報87巻5号（2015年）70頁，76-77頁も参照。

とはなさそうだとはいえ，法規制（そしてその執行）とアーキテクチャーの水
準によっては[104]情報申告義務を課して私人に個人情報を収集させることが
憲法違反になる可能性があると考えられる。

5　税目間・年度間の情報の融通，他の納税者に関する情報の利用

　国家がある個人に関する情報をある税目との関係で収集したとして，この
情報を同一の個人の別の税目について，あるいは，同一の個人の将来の租税
について，さらには，別の納税者に関する課税関係を確定するために利用す
ることに問題はないのだろうか。

　従来，国税庁が保有する情報についてそれを国税庁内部で（租税の賦課・
徴収の目的で）利用することについて特に問題があるとは考えられてこなか
った。例えば，次のようなことは，許容されると考えられてきた。ある納税
者の消費税に関する情報を同一の納税者の所得税の課税関係を確認するため
に利用する。納税者Aの取引相手である別の納税者Bについての情報を納
税者Aの課税関係を確認するために利用する。ある納税者の2010年の所得
税に関する情報を同一の納税者の2011年の所得税に関する課税関係を確認
するために利用する。

---

(104)　最判平成20年3月6日は，単に法規制の状況のみならず，アーキテクチャー
　　の水準をも勘案して，個人情報が漏洩する危険性の存否を判断していた。すな
　　わち，「住基ネットのシステム上の欠陥等により外部から不当にアクセスされ
　　るなどして本人確認情報が容易に漏えいする具体的な危険はないこと，受領者
　　による本人確認情報の目的外利用又は本人確認情報に関する秘密の漏えい等は，
　　懲戒処分又は刑罰をもって禁止されていること，住基法は，都道府県に本人確
　　認情報の保護に関する審議会を，指定情報処理機関に本人確認情報保護委員会
　　を設置することとして，本人確認情報の適切な取扱いを担保するための制度的
　　措置を講じていることなどに照らせば，住基ネットにシステム技術上又は法制
　　度上の不備があり，そのために本人確認情報が法令等の根拠に基づかずに又は
　　正当な行政目的の範囲を逸脱して第三者に開示又は公表される具体的な危険が
　　生じているということもできない」と述べていた。山本龍彦「プライバシーの
　　権利」ジュリスト1412号（2010年）80頁，86-87頁，山本・前掲注86，52
　　頁のいう「構造審査」である。なお，宇賀・前掲注82，415頁も納税者番号制
　　度の文脈で同様の指摘を行っている。

これらの情報の利用について，筆者は結論としては問題がないと（暫定的に）考えているが，行政機関個人情報保護法の趣旨からは，白地から，ある納税者についてのある年度のある特定の税目についての情報を別の年度・税目及び別の納税者のために用いることが許されることの根拠を考え直す必要がありそうである[105]。さらに，プライバシーの権利が提唱される前から存在しており，イギリスでは今でも有用な法的枠組となっているコンフィデンシャリティの考え方によれば，ある主体が納税義務者からある特定の目的で取得した情報は，当然には他の目的には流用できないはずである。そして，ここである特定の目的とはある納税義務者のある年度のある税目に関する納税義務の確定である，と考えるならば，この特定の目的以外に情報を利用することは許されないということになるはずである。

ところで，現在の日本の所得税・法人税・消費税・相続税の仕組みからして，ある納税義務者についてのある年度の情報が翌年度以降に意味を持つということは少なくない。例えば，譲渡所得に関して言えば，過去の（場合によっては相当昔の）資産の取得時における取得費を認定することが所得算定のために必須のものとなっている。そうすると，少なくとも，同一の納税者について，年度間で情報を融通する必要性は極めて高い。また，ここでは詳細を述べないが，税目相互間，他の納税者との間での租税情報の利用についても，基本的には，その必要性は高いといってよいと思われる。

そこで，やや形式的な議論と思われるかもしれないが，ある納税義務者の情報を年度，税目，納税者を超えて国税庁内部で利用することを認める，法律上の規定が必要だということになる。現行法では，行政機関個人情報保護法8条2項2号の規定が存在するので，こうした国税庁内部での利用が可能になっている，と考えられるかもしれない。ところが，番号法の施行後は，個人番号をその内容に含む個人情報である「特定個人情報」（番号法2条8項）については，行政機関個人情報保護法8条2項2号の適用は排除されて

---

(105)　行政機関個人情報保護法3条，同8条にいう「利用目的」が何かという問題である。

しまう（番号法 29 条 1 項）。そして，番号法 19 条 8 項が国と地方公共団体の間の税務情報の提供を認めている。この規定ぶりからすると，少なくとも番号法制定にあたって，立法者は国税庁内部（そして地方公共団体内部の税務部門）の税務情報の利用にあたっては，特に法律の根拠を要しないと考えていたことがうかがわれる。しかし，前述のように，国税庁内部・地方公共団体の税務部門内部での納税者に関する情報の利用にあたっても，法律の根拠が必要であると考えるべきではないだろうか。

国税と地方税の間での情報の融通についても，上記と同様に考えられるが，こちらについては今述べたように番号法の下でも法律上の根拠がはっきり書かれている。

6　本稿で検討できなかった問題

本稿では，第一に，一元的番号制度の一環をなす納税者番号制度について検討することができなかった。ここでは，国家の他部署・部局に納税者に関する情報を提供することの可否が問題となり，既に優れた研究が多いところであるが[106]，筆者としては本稿で言及したコンフィデンシャリティの考え方に基づいて考え直したいと思っている。

第二に，国家がある個人のある租税に関する情報を収集したとして，この情報を同一の種類の租税の賦課・徴収のために他国の課税行政庁に提供することはいかなる条件のもとで許されるか，という問題がある。この点については，既に優れた研究が多数現れているところであるが[107]，筆者としても検討する機会を得たいところである。

---

(106)　金子・前掲注 81，241 頁以下，吉村政穂「行政内部における租税情報の共有と制限」税大ジャーナル 14 号 29 頁（2010 年），吉村政穂「租税法における情報の意義」金子宏編『租税法の発展』（有斐閣，2010 年）161 頁，今岡直子「個人番号による情報連携とセキュリティ」調査と情報 873 号（2015 年）等。

第 2 章　日本の納税者番号制度　65

（107）　増井良啓「租税条約に基づく情報交換：オフショア銀行口座の課税情報を中
　　心として」金融研究 30 巻 4 号（2011 年）253 頁，吉村政穂「国際課税におけ
　　る金融口座情報の共有体制の確立」金子宏ほか編『租税法と市場』（有斐閣，
　　2014 年）532 頁，増井良啓「非居住者に係る金融口座情報の自動的交換：CRS
　　が意味するもの」論究ジュリスト 14 号（2015 年）218 頁等。

納税環境の整備

第3章　米国の納税者番号制度

東京大学准教授　藤谷　武史

Ⅰ　は　じ　め　に

　アメリカ合衆国（以下「米国」）の納税者番号制度は，金子教授による紹
介・検討[1]以来，わが国の納税者番号制度の構想におけるモデルの一つとし
て，常に意識されてきた[2]。昨今導入されたマイナンバー（社会保障・税番
号）制度は，新たな番号の付番という面では（既存の公的番号を転用する）米
国方式と袂を分かったものの，同一番号の様々な行政目的への利用を予定す
る（多目的型）点では米国方式とも共通している。さらに，米国の番号制度
について特筆すべきは，私人（個人・法人等）の同一性を特定し様々な情報
を紐付ける主要な手段として，当初想定された公的機関の用途を超え，私人

---

(1)　金子宏「納税者番号制度と納税者の秘密の保護」，同「納税者番号制度の意義
　　と機能－税制調査会小委員会報告書の紹介と検討」，同「税務情報の保護とプ
　　ライバシー－納税者番号制度を視野に入れて－」『所得課税の法と政策』（初出
　　はそれぞれ 1978 年，1993 年，1994 年）。
(2)　金子・前出「意義と機能」論文。また政府税制調査会は 2009 年にも海外調査
　　を行い，「政府税制調査会海外調査報告（アメリカ，カナダ）」（平成 21 年 8 月
　　6 日）として公表している（http://www.cao.go.jp/zeicho/siryou/pdf/sg5
　　kai5-1.pdf にて入手可能。なお URL は特に断りのない限り全て 2015 年 6 月
　　30 日に最終閲覧）。

間の取引においても広く用いられている点である。わが国でも今後，マイナンバーの利用範囲の拡大を求める声が強まることも予想される[3]が，多目的型番号制度の利便性と問題点について，米国の経験と議論から我々が学びうる点は少なくないであろう。

また，マイナンバーに関して懸念される個人情報保護の課題についても，米国の経験と議論は一定の示唆を与えうる。マイナンバー自体は国家に新たな情報をもたらすものではない[4]が，様々な情報を相互接続し私人の全体像の把握を格段に容易にする（既存データベースのネットワーク化）ことを通じて，私人のプライバシーに対して（従来から存在した，税務当局による私的情報の収集および当該情報の秘密保護の問題とは）質の異なる脅威が懸念されることが指摘されている[5]。後述するように，米国には税務情報の秘密（Tax Privacy）保護に関する議論の蓄積があるが，その内容は通時的に見てかなりの変遷を辿ってきた。本稿では，税務情報保護に関する先行業績との重複を避けつつ，最近の動向も含めた全体像の素描に努める。

本稿の構成は以下の通りである。まず，米国の納税者番号制度の全体像およびその利用の広がりについて，その基層をなす社会保障番号制度に留意しつつ，概観する（Ⅱ）。次いで，私的情報としての納税者番号の保護に関する米国の法制度，およびこれに関連する議論を紹介する（Ⅲ）。最後に，近時の米国で問題となっている納税者番号を用いたなりすまし（Identity Theft）問題と対策の現状につき簡単に紹介する（Ⅳ）。

---

(3) 政府税調における議論でも，マイナンバーの導入は国民にとっての利便性が高い社会基盤として位置づけられている（参照，税制調査会（マイナンバー・税務執行ディスカッショングループ）「論点整理」（平成26年4月）「Ⅰ．基本的考え方」）。

(4) 政府税調「論点整理」6頁。

(5) 山本龍彦「データベース社会におけるプライバシーと個人情報保護」公法研究75号（2013年）101頁。

II 米国の納税者番号制度の概観

1 米国の納税者番号制度の全体像

　米国法における「納税者番号（Taxpayer Identification Number：以下「TIN」）」は，連邦法たる内国歳入法典（I. R. C.）6109条に基づき割り振られ，連邦行政機関たる内国歳入庁（IRS）との関係で個人・法人等の納税者を識別・同定するための番号である（I. R. C. §7701(a)(41)）。ただし，TIN という単一の番号があるのではなく，以下の各種の公的番号(6)の総称であることに注意を要する（財務省規則301.6109-1条）。

> ① 社会保障番号　TIN の中核をなすのが，「社会保障番号（Social Security Number：以下 SSN）」である。後述するように，SSN は連邦社会保障局（Social Security Administration：以下 SSA）が社会保障行政目的で既に発行していた番号を，連邦税務行政目的のために転用したものである。

> ② 個人納税者番号（Individual Taxpayer Identification Number：ITIN）　米国で職を持たない非永住外国人等，SSN の発行を受けられない個人が納税申告等を行う必要がある場合に，納税者の申請に応じて IRS によって発行される番号である。

> ③ 雇用者番号（Employer Identification Number：EIN(7)）　1名以上の従業員を雇用する事業者のための番号である。わが国の紹介で「法人納税者番号」と呼ばれることもあるが，正確ではない。個人や政府関係機関，パートナーシップ等であっても，従業員を雇用し給与に係る所得税および社会保障税を源泉徴収する義務を負う事業主体は全てこの番号を取得し，納税申告書および従業員に交付する調書に記載する義務を負う(8)。

> ④ 養子縁組手続中の養子のための番号（Adoption Taxpayer Identification

---

(6)　訳語は前掲注2・「海外調査報告」16頁に拠った。

(7)　Federal Employer Identification Number（FEIN）ないし Federal Tax Identification Number とも呼ばれる。

Number: ATIN) 米国内で養親が SSN を現に有しない／申請資格を持たない者である場合の養子のために暫定的に（養子縁組手続が完了するまでの間）発行される納税者番号である。

その他，狭義の TIN ではないが，申告書類への記載が要求される場合がある番号として，以下のものがある。

⑤ 代行業者番号（Preparer Taxpayer Identification Number：PTIN）：税務申告代行業者[9]が社会保障番号の代わりに使用することができる番号である[10]。

SSN はその名称が示すように，本来は社会保障給付上の目的で，米国民・永住者・米国における就労が許可されている外国人に対してのみ，社会保障局から発行される番号である。しかるに，連邦税制に関係を持つ納税義務者はこれら SSN の発行を受けられる個人には限定されないために，別途 ITIN

---

(8) 従業員を雇用する個人事業主の場合，所得税の納税申告書類（Form 1040）の Schedule C において，自らの SSN 及び EIN の両方を記載する必要がある。なお，一人の個人が複数の事業を営んでいても，複数の EIN を取得する必要はない（いずれにせよ申告書類は 1 つだからであろう）が，複数人で組合等を組成した場合には組合のための EIN が新規に要求される。参照，IRS, *Employer Identification Number: Understanding Your EIN*（http://www.irs. gov/pub/irs-pdf/p1635.pdf），p. 3.

(9) IRS に対する税務代理業務（practice before the IRS）の概要については，カミーラ・ワトソン著（大柳久幸ほか訳）『アメリカ税務手続法』（大蔵財務協会・2013 年）35 頁以下が有益である。ちなみに同書の原著（Camila E. Watson, *Tax Procedure and Tax Fraud*（4th ed., West 2012））に納税者番号制度への言及はない（同書 411 頁「訳者あとがき」）。

(10) 税務申告代行業者は作成を代行した納税申告書類に（顧客の納税者番号とは別に）自己の番号を記載することが義務づけられているが，そこに SSN を記載せずに済む（＝顧客に自らの SSN を開示せずに済む）ことが，1999 年に PTIN が導入された理由である（Marie B. Morris, *Confidentiality of the Taxpayer Identification Number under the Internal Revenue Code*（CRS Report for Congress, September 28, 1999），p. 2.）もっとも，近年では悪質な代行業者による（納税者に対する）詐欺的行為が目立つことから，2010 年に新たに代行業者規制が導入され（財務省規則 1.6109-2 条），約 100 万人とも言われる全ての代行業者に IRS へのオンライン登録（http://www.irs.gov/for-Tax-Pros）と PTIN の取得・提示を義務づけた（IR-2010-106, Oct. 25, 2010）。

の取得が必要となる。また，EIN はその目的から，SSN とは別個に取得・提示することが必要となる。

2 社会保障番号（SSN）制度[11]

TIN 制度全体の検討に先立って，TIN の中核をなす SSN の概要を踏まえておくことが有益であろう。

(1) 社会保障番号の目的

SSN は，独立連邦行政機関（independent agency）の一つである社会保障局（SSA）が発行・管理する 9 桁の個人番号である。1935 年社会保障法（The Social Security Act of 1935）が行政機関に与えた授権に基づいて 1936 年に導入されて以来[12]，SSN の主要目的は，老齢年金・障害者年金・遺族年金の給付額の算定のために，社会保障税（payroll tax）の対象となる給与所得者・自営業者毎に給与（自営業者の場合には事業所得）履歴を記録・管理[13]する（そのために必要な被用者毎の情報を雇用主から社会保障局に提出させる）ことにあった[14]。

(2) 社会保障番号の付番手続

SSN を取得できるのは，米国民，永住者のほか，米国内で合法的に就労が許されている地位を持つ外国人に限られる[15]。米国民の 90% 以上，毎年400 万人（2006 年）が，出生時に州に出生証明書の登録を申請するのと同時に SSN を申請・取得するようである[16]。

プライバシーとの関係で論点となるのが，付番の手続においていかなる個人情報を申請させ当局が管理するのか，である。理念としては，社会保険プ

---

(11) 本項は，SSA の調査部局に属する著者による文献（Carolyn Puckett, "The Story of the Social Security Number," *Social Security Bulletin*, Vol. 69, No. 2 (2009), pp. 55-74. http://www.ssa.gov/policy/docs/ssb/v69n2/v69n2p55.html）に負っている。また，SSA のウェブサイト（http://www.socialsecurity.gov/history/ssn/ssnchron.html）の社会保障番号の制度史年表も有益である。

(12) このとき同時に雇用者番号（EIN）制度も導入された。SSN・EIN とも，従業員・雇用者に申請を義務づける仕組みが取られた。Puckett, *supra*, p. 59.

ログラムの対象となる個人の勤労所得を正確に識別するために必要な情報のみを収集すべきである[17]。現在の SSN 申請の書式（Form SS-5）によると，①氏名，②以前に SSN を発行されていた場合にはその番号，③出生地，④

---

(13)　なぜ個人の氏名・住所を識別情報として用いず，番号を割り振ることにしたのか，について，当時の文献（Birchard E. Wyatt & William H. Wandel, *The Social Security Act in operation: A practical guide to the federal and federal-state Social Security programs*（Washington, DC: Graphic Arts Press, 1937），p. 45［available online at http://quod. lib. umich. edu/g/genpub/AEB 3091. 0001. 001?view=toc]）は，ニューヨーク市在住の Fred Smith という同姓同名の人々が，債権者や裁判所からしばしば混同して識別される不便さに業を煮やして，"Fred Smiths, Incorporated" という（Fred Smith を名宛人とする様々な請求の）情報交換所を設立したという当時のニュース記事を例にとりつつ，重複・混同を避けるには氏名よりも番号が優れており，これは銀行口座に番号が振られているのと同じである，との説明を与えている（参照，Puckett, *id.*, p. 56）。それでも，電算処理化されるまでは同じ SSN を複数の人に重複して付番するケースや，一人の人に複数の SSN を付番してしまうケースも見られた（Puckett, id., p. 63）。さらに，私人が勝手に番号を捏造するケースも少なからず存在した。

　　　とはいえ，SSN の主眼は，年金額算定の基礎となる生涯賃金情報と（将来の）受給者を極力正確に 1 対 1 対応させることであるから，番号制度の採用は理に適っていたと言えよう。これに対して，多種多様な租税属性情報を納税義務者ごとに紐付けし，各納税者に対する課税の適正を図ることが納税者番号の主眼であるとすれば，かかる企図は社会保障番号とは性質が異なる問題に直面することになる。というのも，納税者番号の場合，虚偽の番号を申告して自分ではない誰かに租税属性情報を紐付けさせる（それによって自らは税負担を免れる）動機があるところ（※社会保障制度の場合には給付を失うことになるためこうした虚偽申告をする意味は乏しい），番号制度はそれ自体としてこうした虚偽申告を防止する手立てを持たないからである。

(14)　Section 205(c)(2)(A) of Social Security Act, codified as 42 U. S. Code § 405(c)(2)(A)

(15)　42 U. S. Code § 405(c)(2)(B)

(16)　See, Puckett, *supra note* 11, p. 64. これは Enumeration at Birth (EAB) process と呼ばれる。なお，社会保障局が一般向けに発行するパンフレットである Social Security Administration, *Social Security Numbers For Children*［http://www. socialsecurity. gov/pubs/EN-05-10023. pdf］は，子が SSN を取得していることが，連邦所得税上の児童税額控除（I. R. C. § 24）のほか（参照，同条(e)），子のための銀行口座開設・医療保険加入・政府サービス等の申請にも不可欠であるため，（義務ではないものの）出生時の申請を強く勧めている。

第 3 章　米国の納税者番号制度　73

生年月日，⑤国籍／米国滞在上の地位，⑥エスニシティ（ヒスパニックか否
か），⑦人種，⑧性別，⑨母親の（出生時＝旧姓の）氏名と SSN，⑩父親の氏
名と SSN，⑪過去の申請情報，⑫連絡先，⑬署名，が要求されている（ただ
し⑥・⑦への回答は任意）[18]。さらに，12 歳以上で新規に SSN 付番を申請す
る者については，本人が出頭して面接を受ける義務が課されている。

3　納税者番号制度・略史

　米国の納税者番号導入の経緯は既に先行業績が詳らかにするところであ
り[19]，ここでは簡潔に触れるにとどめる。

(1)　納税者番号制度の導入と制度化

　1961 年のケネディ大統領の租税教書は，特に金融所得の捕捉漏れによる
不公平を是正して租税法律への信頼性を回復するための手段として，各種の
税務申告書類に納税者番号を記載させて情報を突合させることを提案した。
連邦議会はこれに賛同し，1961 年の内国歳入法典改正によって，内国歳入
庁長官に税務行政目的での個人番号付番の権限を与えた[20]。この権限に基
づき，1962 年から納税者番号制度の運用が開始された。この時点で既に

---

(17)　導入当初において既に，収集された情報が何に用いられるか，という不安が指
　　　摘され，Social Security Board（現行 SSA の前身）は，収集された情報の秘
　　　密が保護され，情報へのアクセスは社会保障法に基づく権限を有する公務員に
　　　限定されることを数度に亘って確認することを強いられた。Puckett, *supra*
　　　note 11, p.60.
　　　　なお，1936 年当時の書式では，被用者の氏名・住所・年齢・生年月日と出
　　　生地・性別・人種，申請時点での雇用主の名称と住所，署名，のみが要求され
　　　ていたが，一部の雇用主が便乗して（あたかも政府の公式な書式であるかのよ
　　　うに装って）従業員の国籍，宗教，学歴，労働組合の所属，の情報を提出させ
　　　るという問題も生じた。Pucket, id., pp.58-60. 一般に，膨大な数に上る勤労
　　　者の個人情報収集には雇用主の協力が不可欠であるとは言え，そこに危険性も
　　　潜むことを，このエピソードは示唆するように思われる。
(18)　http://www.socialsecurity.gov/forms/ss-5.pdf
(19)　参照，金子「納税者番号制度と納税者の秘密の保護」（前掲注 1）183-186 頁。
　　　吉村政穂「行政内部における租税情報の共有と制限－アメリカにおける納税者
　　　番号（TINs）をめぐる議論を中心に」税大ジャーナル 14 号（2010 年）35 頁。
(20)　Pub. L. 87-397, §1(a), Oct. 5, 1961, 75 Stat. 828

SSN が利用されていたが[21]，SSN に原則的な TIN として法律上明確な位
置づけを与えたのは，1976 年の税制改革法[22]である。同法により，現行の
内国歳入法典 6109 条(d)項［財務省規則による別段の定めがない限り，個人
の SSN が内国歳入法典上の TIN として用いられる］が挿入された。爾後，
SSN の申請資格がある個人は SSN を TIN として用いなければならない。

(2) 社会保障番号の公的位置づけの強化

1976 年の法改正により，Social Security Act にも，全ての州における租
税，一般的な公的扶助，運転免許証等に係る行政において SSN が個人を識
別する手段として用いられるべき旨の規定（現行の Social Security Act, Sec.
205 [42 U. S. C. 405]（c）(2)(C)(i)）が新設された。これによって，州税行政上も，
連邦と同じ納税者番号が利用されている[23]。

その他の連邦・州の行政活動においても，SSN を通じて申請者の経済状
態を確認して（あるいは他の行政機関が保有するデータと照合して）受給資格を
確認し，あるいは既に受給資格を喪失している者を除外する手段として用い
られている。あるいは各種政策の立案・評価の前提となる統計調査の手段と
しても用いられている[24]。連邦機関に SSN の収集を授権ないし義務づける
法律も多数存在する[25]。

---

(21)　See, Puckett, *supra note* 11, Exhibit 2.

(22)　Pub. L. 94-455, title XII, §1211(c), title XIX, Oct. 4, 1976, 90 Stat. 1712

(23)　州税の関係では，例えば雇用主にはFederal Identification Number（後述する
　　　雇用者番号 EIN と同じもの）の取得が必要とされる（例えば，マサチューセ
　　　ッツ州のウェブサイト http://www.mass.gov/dor/businesses/current-tax-
　　　info/guide-to-employer-tax-obligations/obtaining-identification-numbers.
　　　html を参照）。個人の場合，通常は州税申告書に社会保障番号を記入すること
　　　が予定されているが，個人納税者番号 ITIN を持つ者はこれを代わりに記入す
　　　ることもできる。参照，*Massachusetts Resident Income Tax, 2013 Form 1
　　　Instructions*（http://www.mass.gov/dor/docs/dor/forms/inctax13/f1-nrpy
　　　/form-1-instructions.pdf）。

(24)　GAO, *Social Security Numbers: Government and Commercial Use of the
　　　Social Security Number Is Widespread,* GAO/HEHS-99-28 （February
　　　1999), and GAO, *Social Security Numbers: Government Benefits from
　　　SSN Use, but Could Provide Better Safeguards,* GAO-02-352 (May 2002).

第3章　米国の納税者番号制度　75

このように広範な利用範囲を伴う SSN であるが，様々な行政目的のために公権力がその提示を法制度上強制することは憲法上の保護を必要とするプライバシーの侵害には当たらない，とのいうのが裁判例[25a]の立場である。

(3)　社会保障番号以外の納税者番号の整備

さて，1でも述べたように，SSN は米国民・永住者・米国内で就労資格のある居住者等，一定のカテゴリーに属する個人にしか発行されない。このため，就労資格のない外国人の居住者または非居住者外国人（nonresident alien）は，納税申告を行う義務がある場合，SSN 以外の番号を TIN として用いる必要がある。IRS は 1996 年までは "IRS temporary identification numbers（"IRSNs"）" を，毎年の申告ごとに，その都度必要に応じて，これらの者に対して発行していた（つまり，同一人に対して通時的には複数の番号が振られることになる）が，税務行政の効率化と混乱の防止のために，1996 年以降，SSN の申請資格を持たず，納税申告（還付申告も含む）義務を負う者に対して，1個人に1つの番号としての ITIN を付番するようになった[26]。言い換えれば，SSN の申請資格を有する者や，米国での納税申告義務を負わない者に対して ITIN が発行されることは予定されていない。

---

(25)　GAO, *Social Security Numbers: Federal and State Laws Restrict Use of SSNs, yet Gaps Remain*（GAO-05-1016 T），Appendix I によると，Tax Reform Act of 1976（42 U.S.C. 405(c)(2)(c)）; Food Stamp Act of 1977 as amended 7 U.S.C. 2025(e)(1)ほか 13 の連邦法律の規定がある。

(25a)　See, e.g., Doyle v. Wilson, 529 F. Supp. 1343（D. Del. 1982），at 1348. もっとも，憲法上のプライバシー権侵害に当たらないとしても，制定法上の規律が及ぶ。特に，Privacy Act of 1974, Sec.7 は，（例えば前掲の 42 U.S.C. §405(c)(2)(C)(i)のように）これを許容する明文規定がある場合を除き，連邦・州・地方の行政機関が，個人による SSN の不開示を理由として，当該個人に法が認めた権利・便益・特権を拒否することは違法である，との原則を定立しており，個別事案における SSN の開示要求（および不開示に対抗する行政上の権利・利益の否定）が制定法に基づいたものであったかが問われることになる（上記 Doyle 判決も，むしろその検討を詳細に行っている）。See also, http://www.justice.gov/opcl/social-security-number-usage.

(26)　JCT, *Present Law and Background Relating to Individual Taxpayer Identification Numbers（ITINS）*, JCX-16-04 (2004), p.5.

ITIN は SSN とは異なり，連邦税（および州税）目的のみの番号であり，運転免許証の取得における身分証明等の，他の公的・私的目的（例：銀行口座開設）の利用は制度上予定されていない[27]。当然，米国内で合法的に就労する資格を与えるものでもない。しかし現実には，ITIN が SSN を代替する個人確認手段として認められるケースも稀ではない（後述 6(2)）。

ITIN に関して最近問題とされているのは，ITIN の取得資格を持たない者（米国民や，納税申告義務を持たない非居住者外国人）が，身分を偽って ITIN を取得し，これを足がかりに税務還付詐欺を行っている，という実態である[28]。こうした問題が生じる原因の一つは，申請に際して身分証明書（例えば出生証明書やパスポート）の原本（original copy）が要求され本人確認が厳格な SSN の付番手続とは異なり，税務目的のみで発行される ITIN については IRS による本人確認が緩い（例えば，公証人の印章が押された身分証明証のコピーなどでも申請できた），という点が指摘されている。指摘を受けて IRS は 2012 年以降，申請時の証明書類の厳格化（旅券や出生証明書の原本等の提出を要求）や休眠番号を 5 年間で失効させる制度の導入など，手続を厳格化し欺罔的な ITIN 申請・濫用の排除を図っている[29]。

4 納税者番号の税制上の位置づけ

米国の納税者番号制度に関する中核規定は，内国歳入法典 6109 条とその下で策定された財務省規則 301.6109-1 条および 301.6109-3 条であるが，そ

---

(27) Id., p. 6.
(28) See, e.g., Treasury Inspector General for Tax Administration (TIGTA), "Substantial Changes Are Needed to the Individual Taxpayer Identification Number Program to Detect Fraudulent Applications" (July 16, 2012).
(29) IRS Strengthens Integrity of ITIN System; Revised Application Procedures in Effect for Upcoming Filing Season (IR-2012-98, Nov. 29, 2012). この結果，一定の成果が挙がったと評価されている (TIGTA, "Review and Verification of Individual Taxpayer Identification Number Applications Has Improved; However, Additional Processes and Procedures Are Still Needed" (May 2, 2013))。

第3章　米国の納税者番号制度　77

の他にも番号制度の存在を前提とする規定が各所に存在する。以下，概要を
整理しておく。

(1)　納税申告・情報申告等との関係

①　納税者番号の申告および提示義務（I. R. C. §6109(a)）

イ　法により納税申告を行うことを義務づけられた者は，当該申告書類
上に自らの確認番号（identifying number）を記載しなければならない
（§6109(a)(1)）。

ロ　他人によってなされるべき申告等（例：源泉徴収義務者による情報申
告）に自らの確認番号の記載が要求される者は，当該他人に自らの確
認番号を提示（furnish）しなければならない（§6109(a)(2)）。

ハ　他人に関して申告等を行う者は，当該他人に対してその者の確認番
号を要求し，その番号を申告書類に記載しなければならない（§6109
(a)(3)）。

ニ　税務申告代行業者によって作成された納税申告・還付申告（claim）
には，当該代行業者の番号を記載しなければならない（§6109(a)(4)）。

上記イ〜ハの場面において，個人の確認番号は当該個人の SSN である（§
6109(a)柱書き）とされ，次に見る財務省規則での別段の定めに該当しない限
り，個人の SSN が内国歳入法典上の個人確認番号として用いられる，とさ
れる（§6109(d)）。

　注目すべきは，自らの納税申告時（納税者と税務当局が直接に向き合う局面）
以外にも，情報申告制度との関係で，納税者が様々な経済取引や納税以外の
公的手続に際して，相手方の私人・企業・行政機関に対して自らの TIN を
提示することが要求される場面が非常に多いことである[30]。網羅的ではな
いが，例えば以下のような例を挙げることができる。

・被用者→雇用主（給与支払いに係る所得税・社会保障税等の源泉徴収）

・30万ドルを超える価額の不動産の売主→買主（I. R. C. §1405；売主が買

(30)　Morris, *supra note* 10, pp. 3-5 にリストがある。

主に TIN を提示しない場合，買主は購入代金の 10% を源泉徴収し IRS に納付する義務を負う）

・年金・利子・配当等の受領者→支払者（I.R.C.§§3405, 3406；受領者が支払者に TIN を提示しない場合，支払者は後述する backup-withholding（予備源泉徴収）の義務を負う）

・米国旅券や永住資格の申請者→IRS（I.R.C.§6039E）

・米国籍を放棄する者→IRS（I.R.C.§6039G）

・連邦政府と契約する者→連邦行政機関の長（I.R.C.§6050M）

・学生及び親→教育機関及び学生ローン提供者（I.R.C.§6050S；教育機関は在籍する学生の TIN を含む情報を財務長官に対して申告する義務を負う）[31]

② 財務長官への授権（§6109(c)）

財務長官は，あらゆる者に対して確認番号を発行するために必要な情報を要求する権限を有する。

③ 不遵守の場合の民事罰（§6721(c)）

上記①の義務にもかかわらず，申告書類等において自分または必要な他者の TIN の提示を怠りまたは（氏名との対応が）不正確な TIN を記載した者には，違反一回毎に 100 ドルの民事罰（civil penalty）が科される（§6721(a)）。

④ 正確な TIN の提示を欠く申告等の効果

申告書類に TIN の記載を欠くまたは不正確な TIN が記載された場合，上記④の民事罰に加えて，何らかの法的効果を生じるかという問題がある。

ア 自らの TIN を記載しないで納税申告を行った場合，条文の規定はないが，実務上，TIN の記載がない申告書は処理しない，と IRS は宣言している[32]。特に問題となるのは還付を受けようとする場合である。民事罰が科された上で，不正確な TIN が記載された（と IRS が

---

(31) さらに，Higher Education Act Amendments of 1998 [20 U.S.C. 1090(a)(7)] は連邦の学生金銭援助（financial aid）を申請する学生の親の SSN の取得を義務づけている。

第 3 章　米国の納税者番号制度　79

認識した）場合と同様に，納税者には（必要に応じて TIN を申請・取得
した上での[33]）番号提示が要求され，それを待って手続が進められ
る[34]。

イ　利子・配当・賃料等の支払者は，受領者の TIN を記載した情報申
告書（Form-1099）を当局に提出する義務を負うが，受領者が支払者
に TIN の提示を怠りまたは拒む場合，支払者は義務を果たせないこ
とになる。このような場合，支払者は受領者に速やかに TIN の提示
を要求するとともに，受領者から TIN の情報が得られるまでの間，
予備源泉徴収（backup-withholding）を行う義務を負う（I. R. C. §3406
(a)(1)）。税率は独身個人の所得税率の下から 4 番目の税率とされてお
り，2015 年 6 月現在の税率表（§1(c)）によれば支払額の 36％ が徴収
されることになる[35]。

(2)　税制上の特典利用との関係

上述の通り TIN は納税申告に必須とされるほか，各種の税制上の特典を
受けるためにも要求されている。以下では代表的な例を挙げるに留める。

① 勤労所得税額控除（I.R.C. §32）

勤労所得税額控除（Earned Income Tax Credit）[36]の適用を受けるために

---

(32)　"IRS processes returns showing SSNs or ITINs in the blanks where tax
forms request SSNs. IRS no longer accepts, and will not process, forms
showing"SSA", "205c", "applied for", "NRA", & blanks, etc." 参照，IRS
ウェブサイト（http://www.irs.gov/Individuals/General-ITIN-Informa
tion）。

(33)　参照，26 CFR 301.6109-1(d)［Obtaining a taxpayer identifying number］

(34)　条文の構造（財務省規則 301.6109-1(f)は，不遵守時のペナルティとして内国
歳入法典 6721〜6724 条を参照し，不申告時の罰則である同法典 6651 条を参照
していない）からして，TIN の提示を欠く申告が直ちに不申告と扱われるわ
けではないものと思われる。

(35)　詳細については，IRS, Publication 1281（Rev. 12-2014）（http://www.irs.
gov/pub/irs-pdf/p1281.pdf）を参照。

(36)　同制度の概要については，佐藤英明「アメリカ連邦所得税における稼得所得税
額控除（EITC）について－研究ノートから」総合税制研究 11 号 56 頁（2003
年）を参照のこと。

は，納税申告において，納税者本人の TIN（さらに，結婚している場合には配偶者の TIN も），税額控除加算対象となる子がいる場合にはその子の TIN も提示しなければならない。同様の規定は，扶養児童税額控除（child tax credit: I.R.C. §24）にもみられる。その場合の TIN としては SSN のみが認められることに注意が必要である。それ以外の TIN では控除・還付を受けられない（I.R.C. §32(c)(1)(E), (c)(3)(D), and (m)）。これは勤労所得税額控除制度が，いわゆるワークフェア（workfare）の考え方に基づき，勤労に結びつけられたプログラムであり[37]，米国内で適法に勤労している者であれば当然 SSN の申請資格があるはずである，という理由によるものではないかと思われる。

② 住宅販売者が提供するローンに関連する情報（§6109(h)）

内国歳入法典 163 条(h)(3)の適格住宅ローン利子控除ないし売主ファイナンスの利子控除を利用しようとする納税者[38]は，当該控除の利用を主張する申告書類において，利子を受け取る者の名称・住所・TIN を明らかにする義務を負う。また，上記に該当する利子を受領する者は，その課税年度の納税申告において，利子費用を負う者の名称・住所・TIN を明らかにする義務を負う。

5 納税者番号制度の効果？

上述の通り，納税者番号制度は所得の捕捉率を高める目的で導入されたが，今回の執筆にあたり調査した限りでは，導入前後で捕捉率がどの程度改善したのか等を実証的に示すデータを見つけることはできなかった。確かに，納税者番号制度は効率的な税務行政制度にとって有用なインフラの一つであ

---

[37] 同プログラムの成立と展開を促した政治的背景については，藤谷武史「給付つき税額控除と「税制と社会保障制度の一体化」？」新世代法政策学研究（北海道大学）3 号（2009 年）303 頁（310-318 頁）を参照されたい。

[38] 個人納税者の投資目的借入金利子費用控除は同じ課税年度の純投資所得（net investment income）に限定されており（§163(d)），さらに家事関連の利子費用控除は原則として認められない（§163(h)）。

る[39]が，あくまでも他の徴税確保の仕組み（例えば前項でも触れた情報申告制度）に組み込まれて機能するものである[40]。と同時に，情報申告制度を拡充すればするほど，TIN による情報の照合の必要性も高まるという関係にある。

　また，納税者や取引相手に TIN の申告・提示義務を課したところで，正しい番号の提示が（故意・過失により）なされなければ，意図した効果は挙げられない。納税者番号制度の真の効果は，これらの変数を加味した上でなければ計測できないであろう。今回，残念ながら TIN 申告の正確性についての網羅的なデータは発見できなかったが，一例として，米国会計検査院（Government Accountability Office: GAO）による 2003 年の報告書[41]は，以下のような実態を明らかにしている。

・連邦政府機関が様々な財・サービスを民間業者から調達して対価（1 暦年で総額 600 ドル以上）を支払う場合，納入業者の得た所得を適切に捕捉し課税するために，調達を行った行政機関は IRS に対して納入業者の名称・住所・TIN を Form 1099 MISC という書式により申告する義務を負う[42]。IRS は業者の納税申告とこれらの情報申告を照合し，2002 財政年度には約 150 万の納税者が総額 25 億ドルの過少申告を行っており，さらに総額 24 億ドルの納税義務を負うべき約 200 万の納税者が申

---

(39)　See, e. g., Bird, Richard M. and Zolt, Eric M., *Technology and Taxation in Developing Countries: From Hand to Mouse* (September 2008). UCLA School of Law, Law-Econ Research Paper No. 08-07. Available at SSRN: http://ssrn.com/abstract=1086853.

(40)　米国でも，利子・配当の源泉徴収制度および支払調書制度の導入と，納税者番号制度の導入が同時に行われた経緯がある。参照，金子宏「納税者番号制度について」『所得税・法人税の理論と課題』（日本租税研究協会・2010 年）213 頁。

(41)　GAO, *Tax Administration: More Can Be Done to Ensure Federal Agencies File Accurate Information Returns* (GAO-04-74: December, 2003)

(42)　I. R. C. 6041 A(a)は業として財や役務提供の対価を支払う者に情報申告義務を課しており，(d)〔Applications to governmental units〕はそれを政府機関にも拡張している。

告自体を怠っていることを発見した。

・他方で，情報申告で得られた TIN が誤っており，他のデータベースとの照合による補正もできないものについては，IRS による納税申告との照合作業や過少申告・無申告の探知も不可能となる。対策として，IRS は 1997 年から TIN-matching program を実施している[43]。これは，行政機関が納入業者への支払および IRS への情報申告を行う前に，IRS のデータベースで業者の名称と TIN が正しく対応するかを確認し，誤り・無効な TIN の場合には支払につき予備源泉徴収（backup-withholding）を行う義務を負うというものである（I. R. C. §3406）。

・こうした努力にもかかわらず，連邦行政機関から IRS への情報申告には相当数の不正確な TIN が紛れ込んでいることが指摘されてきた。会計検査院はこの点を明らかにするために，2000〜2001 財政年度において連邦政府の 14 省に属する機関・部局の調達記録と IRS が保持する業者のマスターファイルを比較し，調査を行った。これによると，対象となった 2 年度分の合計で，

　・合計 50 億ドル程度の支払につき，行政機関から Form 1099 MISC の提出がなされておらず，約 8800 の納入業者が納税申告をしていなかった。

　・全体の 13% にあたる 17 万件の Form 1099 MISC に，誤りないし無効な TIN が記載されていた。そのうち 11 万 6000 件（68%）については IRS の側で正しい TIN に補正する（＝本来の納税者を突き止める）ことができなかった。これは支払額にして約 90 億ドルに相当するが，この部分が納入業者によって適切に申告されたか否かを IRS は知り

---

(43) 同プログラムの概要については，IRS Publication 2108A（http://www.irs.gov/pub/irs-pdf/p2108a.pdf）を参照のこと。同プログラムは 97 年に連邦機関である支払者のみを対象として発足したが，Revenue Procedure 2003-9 によって "reportable payment"（I. R. C. §3406(b)に規定される，潜在的に予備源泉徴収の対象となりうる支払）を行う，公私全ての支払者へと拡充する権限が IRS に付与された。

得ない状況にある。

・調査対象となった機関のうち，IRS の TIN-matching program を利用していると回答したのはわずか 2 省（労働省・住宅都市開発省）のみであった。また，前述の予備源泉徴収を行っていると回答したのもわずか 2 省（エネルギー省・運輸省）のみであった。報告書によると，調達対価支払手続の中に TIN-matching program への照合が組み込まれていないことや（その結果として）そもそも不正な TIN かどうかを支払部局の限られた人員の中で確認できないこと，などが理由ではないかと推測されている。これに対して IRS は，関係機関への周知・啓発を図るとともに，オンラインでの TIN-matching program の利便性向上に努めるなどの対応を試みている[44]。

もちろん，上記の報告書は，連邦機関による支払に係る情報申告と TIN の正確性に関する 10 年以上前の情況を示すのみであり，2015 年現在の民間セクターも含めた全ての情報申告における TIN の現状を示すものではないが，少なくとも論点の所在を示すものとは言えよう（おそらく，現在もそれほど状況は変わらないのではないかと推測される）。つまり，膨大な税務関連情報の全てに TIN を付随させ，後は TIN を照合しさえすれば所得捕捉率の向上・税

---

(44) なお，TIN-matching program に関しては，全く別の観点からの以下のような問題も指摘されている（http://www.millerchevalier.com/Publications/MillerChevalierPublications?find=139105）。

　　いわゆるオバマケア法（Patient Protection and Affordable Care Act）の下で，必要最低限の医療保険に加入しない個人に対する負担金の賦課が導入されたことに伴い（制度概要につき参照，藤井樹也「「オバマ改革」に対する司法判断」成践法学 77 号 222 頁（2012 年）），要件を満たす医療保険への加入が確認されない個人全てに対して IRS は penalty notice を自動的に送りつけることになっているところ，保険会社は加入者の正しい TIN/SSN を保持しているとは限らない。ところが保険会社は reportable payment を行う主体ではないため，現状では TIN-matching program へのアクセス権を与えられていないという問題がある。そこで TIN-matching program へのアクセスを認め，保険加入している個人の情報を正確に IRS へと伝達することで，不必要な penalty notice の数を減らすことができる，と提言されている。

務行政の効率化が容易に実現する，という目論見は，TINの申告懈怠とい
う（ある意味では素朴な）原因で制約されてしまう，ということである。

6 納税者番号（社会保障番号）の利用範囲の広がり

(1) 社会保障番号

上述したとおり，SSNは連邦税制における納税者番号として転用されて
きたが，それに限らず，現代のアメリカ社会の各局面・多様な目的へと利用
が拡大しており，「非公式の国民確認番号（unofficial national identifier）」であ
ると言われる[45]ほどである[46]。もっともこれは1936年のSSN導入当初に
想定されたことではなかった。SSNの利用範囲拡大の法制上の端緒とされ
るのは，1943年，フランクリン・D・ルーズベルト大統領による大統領令
9397号（各種連邦行政機構における記録制度における個人識別手段として専らSSN
を利用すべきことを命じた）の発布であるが，実際に社会保障行政以外の行政
分野への利用が急拡大したのは，政府機関へのコンピューターの普及をみた
1960年代のことであった[47]。

① 行政目的での利用

現在では，「SSNを持たずに米国で働いたり様々な活動に従事したりする
ことは極めて困難である」[48]とさえ言われる。前述した納税の局面のほか，

---

(45) See, Puckett, *supra note* 11, p. 55. これに対して，純粋な納税者番号（税務
行政上の理由で付番されたもの）としてはEINがあるが，その他目的利用に
ついては，内国歳入法典6109条(f)項および(g)項があるものの，例外的である。

(46) ただし，氏名とSSNが記載されたSocial Security Cardには，写真や生年月
日の記載が無いため，運転免許証のように，それ自体として身分証明書として
用いることはできない。本文の記述はあくまでも（カードとは区別された番号
自体である）SSNに関するものである。

(47) 例えば，1961年に国家公務員任用委員会（Civil Service Commission）は連邦
政府職員の識別番号として，1969年には国防総省が軍人識別番号として，そ
れぞれ利用を開始した。

(48) Kathleen S. Swendiman, *The Social Security Number: Legal Developments
Affecting Its Collection, Disclosure, and Confidentiality* (CRS Report for
Congress, October 2, 2008, Order Code RL 30318), p. 3

第 3 章　米国の納税者番号制度　85

連邦政府の各種授益プログラムの受給申請時にも SSN の提示が要求され[49]，さらに連邦法は州政府の行政目的でも SSN が用いられるべきことを定めている[50]。各州が発行する運転免許証は SSN なしには取得できないのは，その端的な例と言えよう。

② 民間部門での利用

加えて，民間部門での取引関係においても，顧客の本人確認の手段として SSN の利用を法令が義務づける場面[51]があるほか，私企業自らが（例えば信用情報を確認する手段として）顧客に SSN の提示を求める場面もかなり多い。他方で，私企業による SSN 利用を規制する法律は存在しない[52]。

米国会計検査院（Government Accountability Office：GAO）の報告書[53]によると，SSN は，銀行口座開設の場面に始まって，医療機関の受診，不動産取引，就職時や場合によっては入学時の生徒にも要求されることもある[54]

---

(49) 例えば，Temporary Assistance for Needy Families（TANF）の受給希望者は申請時に SSN を提示する必要がある See, e.g., http://www.in.gov/fssa/dfr/2684.htm#Who_is_eligible_for_TANF_cash_assistance

(50) 42 U.S. Code § 405(c)(2)(C)(i), (D), (E)；これを踏まえて，前述（前掲注 5）のマサチューセッツ州の納税申告説明書でも，以下のような注記が付されている。**PRIVACY ACT NOTICE**: Under the authority of 42 U.S.C. sec. 405(c)(2)(C)(i), and M.G.L. c. 62C, sec. 5, the Department of Revenue has the right to require an individual to furnish his or her Social Security number on a state tax return. This information is mandatory. The Department of Revenue uses Social Security numbers for taxpayer identification to assist in processing and keeping track of returns and in determining and collecting the proper amount of tax due. Under M.G.L. c. 62C, sec. 40, the taxpayer's identifying number is required to process a refund of overpaid taxes. Although tax return information is generally confidential pursuant to M.G.L. c. 62C, sec. 21, the Department of Revenue may disclose return information to other taxing authorities and those entities specified in M.G.L. c. 62 C, secs. 21, 22 or 23, and as otherwise authorized by law.

(51) Bank Secrecy Act/Bank Records and Foreign Transactions Act of 1970（P. L. 91-508）は銀行その他金融機関に対し，全顧客の SSN を取得することを義務づけ，10000 ドルを超える金融取引についてはその情報を政府に報告することを義務づけた。同法の該当箇所は 2001 年米国愛国者法による Know Your Customer ルール強化により改正され，現在では口座を開設する顧客の SSN または TIN の取得が金融機関に義務づけられている（31 CFR 103.121）。

など，非常に広い範囲で用いられている。さらに民間業者は，SSN を顧客
から直接入手するばかりではなく，公の記録（破産，タックス・リーエン，民
事判決，不動産取引記録，選挙人登録等）や取引関係にある企業（医療機関であれ
ば，医療保険会社）からも入手することがある，との指摘もある[55]。業者は
自らが入手した様々な情報を SSN ごとにデータベース化し（あるいは他のデ
ータベースにアクセスし），顧客の本人確認を行うのに用いている。特にイン
ターネット販売業者の場合，顧客の SSN は重要な本人確認手段であるとい
う[56]。また既存顧客情報の管理（新規サービスの勧誘）等にも用いられる。

　民間企業（例えば銀行）がなぜ SSN を用いるのか，という疑問について，
ある個人信用調査機関のウェブサイトでは以下のように簡明な説明が与えら
れている[57]。

　　個人識別情報としての SSN は，①全国民が保有している，②一人に
　一つの番号が付されている，③個人の一生涯に亘って保持される（氏名
　は結婚等で変わることがありうるが，番号は変わらない），という特徴がある

---

(52) Frederick G. Streckewald, Testimony before the House Committee on Ways
　　 and Means, Subcommittee on Social Security. *Fourth in a series of sub-*
　　 committee hearings on Social Security number high risk issues. (March
　　 16, 2006). 109th Cong., 2d sess. Committee on Ways and Means Serial No.
　　 109-58 (available at: http://www.ssa.gov/legislation/testimony_031606.
　　 html.)
(53) Government Accounting Office, *Social Security: Government and Commer-*
　　 cial Use of the Social Security Number Is Widespread (GAO/HEHS-99-
　　 28), February 1999.
(54) この点については，個人情報保護の観点から，SSN の提示は任意である（拒
　　 絶したことを理由として学校は入学を拒否してはならない）ことを確認する文
　　 書が司法省・教育省の連名で出されている。
　　 Fact Sheet: Information on the Rights of All Children to Enroll in School
　　 http://www2.ed.gov/about/offices/list/ocr/docs/dcl-factsheet-201101.pdf
(55) GAO, *Social Security Numbers: Federal and State Laws Restrict Use of*
　　 SSNs, yet Gaps Remain (GAO-05-1016 T), p. 9.
(56) Id., p. 10.
(57) http://www.savvyoncredit.com/banks-require-social-security-number/

が，これは（ア）口座開設時に当該個人の信用履歴を正確に把握する上で極めて好都合である。銀行から依頼を受ける個人信用調査機関は，SSN に紐付けられた情報に大いに依存している。また（イ）普通預金，投資信託，クレジットカード等，銀行が一人の顧客と複数の契約を結ぶ際の顧客管理情報としても便利である。さらに（ウ）銀行には内国歳入庁に顧客への支払につき情報申告を行う義務がある（1099 Statement）。

　他方で，銀行が SSN を用いることには問題もあり，最近では徐々に顧客の SSN を要求しなくなりつつある。具体的には，①なりすまし（Identity Theft）による詐欺，②番号の重複・不突合の危険性，である。さらに最近では③SSN に代わる識別情報の登場（TrueVue, Abilitec など）もあり，銀行が SSN 利用から離れる（真に必要な場面に限って SSN を利用する）傾向が徐々に進行しつつある。

　このように SSN が市民生活の全般において用いられるようになると，（例えばクレジットカード番号と同様）SSN を盗まれ，悪用されることに伴う被害も甚大なものとなる[58]。現実にも，Ⅳで論じるように，SSN を中心とする個人確認番号の盗用・なりすまし（Identity Theft）が最近の米国では深刻な問題となっており，対策として，政府機関・私企業による SSN の利用を（これまでとは逆に）必要最小限の範囲に制限すべきである，という方針が打ち出されるようになっている[59]。このほか，SSN に代表される納税者番号とプライバシーの問題については Ⅲ で論じる。

---

(58)　Puckett, *supra note* 11, p. 69.

(59)　ブッシュ（子）大統領は，2008 年 11 月 18 日に大統領令 13478 号を発し，全ての連邦行政機関に SSN を個人識別情報として用いることを要求した 1943 年の大統領令 9397 号を撤回した。また，同年 12 月には，連邦取引委員会（Federal Trade Commission）が，企業・学校その他私的主体に対して，個人識別情報として SSN 以外を用いることを促す要望（plea）を発した。SSA も，Social Security Card は安全な場所に保管し，携帯しないことを推奨している。See, Puckett, *supra,* p. 72.

⑵ 個人納税者番号

① 行政目的での利用

すでに本節 3⑶で述べたように，ITIN は連邦及び州の税務行政目的以外
での利用は想定されていない。しかし，いくつかの州は SSN の代わりに
ITIN を運転免許証申請時の個人識別番号として用いることを認めているよ
うである。これについて IRS は，ITIN は専ら税務行政目的を想定しており，
前述したように SSN のような厳格な本人確認や，米国内に適法に滞在する
資格の確認等の手続を経ることなく発行されているので，（米国内ではオール
マイティの身分証明書として通用する）運転免許証発行の基礎として用いること
には安全保障上のリスクがある，と州政府に対して警告している[60]。

② 民間部門での利用

民間部門においても，銀行口座の開設やクレジットカードの申請において，
SSN の代わりに ITIN の利用が認められるようになっている。前者について
は，金融機関に顧客の本人確認を義務づける米国愛国者法がすでに ITIN の
利用を想定した規定ぶりとなっている。後者についても，結局問題となるの
は申請者の信用履歴である（SSN の場合も，上に述べたように容易に信用履歴を
確認できるため利用されるにすぎない）。そこで，預金の範囲でのみ与信を受け
られる secured credit card であれば審査も緩いため，まずはこれを獲得・
利用し，信用履歴を積み重ねておけば，ITIN のみで申請しても通常のクレ
ジットカードの発行を受けることは可能である[61]。

③ 不法移民のための番号？

これまでに見てきたように，法制度が想定していた棲み分けは以下のよう
なものである。

---

(60) http://www.irs.gov/pub/irs-utl/itin_dmv_info.pdf 及び http://www.irs.
gov/Individuals/Additional-ITIN-Information を参照。

(61) ウェブ上には非公式にこの手の情報を指南するサイトが数多く存在する（執筆
時に参照したのは，例えば http://www.nerdwallet.com/blog/tips/apply-
credit-card-itin-number/）。これは，すぐ次に紹介するように，SSN を持た
ないが米国内で生活を営む人々が多くなっていることの反映ではないか。

・SSN：米国民・永住資格者等，適法に米国内に滞在・就労する資格を有する個人のための番号であり，本来の用途（社会保障行政）の他，税務行政目的その他様々な公的・私的目的に転用される。

・ITIN：SSN 取得資格を持たないが納税の必要がある全ての人々に，専ら税務行政目的で発行される番号。

ところが，現実には，ITIN が税務行政目的以外の目的（運転免許証・銀行口座等）において，制度が予定しない形で，当該個人の確認番号として用いられるようになっている。その背後にあるのは，（最近の報道でもオバマ政権と連邦議会の対立軸として注目された）不法移民問題であろう。とはいえ，ここにいう「不法」とは，入国・在留資格を証明する文書を備え手続を踏んで入国したのではない，という意味（undocumented immigrant）に過ぎず，多くの人々は米国内で犯罪行為に手を染めることなく平穏に就労し生活を営んでいる実態がある。こうした人々のうち特に一定の条件を満たす場合にはその事実状態を尊重して暫定的に強制退去の免除と労働許可の付与を検討する，というのがオバマ政権の方針であり，共和党中心の議会がこれに反対している，というのが昨今の対立構図であるが，本稿の関心からは，まさにこうした人々（定義上，SSN の発行は受けられない）にとって，ITIN が，市民生活を営む上で重要な役割を果たしている，ということが興味深く指摘される。具体的には，

・適法な納税資格（オバマ政権の方針では，納税を行っていることが強制退去免除の要件の一つとされている）

・還付申告を受けられる

・将来的に在留資格が認められ，社会保障受給資格が得られた時に，ITIN を付して納税した社会保障税額が，受給資格として考慮される可能性がある

・銀行口座や（場合によっては）クレジットカードの取得にも用いられる

・いくつかの州では（米国内で最も利便性の高い身分証明書である）運転免許証を取得するためにも用いることができる

などの利点が挙げられている[62]。また，米国内に滞在する不法移民が1100万人を超えるともいわれる現状にあって，民間企業にとっても重要なマーケットとなりつつある，とみるべきであろう。金融機関も，移民を対象にITINでも口座が開設できることをアピールし，顧客の囲い込みを行っているようである[63]。

Ⅲ　納税者番号と税務情報の保護

1　納税者番号と税務情報保護の関係

前節4でその一端を明らかにしたように，税務当局には，納税申告・情報申告の仕組みを通じて，納税者の様々な経済活動に対応した膨大な情報が伝達・集積されて続けている。これらは，税務行政のみならず，多様な公的・私的主体の観点からも利用価値の高い情報であり，政府による濫用および外部からの不正なアクセスから保護されるべき必要性も高い。この文脈において，納税者番号は，それ自体としては単なる番号に過ぎないが，データベース上に無数の断片として存在する税務関連情報を相互に結びつけ，個々の納税者の経済状態の全体像を明らかにする要石としての役割を果たす[64]。したがって，納税者番号制度に伴うプライバシー侵害の懸念は，結局，税務情報保護の問題（目的外利用に対する実効的な統制や，データベースへの不正侵入の防止，などの課題）に解消されると言えよう。事実，米国法では，TINは納税者の氏名・住所とともに，法により保護される「申告情報（return information）」たる"taxpayer identity"を構成するが，特にTINのみを取り出

---

(62)　http://www.immigrationpolicy.org/just-facts/facts-about-individual-tax-identification-number-itin

(63)　例えば，http://www.capitalone.com/financial-education/life-events/immigration/など。

(64)　吉村・前掲注19論文31頁は，（危惧されるプライバシー侵害の問題は）「税務情報が流用されることに危惧の本質があり，納税者番号（共通番号）制度は，その税務情報の（不正）共有が「効率的に」行われるインフラになるという意味において問題視されるに過ぎない。」と指摘している。

してプライバシー保護を論じるという議論は見られない。

　これに対して，TIN それ自体の秘密保護が問題となるのが，次節Ⅳで検討する「Identity Theft（盗用・なりすまし）」の場面，すなわち「自分の TIN（特に SSN）を他人に知られること」自体が様々な損害をもたらす事態である。盗用・なりすましの場面では，税務当局のデータベース内で TIN に結びつけられた様々な税務情報が漏出しているわけではないから，税務情報保護制度の問題にはならない。むしろ，盗用者による情報入力（還付申告や福祉プログラム申請，ローン申込み等）が，有効な TIN を足場として（※捏造された無効な TIN であればシステムが認識せず，排除できる），本来の持主に関連づけて統合される様々な情報（税務上および福祉行政上のステータスや，信用履歴）へと不正に接続されることによって，本来の TIN 所有者の関知しない形で盗用者が利益を得る（その反面で TIN 所有者の情報のインテグリティが破壊される。具体的には信用履歴が毀損されてしまう，等），という問題の構図である。これも（TIN が存在しそれに行政・民間の様々なデータベースが依存している状況があるがゆえの）プライバシーの問題と観念しうるが，税務情報保護の問題とは区別して論じられるべきである。

　米国の税務情報保護制度については，先行業績も既に多数存在する[65]ため，以下ではその概要を簡単に紹介するにとどめ（2），様々な主体による税務情報へのアクセスの制度（3），を併せて紹介する。

---

(65)　金子・前掲注 1 の各論文，吉村・前掲注 19，石川欽也「米国の税務情報保護規定に関する歴史的考察―内国歳入法典第 6103 条の改正経緯の検討を中心に」税大論叢 41 号 289 頁（2003），佐伯彰洋「アメリカにおける税務情報の秘密保護と情報公開（一）〜（三・完）」同志社法學 42 巻 5 号 28 頁・6 号 46 頁・43 巻 1 号 63 頁（1991）。

2 米国の税務情報保護制度

(1) 前史[66]

① 税務情報公開の原則・執政府の裁量に基づく公開制限の時代

　米国の伝統的な考え方は，税務当局が収集・保持した税務情報は「公の記録（public record）」として公衆の閲覧に供されるべきだ，というものであった。もちろん他方には，財務省を筆頭に，税務情報の公開が自発的な納税協力を阻害することを懸念し租税秘密（tax privacy）の保護を主張する意見も存在したが，税務情報公開の発想は根強く，今日のような税務情報保護の考え方が確立するには，1976 年税制改革法の成立を待たねばならなかった。

　そもそも，1861 年に米国初の連邦所得税が導入された翌年には，（主として高額納税者の）申告した租税情報に（虚偽の申告がないかに目を光らせるために）公衆がアクセスできる，という条文が存在していた[67]。現行の所得税が成立した 20 世紀の初頭にも，むしろ租税情報への公衆のアクセスは強化されていた。1920 年代には租税情報を公開することに対する批判（例えば高額所得者を狙った犯罪を誘発する懸念）も聞かれるようになったが，租税情報の公開はその後も存続した。例えば，納税申告の内容（氏名・住所・総所得金額等）の新聞での公表を禁じる法律が成立したのはようやく 1966 年のことである。

　1976 年法以前の法状況のもう一つの特徴は，租税情報の秘匿・公開に関する執政府の裁量の承認，言い換えれば法律による規律の不在，である。1913 年歳入法は，租税情報に対する公衆のアクセスを原則としつつ，その具体的範囲・制限については大統領および財務長官の制定する規則に委ねる，という方針を採用した。同法には，以下の文言が見られた[68]。

---

(66) See, Joshua Blank, *In Defense of Individual Tax Privacy*, 61 EMORY L. J. 265 (2011); Paul M. Schwartz, *The Future of Tax Privacy*, National Tax Journal Vol. 61, p. 883 (2008).

(67) Act of July 1, 1862, ch. 119, 12 stat. 432, 437. See, Dept. of Treasury, *infra note* 76, p. 15.

(68) Schwartz, *supra note* 66, p. 885.

"[R]eturns ... shall constitute public records and be open to inspection as such: Provided, that any and all such returns shall be open to inspection only upon the order of the President, under rules and regulations to be prescribed by the Secretary of the Treasury and approved by the President."

つまり，税務当局が有する税務情報への外部からのアクセスを誰にどの程度認めるかは，政府の権限で決められる，ということになる。結果として1913 年から1976 年までの時期において，公衆からのアクセスについては制限が加えられる一方，連邦政府の各部局にはIRS の有する情報への広範なアクセス権限が認められる，という事態が進行した。この状況はある判決によって「IRS が他の政府部局のための個人情報の貸出図書館（lending library）となっている」と表現されたほどである[69]。

② 税務情報に関するプライバシーの発想の台頭

前述の考え方が転機を迎えたのは，1970 年代前半である。この時期には，ベトナム戦争やウォーターゲート事件を経て，大統領の権限濫用への疑念が高まっていた。議会の公聴会では，統計的利用のために農務省が農家の申告書を検査することを認めた大統領令第 11697 号及び第 11709 号が問題とされ，廃止に追い込まれた。さらにウォーターゲート委員会による調査の過程で，ニクソン大統領が政敵の租税情報をIRS から獲得して自らの利益に利用しようとしたスキャンダルが発覚した[70]ことも，執政府の裁量で連邦政府各部による税務情報へのアクセスが認められる現状への疑問を強めた。もちろん，当時の時代背景として米国における第 1 期プライバシー権論の高揚があったことも無視できない。

こうした経緯を踏まえて成立した1976 年税制改革法は，税務情報保護に

---

(69) Schwartz, *supra,* p. 886.
(70) H. Comm. on Judiciary, Impeachment of Richard M. Nixon, President of the United States, H. R. Rep. No. 93-1305, at 3 (1974), cited by Blank, *supra note* 66, p. 7 (n. 50).

ついて従来の方針を大きく転換するものであった。すなわち，租税情報秘密保護の原則化と，法律に基づく例外的開示許容（執政府の裁量の排除）の原則，である。これらの原則を具現化したのが，内国歳入法典第6103条である[71]。そこで次に同条の内容を見ておこう。

⑵　内国歳入法典6103条

①　原則（6103条⒜）

申告情報（return information）[72]は秘密（confidential）であり，内国歳入法典における別段の定めがない限り，これら情報にアクセスする権限を認められた連邦政府・州および地方政府・その他私人は，その情報を開示することは許されない。

②　定義（6103条⒝）

様々な概念について定義されているが，特に，「申告（return）」は納税申告と情報申告の両方を含み，「申告情報（return information）」は，納税者の同一性情報，所得や損失・還付の算定に係る様々な数額，その他申告書から得られるあらゆるデータ，当該申告に係る税務調査や税額・滞納額や民事罰等の存在に至る，あらゆる情報を含む旨が規定されている。

③　例外的開示事由（6103条⒞～⒪）

納税者の申告情報の開示が例外的に認められる事由（誰に対して，いかなる目的で，どの情報を，開示することができるか）を多岐にわたり個別具体的に列挙する規定である。以下では主要なもののみを挙げることとする。

　　ア　納税者の指定する者への情報開示（⒞項）…他の項目と異なり，納税者自身の同意を要件とする代わりに目的の限定がなく，民間業者による納税者の申告情報開示の要求もこの規定を根拠に行われうる。

　　イ　州税職員および州・地方の法執行機関への情報開示（⒟項）

---

(71)　さらに守秘義務違反に関する罰則・民事賠償に関する規定（I. R. C. §§7213, 7431）があるが，ここでは省略する。内容については石川・前掲注65論文338頁を参照のこと。

(72)　この定義はSec. 6103⒝⑵に規定され，この中にtaxpayer's identity（名称・住所・TIN；Sec. 6103⒝⑹）も含まれる（⒝⑵⒜）。

第3章　米国の納税者番号制度　95

ウ　重要な利害を有する者への情報開示（(e)項）…個人の申告の場合は納
税者本人・その配偶者，子などが含まれ，パートナーシップの申告の
場合はそのパートナー，法人の場合には取締役会の指定する者など，
遺産（estate）の申告の場合には遺産管理人や相続人，といった次第
である。

エ　連邦議会委員会への情報開示（(f)項）

オ　大統領その他への情報開示（(g)項）…この場合，大統領は30日以内
に，どの納税者についていかなる情報の開示を求めたのか，および請
求理由に関する報告書を，議会の租税合同委員会に提出する義務を負
う（Sec. 6103(g)(5)）

カ　税務行政上の目的での連邦職員（財務省・司法省等）への情報開示（(h)
項）

キ　税務行政以外の目的での連邦職員への情報開示（(i)項）…具体的には
（ア）犯罪捜査に用いる目的での開示（(i)(1)），（イ）司法手続に用い
る目的での開示（(i)(2)），（ウ）テロリズムに関係する活動を連邦職員
に通告するための開示（(i)(3)）等が含まれる。

ク　統計目的での利用（(j)項）

ケ　税務行政事務への活用（(k)項）…租税条約に基づく外国税務当局との
情報交換については，この規定を根拠に行われている[73]。なお，外
国当局から提供された情報についての機密保護および例外的開示（例
えば税務執行に当たる公務員への開示）については，内国歳入法典6105
条に定めがある。

コ　税務行政以外の目的での開示（(l)項）…特に注目されるのは，(a)財務
長官からSSAへの申告情報開示（Sec. 6103(l)(5)），および(b)SSAが

---

[73]　See, Internal Revenue Manual, Part 11. Communications and Liaison,
Chapter 3. Disclosure of Official Information, Section 25. Disclosure to For-
eign Countries Pursuant to Tax Treaties.（http://www.irs.gov/irm/part11
/irm_11-003-025.html）

（本項パラグラフ(1)および(5)によって財務省から開示を受けたところの）申告情報を（各種社会保障プログラムを実施する）連邦・州の行政機関へとさらに開示することの許容（Sec. 6103(1)(7)）である。

④ 開示要求および開示の手続（6103条(P)）

特に重要と思われるのが，情報保護（safeguards）規定（Sec. 6103(P)(4)）の存在である。これは，財務長官に対して情報開示を要求した行政機関・職員が，獲得した情報を適切に管理しその機密を保つための体制を整備していること等を示すことを，開示請求時に要求するものである。

3　税務情報の利用と規制

前項冒頭でも触れたように，税務情報に関する米国の法政策は，「公の記録」としての活用とプライバシーとしての秘匿という両極のせめぎ合いの中で展開してきた。それが端的に表れるのが，税務当局に蓄積された税務情報への外部からのアクセスをどの範囲・手続で認めるか，という問題である。以下，類型ごとに概観しておく。

(1)　他の行政機関によるアクセス

前項で紹介した内国歳入法典6103条のうち，分量的に大部分を占めるのは，(c)項以下の例外的開示事由に関する詳細な定めであり，その大半は，政府内部での税務情報の開示・流通に関するものである。これらの規定は，1976年法以前に執政府の裁量（規則）の下で認められていた類型を立法的に追認したり，新たな行政ニーズ（例えばテロリスト対策のため）を充足したりするために規定されたものである[74]。1976年法は税務情報の取扱いにつき原則を転換したものであるが，政府部内での税務情報の利用の程度自体を後退させるものではなかったと見るべきであろう。

なお，IRSやSSA，CMS（Centers for Medicare & Medicaid Services：アメリカ厚生省付属の，公的医療保障制度の運営主体となっている組織）等，諸個人の様

---

(74)　Schwartz, *supra note* 66, p. 893.

第3章　米国の納税者番号制度　97

々な情報を共有するニーズが高い行政機関の間では，個々に前項でみた情報
開示手続を踏むのではなく，予めコンピューター照合・プライバシー保護協
定（Computer Matching and Privacy Protection Agreement）や情報交換協定
(Information Exchange Agreement) を締結し[75]，電子的にデータの照合・自
動交換を行っている。

(2)　納税者の指定する者によるアクセス

　前述したとおり，内国歳入法典§6103(c)は，納税者の指定する者への開示
を認めている。納税者自身の同意と要請のみが要件とされ，開示の目的や相
手方についての限定はなく，したがって民間業者等への開示も可能であるが，
開示を行うことが連邦租税行政の遂行を著しく阻害すると判断される場合に
は開示が禁止される（(c)項後段）。

　開示手続の詳細については，財務省規則（Treas. Reg. §301.6103(c)-1）に
定めがある。具体的には，①納税者の同意は署名と日付入りの書面（署名日
から120日間を超えると同意書は無効）でなされる必要がある，②当該書面にお
いて，納税者識別情報，開示の相手方，開示すべき情報の種類と年度，が明
示される必要がある，③公開の場（法廷や議会公聴会）等への開示の場合には
その具体的状況が示されている必要がある，等の定めが重要である。

---

(75)　前者には Computer Matching and Privacy Protection Act（CMPPA）の適用
　　がある。同法は 1988 年に制定され，1974 年プライバシー法（5 U.S.C. 552a）
　　の関連部分を改定したものである（同条(o)項以下）。これはコンピューターに
　　よる情報照合を行う行政機関が満たすべき追加的な情報秘密保護措置を規定し
　　たものであり，特に，①データ照合に参加する行政機関間で交渉を行い，照合
　　プログラムの目的及び法的授権の所在・正当化および期待される帰結・照合さ
　　れる記録の説明・データ整合性（data integrity）委員会の確認を受ける手
　　続・データの保存期間及び破棄の手続等を明示した書面による合意を経ること，
　　②連邦議会の委員会への合意文書の送付および公衆への公開義務，③対象とな
　　る私人に記録が照合プログラムの対象となることの告知，④実際に給付額に変
　　更を加える前に照合結果の真正性を確認する義務，等が規定されている。IRS
　　のデータ照合合意のモデル条文が http://www.irs.gov/irm/part11/irm_11-
　　003-039.html#d0e619 に公開されている。
　　　なお，SSA のウェブサイト（http://www.ssa.gov/dataexchange/
　　overview.html#sb=1）に行政部内での情報交換に関する解説がある。

1999年のデータによると，Section 6103(c)を利用した納税者の指定する第三者に対する税務情報の開示（Tax Transcript の送付）請求は約300万件なされており，うち250万件は金融・住宅ローン業界からのものであり，残りの50万件は連邦緊急事態庁（FEMA）や中小企業庁（SBA）による被災者支援（後者は被災企業への貸付プログラム等を所管）プログラムの実施に関連してなされたものである[76]。前者に関しては，例えば住宅ローン会社が与信にあたって購入者＝ローン希望者の財務情報を得るために，購入者に同意書面の提出を求め，これに基づいてIRSに開示を要求することが行われている。財務省の報告書では，私的な開示請求者について，開示の必要性を説明させ，必要最小限の範囲の情報に限定すること，開示された情報を他に流出させない保護措置の証明，などを求めるべきである，と指摘されている[77]。

(3) 納税者本人によるアクセス

以上に見てきた，納税者以外の公的機関・私的主体による，税務情報へのアクセスに対する納税者の秘密の保護とは別に，自己情報コントロール権としてのプライバシーからは，自らの税務情報が正確なものであることを確保する利益も観念されよう。法は，6103条(e)において，申告を行った本人あるいはその配偶者・子などが，自らの申告税務情報の開示を受け検査を行うことについて実質的利益（material interest）を有すると認め，開示を許している。

これを具体化すると考えられるのが，自らの過去の納税申告に係る情報や納税者としての地位（Tax Account：例えば婚姻の有無等）を記載したTranscript を IRS に請求し，誤りを発見した場合にはIRSに訂正を求めることができる仕組みである[78]。しかしTranscriptに記載されるのはあくまでも税務申告書類からIRSが取得した情報についてのみであり，それ以外の情

---

(76) Office of Tax Policy, Department of the Treasury, *Report to The Congress on Scope and Use of Taxpayer Confidentiality and Disclosure Provisions Volume I: Study of General Provisions* (October 2000), p71
(77) Id., p. 77.

第3章　米国の納税者番号制度　99

報（例えば医療機関の受診記録や社会保障給付額）は，少なくとも IRS 経由でアクセスすることはできない（マイポータルのような仕組みとは異なる）。

⑷　一般公衆によるアクセス

20 世紀前半の状況とは異なり，今日では税務情報を一般公衆に開示することは許されていない。もっとも，例外的に認められる場合がある。すなわち，免税適格を与えられた非営利組織については，その活動の適正を公衆からの監視によって担保するという発想に基づいて，これら組織の活動内容や理事等の報酬額を明らかにした Form 990 という書式による毎年度の申告が義務づけられ，IRS に蓄積された申告書情報がそのまま（非営利組織の実名とともに）GuideStar という非営利組織によって運営されるウェブサイト上で公開されている(79)が，これについては明文規定で租税情報保護の範囲から除外されている（I. R. C. § 6104⑷）。

Ⅳ　近時の問題−"Identity Theft" への対応(80)

1　多目的番号制度の光と影？

第Ⅱ節 6 で紹介したように，米国の納税者番号たる SSN（さらに近時では ITIN も事実上同様の機能を果たすようになっているが，以下では SSN に絞って議論する）は，納税申告以外の場面でも広く個人を識別する番号として利用されており，市民生活に不可欠の要素となっている。様々な個人情報・信用情報に紐付けられた SSN の提示機会が多いということはそれだけ，不特定多数の他人に自らの SSN を知られる危険性も高いということでもある。実際，近年の米国では，「Identity Theft」と呼ばれる，主に SSN を盗用したなり

---

(78)　概要について http://www.irs.gov/Individuals/Tax-Return-Transcript-Types-and-Ways-to-Order-Them を参照。さらに，オンラインでの Transcrpit 請求窓口として http://www.irs.gov/Individuals/Get-Transcript。

(79)　http://www.guidestar.org/

(80)　GAO, *Social Security Numbers: Federal and State Laws Restrict Use of SSNs, yet Gaps Remain*（GAO-05-1016T）。

すまし[81]・詐欺等の犯罪が急増している[82]。民間部門でも広く利用される
多目的番号である SSN の利便性の影の側面ということもできよう。もとよ
り，ようやく共通番号制度を導入する日本とはかなりかけ離れた状況にある
ことは疑いないが，将来的にマイナンバーが民間部門での利用に開かれてい
く可能性を考えれば，生じうる問題を予め概観しておくことには一定の意義
もあろう。

　もっとも，Identity Theft 問題の全容を扱うことは困難であるから（なり
すまし行為はほとんどの場合，他の犯罪行為の足がかりとして用いられる），以下で
は主として税務行政に関連する問題に絞って紹介することとする。

2　税務分野を中心とした Identity Theft 問題

(1)　Identity Theft とは何か

　「なりすまし（Identity Theft）とは何か」，を明確に定義することは実は容
易ではない。他人の個人識別情報をどのように用いれば盗用者にいかなる利
益（＝本人にとっては損害）が生じるのかは，その文脈によって異なるからで
ある。例えば，他人の名前と SSN を用いてクレジットカードやローンの申
込みを行うことに成功すれば，盗用者は当該他人の信用履歴を用いて自らが
信用の供与を受けることができる一方で，当該他人の信用履歴は毀損され，
身に覚えのない巨額の負債を負わされることにもなるが，これは Identity
Theft 犯罪のごく一例に過ぎない[83]。2011 年の会計検査院の報告書[84]では，

---

(81)　1998 年以降，なりすまし行為自体が連邦犯罪（See, Identity Theft and As-
　　　sumption Deterrence Act (Pub. L. No. 105-318, codified in part at 18 U. S.
　　　C. § 1028).）とされている。

(82)　"TIGTA: Taxpayer Identity Theft Cases Increased 460% in Three Years"
　　　TaxProfBlog, Thursday, September 2, 2010 http://taxprof.typepad.com/
　　　taxprof_blog/2010/09/tigta-taxpayer.html

(83)　米国司法省のサイト（http://www.justice.gov/criminal-fraud/identity-
　　　theft/identity-theft-and-identity-fraud）には，SSN 盗用以外にも様々な
　　　Identity Theft の手口とそれによる犯罪被害が解説されている。

(84)　GAO, *Taxes and Identity Theft: Status of IRS Initiatives to Help Victim-
　　　ized Taxpayers*（GAO-11-674T）.

税務行政に関連して特に以下の2つの類型が紹介されている。IRS は Identity Theft の摘発・防止に努めているが[85]，なお全容を把握できていないとのことである[86]。

① 還付金詐欺（tax refund fraud）

盗用者が他人の名前と SSN を用いて還付申告を行い，IRS がなりすましを発見できずに還付金を盗用者に支払う。その後，真正の納税者が還付申告を行った時点で（二重申告ということになり）なりすましが発覚する。IRS が後続の申告が真正の納税者によることを確認できるまでの間，真正の納税者は還付を受けられないことになる。

② 就労詐欺（employment fraud）

盗用者（典型的には不法移民）が他人の名前と SSN を用いて職を得て，賃金を稼得するが納税申告を行わない。雇用主は賃金支払に係る情報申告において IRS に対してこの名前と SSN を伝達し，IRS は対応する納税申告をチェックして，未申告・過少申告として真正の納税者に対して徴収手続を開始する。この場合にも，同じ SSN に紐付けられた各種所得のうちどの部分が真正の納税者が実際に得たものであるかを確認する必要があるため，IRS および真正の納税者は手続上の負担を被ることになる。

(2) 制度の脆弱性と対応策

こうした Identity Theft に基づく詐欺事案に対して IRS も対応を試みているが，他の行政機関との情報共有や被害に遭っている納税者への情報提供についても，税務情報保護の制限がかかるために，限界があることが指摘されている。また，IRS はそもそも真正の納税者による申告があって初めて盗用者による詐欺的申告がなされていたことを認知できるため，対応が後手に回ることも挙げられている。IRS 自身の予算削減などもあり，2015 年現在，

---

(85) Id., p. 2 によると，IRS が認識し得た Identity Theft の件数は 51,702 件（2008 年），169,087 件（2009 年），248,357 件（2010 年）とのことである。

(86) GAO, *Identity Theft: Total Extent of Refund Fraud Using Stolen Identities is Unknown*（GAO-13-132T）.

問題は依然として鎮静化の兆しを見せていないようである[87]。

真正の「個人名＝SSN」の組み合わせを犯罪者に知られてしまうと，水際で防ぐことはかなり困難となるため，結局，SSN の漏洩リスクを可能な限り減らす地道な方策を採るほかないようである[88]。連邦法・州法上も既に，SSN の利用自体を可能な限り減らしつつ，SSN を公開の場所に掲示したり，公的文書等に無防備な形で記載したりしないよう政府機関に義務づける規定が設けられている[89]。あるいは，一部分を伏せ字にした（truncated）納税者番号（XXX-XX-1234 or ***-**-1234）を，支払先情報として利用可能にするという規則案も検討中とのことである[90]。

---

(87)　Matt Hunter, *Tax-refund fraud to hit $ 21 billion, and there's little the IRS can do*（Wednesday, 11 Feb 2015）http://www.cnbc.com/id/102410279

(88)　The President's Identity Theft Task Force Report（September 2008）は，対応策の第 1 として，公的セクターにおける不必要な SSN 利用の削減を推奨している（https://www.ftc.gov/reports/presidents-identity-theft-task-force-report）。

(89)　GAO, Social Security Numbers (supra note 25), p.11.

(90)　William Hoffman, *Proposed Regs Expand Use of Truncated Identification Numbers*, 138 TAX NOTES 67 (Jan. 7, 2013).

納税環境の整備

第4章　スウェーデンの
納税者番号制度

早稲田大学教授　**馬場　義久**

Ⅰ　は じ め に

1　本章ではスウェーデンの納税者番号制度を紹介・検討する。同国の納税者番号制度は，別名，国民背番号制度と呼ばれているように，国民に付番した住民登録番号を使用し，それを納税や徴税だけでなく国民生活のあらゆる分野に活用している。いわゆる多目的機能型納税者番号制度の典型と言ってよい。

　本章ではこのようなスウェーデンの納税者番号制度を，主として財政学の観点から紹介・検討する[1]。なお，ここでの財政学の観点とは，納税者番号制度の意義と限界を，スウェーデンの高福祉財政との関連で明らかにするという意味である。

　より具体的には，第一に，スウェーデンの高負担・高福祉を支える上での納税者番号制度の重要性について，同国の最近における社会保障制度と税制の仕組みに即して，具体的に明らかにする。ここで，スウェーデンが，所得情報に大きく依存する高負担－高福祉国家であることを示し，納税者番号制度が同国の財政を支える重要なインフラであることを導く。

　第二に，個人所得税のみならず税制全体を視野に入れて，スウェーデンで

の納税と徴税の実態を明らかにし，納税者番号制度が税の調達に対して，実際に果たしている役割とその限界を抽出する。ここでは，納税者番号制度のもとでの所得捕捉システムの意義，及び同システムに存在する弱点，さらに弱点を克服するための税務行政上の試みなどを紹介する。

　さらに，納税者番号制度については，プライバシーの侵害が危惧される。とりわけ，スウェーデンのような多目的機能型納税者番号制度は，国民や政府にとって利便性を高める一方，個人情報保護の侵害が懸念されてきた。そこで，このような多目的の納税者番号制度を採用している同国での，個人情報保護に対する考え方も紹介し検討を加える。

2　そこで本章の構成は以下のとおりである。まずⅡで，住民登録制度のしくみを概観する。ここでは，住民登録の責任機関が取得する情報の内容，IDカードの発行手続きと機能について説明する。次にⅢで，住民登録に関してスウェーデンが直面している課題を明らかにする。その中心は，住民登録の責任機関であるSkatteverket（国税庁という意味。以下，SKVと略称）による情報配布の在り方，個人情報保護の在り方をめぐる問題である。あわせて，虚偽の住民登録の可能性等の問題も指摘する。ここまでが住民登録をめぐる問題領域である。

　そしてⅣで，高負担－高福祉財政における納税者番号制度の重要性を，税制と社会保障制度に即して明らかにする。次にⅤで，スウェーデンの納税と徴税の実態を明らかにして，納税－徴税システムにおける納税者番号制度の役割と限界を整理する。このⅣとⅤが上述の財政学的観点による検討であり，本章の中心部分をなす。

　最後にⅤを中心に要約しつつ，わが国への示唆を提示し本章の結びとする。

Ⅱ　住民登録制度とIDカード

1　すでに述べたようにスウェーデンの納税者番号制度は，個人（自然人）

に対しては住民登録の際に付番される Personal Identity Nummer（以下，PIN と略称）を，多目的機能型納税者番号として使用している。そこで，まず，住民登録制度に関して紹介する。

　住民登録制度は 1947 年に導入された。その目的は，国民の identification を効率的に行うことにあったというが，同年には，所得税の源泉徴収制度も導入されており，この点，今日の PIN の役割を思えば象徴的である。当時は教会（区）が住民登録の事務責任を負ったが，1991 年にその担当機関が税務署に移管され，それに伴い，SKV が責任機関となった。

　なお，法人（企業・公的組織など）には Organizationsnummer を付番する。法人の identification を効率化するために 1975 年に導入された。法人間，および法人と公的機関との情報交換に使用されている。

2　さて，国内で新生児が生まれると，病院からは出生記録が，両親からは 3 カ月以内に氏名申告書が SKV に送付されなければならない[2]。SKV はこれらの書類に基づき，当該新生児に番号を与える。つまり付番する。なお，スウェーデンへの移民など移住者は移住時の住民登録時に付番する。

　この番号は，誕生から死亡まで原則として不変である。つまり個人が一つだけ一生所有する。ただし性転換をした場合は番号を変える。

　番号は基本的に誕生日と性によって決定される。たとえば，1964 年 8 月 23 日生まれの男性のケースを取り上げよう。まず，誕生日によって最初の 6 桁が 640823 と決定される。次の 3 桁は乱数字によって決定される。ただし，男性の場合は奇数，女性は偶数が割り当てられる。この 3 桁が 323 と付けられたとしよう。

　最後に以下のようにして check degit 4 が算出される。

$$640823-323$$
$$212121\quad212$$
$$\overline{}$$
$$1240843\quad626$$

すでに決定した各数字 640823323 に 2 と 1 を交互に掛ける。ただし 12 は

1と2に分解する。そうすると 1240843626 を得る。この各桁の数字を加えると，つまり 1＋2＋4＋0＋8＋4＋3＋6＋2＋6＝36 を得る。36 の 1 の位が 6 なのでこれを 10 から差し引いて 4 を得る。これが check degit と呼ばれる数字である。4 は誕生日と乱数字からなる番号と PIN との整合性を示すものである。結局，この男性の PIN は 6408233234 である。PIN によって誕生日（年齢）と性が，ただちに判明するところがその特徴である。

3　Skatteverket（2014c）によれば，住民登録の際，住民は SKV に以下の情報を知らせなければならない。
①氏名②住所③個人番号（PIN）④出生年月日（移住年月日）⑤出生地⑥国籍⑦教区名⑧両親の氏名⑨育児責任者の氏名⑩結婚歴，離婚歴⑪結婚相手の氏名⑫子供の氏名⑬養子の有無⑭所有不動産など

　SKV は，これらの情報を自己が管理するデータベース（Population Register）に保存し，各登録者に PIN を付番する。

　当然，上記情報について変更がある場合，住民は SKV に知らせなければならない。特に重要なのは転居のケースである。所得税の確定申告書や年金通知など，社会保障関連の通知が登録住所に送付されてくるからである。

4　以上の住民登録の際に付番された PIN は，実際の生活においては ID カードによって確認される[3]。たとえば，銀行口座の開設，クレジットカードの使用，保険取引，賃貸住宅の契約，運転免許証の申請，新聞購読，レンタカー，医療の受診・処方箋による薬の購入など，日常生活の多くの場合に ID カードが必要である。

　また，公共部門や多くの民間部門はネットによるサービス（e-service）を提供しているが，ID カードはそれを受ける際に必要な e-Identification 機能（identity とサイン）をも持つ[4]。

　カードの申請資格は 13 歳以上で原則住民登録をした者である。税務署に有効な本人証明書（パスポートや運転免許証など）を持参して申し込む。ここ

で発行料を支払い，身長測定をしたのちに写真撮影が為される。なお18歳未満の申請者は，申請について保護者の許可を必要とし，かつ，申請に際し，保護者1名の付き添いを求められる。

　申請が認められると，SKVから登録住所にその旨を知らせる通知が送られ，申請者はその通知を税務署に持参しIDカードを受け取る。IDカードは顔写真付きで，有効期間5年である。

　IDカード発行に際しSKVが得る情報は以下のとおりである。①申請者氏名②PIN③カードの有効期間④身長⑤性⑥カードの発行日⑦申請者のサイン⑧identityをどう証明したか⑨カード発行を拒否された理由⑩カードを盗まれたことがあるか⑪取り消しの場合の理由⑫顔写真

5　コーディネーション番号

　以上は住民登録者に対するID番号の付与である。これに対して，コーディネーション番号（原語はSamordingsnummer）は，住民登録をしていない個人に対するID番号である[5]。

　1999年12月31日までは，住民登録をしていない者にもPINを付番していたが，2000年より住民登録の非登録者にはPINではなく，コーディネーション番号を付与することになった。その目的は，スウェーデンの政府機関や他の機関が，住民登録の非登録者を住民登録者と区別しつつ，短期滞在者などを正確にidentifyし，機関間の情報送付を可能にすることにある。

　コーディネーション番号は，PINと同様に10桁の数字であり，その決め方もPINと殆ど同じである。たとえば，前述の1964年8月23日生まれの場合，コーディネーション番号の最初の6桁は，640883となる。つまり，誕生日23日に60を付け加える。この点だけがPINとの差異であり，後の4ケタはPINと同様の方法で決定される。もちろん，生涯同一番号であり，後に住民登録をした場合にはPINに置きかえられる。

　付番は，スウェーデンの政府機関ないしは民間の高等教育機関が要請する個人に対して，SKVが行う。その主な対象者は，

第一に，スウェーデンの政府機関の行政目的の遂行にとって必要な個人，たとえば，外国に居住しているが，半年以上 1 年未満スウェーデンで勤労所得を得る者などについて，SKV が徴税のために要請する。

第二に，法律違反に commit したか，ないしはその疑いのある者。

第三に，外国大使館の職員などである。

Ⅲ　住民登録の問題点

以上のように住民登録や ID カードの発行に際して，SKV は多くの情報を得て，自らのデータベースに保存している。本節では，SKV が他の公共機関や民間部門に，これらの情報をどのように配布・通知しているのかについて紹介し，その問題点を明らかにしたい。

さらに，上記の問題点以外で住民登録の直面する課題をあわせて紹介したい。

1　SKV による情報の配布と個人情報の保護

⑴　他の公共機関への情報配布

SKV は住民登録情報について，自動的に，つまり情報提供者である住民の許可，あるいは他の公共機関の審査などを必要とせずに，他の公共機関および Spar（後述）に配布する権利を持つ。この点は，住民登録のガイドである Skatteverket（2014c）にも明記されている。

このうち，他の公共機関への配布については，Navet（the Swedish tax agency system for distribution of information about the registered population）を通じて為される。配布先公共機関は，

①社会保険庁　②移民局　③National land survey（地図・地籍局）　④交通局（運転免許証関連も含む）　⑤年金局　⑥コンミューンの各行政組織　⑦ランスティングの医療関連部局　などである。

特に地方組織である⑥のコンミューン（わが国で言えば市町村にあたる），⑦

のランスティング（わが国では都道府県に該当）の医療関連部局には，毎週情報が送られる。スウェーデンは地方分権の国で，地方政府の主要財源である地方勤労所得税の税率が，地方政府によって決定されその水準が地方間で異なること，さらに地方公共支出，その中心は福祉・教育・医療サービスであるが，これらは各地方の責任で提供されていることに注意すべきである。

なお，上記の Navet は SKV から他の公共機関への情報配布だけでなく，他の公共機関からの情報配布（変更）も為される。つまり，公共部門内相互の情報をやり取りするシステムである。

(2) Spar への情報配布

SKV は Spar（Swedish population and address register）へも住民登録情報などを自動的に配布する。Spar は，1970 年末に SKV に付置された公共機関の一つである。1980 年代半ばには，Spar が行っていたマーケティングの業務の大部分を外部会社に移した。当時は Spar 委員会がその代表（Principal）であったが，2009 年以降，SKV が代表であり，あわせてその個人情報の責任を負っている。Spar の目的は，その顧客に有料で住民登録者に関する情報を提供することである。

Spar の顧客になると，誰でもその利用目的が Spar 委員会によって承認されれる限り，その情報にアクセスが可能である。顧客には銀行・保険会社・ダイレクトメール会社・カード会社・信用調査会社・新聞社等が含まれる。したがって，これら民間部門の企業などが，Spar に配布された情報にアクセスできるわけである。

結局，Spar 自体は公共機関であるが，その顧客に対するアクセス承認を通して，民間部門に情報を提供することになる。

① Spar には SKV から以下の情報が自動的に配布されている。すなわち，住民登録をした各人について，

氏名，PIN，誕生日，住所，住民登録地，生誕地，国籍，結婚相手，査定勤労所得（広義）と査定資本所得の合計，一戸建て住宅の所有者名，住宅の査定価値である。ここで「査定」とは，SKV が納税者などの情報に基づい

て確定した，という意味である。

大部分が住民登録情報であるが，査定勤労所得（広義）と査定資本所得の合計や，住宅の査定価値についての情報配布が注目される。これらは，SKV が得た，税務に必要な所得情報・資産情報と言うべきものであるからだ。

なお，Spar には II の 5 で述べたコーディネーション番号登録者の情報も送られている。

② Spar は顧客の要請により以下のサービスを有料で提供する。

i 顧客のダイレクトメールや市場調査のための情報の選択。

たとえば，ダイレクトメール会社の希望に応じて高齢者を抽出し，その住所・氏名を知らせる，ないしは，一定水準の所得以上の個人を抽出することもなされる。

ii 企業が保持している顧客の登録データの更新や顧客登録に PIN を割りふる。

iii 人探しに必要な情報の提供

ただいずれの場合も，使用目的を記載してサービスの提供を申し込むことが求められ，Spar 委員会による目的の承認がないと希望サービスを利用できない。

⑶ 一般個人への情報配布

さらに，上記の二つのルートの他に，請求があれば，SKV 自体が自己の業務に関して管理している情報を，一般個人に提供している[6]。すなわち，個人は SKV が管理している自分の情報，ないしは他人の情報の提供を要請できる。この場合，公共情報と「秘密にすべき」情報によって，SKV の対処が異なる。

公共情報に属する場合，個人は SKV に当該個人および他人の情報を請求できる。要請があれば SKV がファックスか通常郵便で知らせてくれる。E-mail によっても得られる。

「秘密にすべき」情報のケースでは，情報請求者がその情報の提供者であ

ることが確実であるか，情報請求者が qualify された代理人である場合に，SKV が情報を住民登録に記載された住所に郵便で知らせる。

　ここで SKV が自己の職務に関して公共情報として例示しているのは，以下のものである。

　①　住民登録情報は通常，公共情報とされる。この点は，住民登録のガイドである Skatteverket（2014c）にも明記されている。ただし，性転換，Adoption は「秘密にすべき情報」とされる。

　②　課税に関する殆どの情報は「秘密にすべき」情報であるが，所得課税に関する決定は公共情報であると，強調している。それを含めて以下の租税情報を公共情報としている。

ⅰ課税に関する決定

ⅱ税法（Skattebetalningslagen）による登録情報

ⅲある個人が勤労所得税支払い者か，事業所得税支払い者か

ⅳ雇主社会保険料，消費税の登録情報

ⅴ名前，PIN，法人の Organizationsnummer

　(4)　さて，SKV が Spar への情報配布を通じて民間企業に個人の所得情報や資産情報へのアクセスを承認する点，さらに，SKV 自身が個人に他者の住民登録情報，所得課税の決定に関する情報を知らせるという点は，わが国の個人情報保護に対する現状の考え方からすると特異である。

　そこで，同国の個人情報の保護に対する考え方を紹介しよう。

　①　個人情報法

　まず個人情報法のエッセンスを紹介する[7]。スウェーデンにおける個人情報保護の重要性は，以下に述べる意味で事実上「低く」位置付けられている。

ⅰ）確かに同法は一面では，個人情報保護の必要性とその情報処理の厳格性を規定している。たとえば個人情報の扱いに関して，IT の発展は個人の integrity を侵しかねない。個人はこの侵害に対し社会によって守られる権利を持つ。「したがって，個人情報の処理（processing）は，処理を行う目的が特定化され明瞭に示されているときにのみ処理が認められる[8]」と説明され，

しかも，情報処理に関して registerd person の同意を必要とする，としている。

ⅱ）しかし，同時にこの「社会によって守られる必要性」は他の根本的な民主主義的権利や価値，たとえば「出版や表現の自由」の確保と調和（バランス）させなければならないと述べ，さらに，それが出版・表現などの自由に関する憲法条項に反する場合，また，公共情報へのアクセス権の原則に反する場合，適用されない，と規定している(9)。

②　結局，個人情報の保護より，「出版や表現の自由」の確保と公共情報へのアクセス権を上位に位置付けているのである。この点は，Spar のホームページに以下のように，より明確に述べられている(10)。

第一に，公共当局に提出された情報は，一般的ルールとしては public なものである。したがってこれらはアクセス権を保護すべき情報である。このことはわれわれの disclosure の原則の所産であり，国民が公共部門の活動を監視（scrutinize）するための代償である。

第二に，企業は自己の顧客登録情報，組織はメンバー登録情報，公的組織は公共活動に必要な登録情報を扱う自由を持つ。サイトが個人の情報をネットで公開しても，彼らは憲法による「表現の自由」に基づいて保護されており，通常の個人情報保護は適用されない。

③　検討

ⅰ）上記の規定のうち，公共当局へ提供された情報へのアクセス権重視という点については，スウェーデンの高負担・高福祉という背景を考慮する必要があろう。周知のように，スウェーデンは公共部門による経済活動のウエイトがきわめて高い国である。しかも，本章の後に示すように，高率の税の大半を家計に移転する高福祉国家である。いわば，貯蓄・教育・医療などを公共部門に任せた国である。このような「高負担・高福祉」体制のもとでは，公共部門に対する disclose 要請やその監視要請が強くなるのは，ある意味では当然であろう。とりわけ，後述するように同国の高負担・高福祉財政は，「各人の負担に見合った受益」を目指しているので，これらの要請は強くな

ると思われる。さらに同国が地方分権の国であるので，国民の地域選択－各
地方政府のパーフォーマンスを比較しての居住地域の選択－のためにも公共
部門への disclose 要請が強くなろう。

ここから，たとえば，他人の所得情報へのアクセス権が意義を持つであろ
う。同じような経済状態と思える他の人の所得が，自分と同じような所得額
と把握されているか否かを知ることができれば，あるいは，自分よりはるか
に経済的に富んでいると思われる人の所得が，実際にどれだけの額であるか
を知ることは，公共部門の活動を監視することになるであろう。

そして，このような他人の情報へのアクセス要請は，当然，自らの情報へ
のアクセス承認を前提としなければならないであろう。

ⅱ）しかし，SKV が Spar を通じて，顧客である民間企業に，個人の住民登
録情報や査定勤労所得と査定資本所得の合計を事実上「知らせる」点につい
ては，問題を含んでいる。

なぜなら，Spar を利用する民間企業は当然のことながら，自己の企業活
動のために情報を得ようとしているのであり，公共活動のためではないから
だ。この点，納税者の情報を Navit と同列には扱えないと思われる。ダイレ
クトメール会社のために所得情報を提供することと，公共機関に所得情報を
提供することを等しく扱うのは無理がある。かつて，スウェーデン政府自身
が「ダイレクトメールのために税務情報を Spar へ送ることについての社会
的必要性を，徹底的に検討すべきと判断する[11]」と述べたほどである。

ちなみに，Spar の情報配布に対して，直接認められている個人の自己情
報管理権は，（イ）一年に一度，無料で Spar にある自身の情報が正しいか
どうかをチェックできる，（ロ）申請によりダイレクトメール会社への情報
提供を拒否できる，ことのみである。

上記の現行制度は，住民登録情報や所得情報の拡散がもたらす弊害よりも，
企業活動（ダイレクトメール，顧客登録情報の整備・更新）の効率化を事実上重
視していることになる。それを支えるのが「表現と出版の自由」の保護を，
個人情報保護より上位に置く考え方である。なお，ここでの「表現と出版の

自由」とはインターネット上での情報公開をも含んでいる。

たとえば，Spar のサイトに提起された質問「私の個人情報がネット上に示されているのは問題ではないか？」に対して，Spar は「ネット上に貴方の個人情報を示すことは，憲法における表現の自由によって保護されており，個人情報保護を付与する通常の法律は適用されない[12]」と答えている。しかし，この表現の自由の重視という考え方の実際上の帰結は，企業による営利活動の効率促進に他ならない。

このような措置が，国際的に，特にスウェーデンが加盟している EU 内で通用し続けるのか，大いに疑問である[13]。

2 その他の直面する課題

次に上記以外で直面している住民登録の問題を紹介する。

(1) 第一の問題は，同一 PIN の複数利用である[14]。前述のように PIN は一人 1 番号を原則とするが，2008 年 1 月までに 15887 枚が複数利用されたという。つまり，複数の利用者のいる PIN がこれだけ判明したわけである。調査によれば 1950 年代と 60 年代の 1 月 1 日と 7 月 1 日生まれに複数利用が多い。

このことの背景には移民の受け入れがある。スウェーデンは移民の多い国の一つであるが，とくに 1950 年代と 60 年代に生まれた移民を多く受け入れた。そして移民の多くは住民登録の日，すなわち，1 月 1 日と 7 月 1 日を誕生日とした。移民の母国の中には誕生の日が意義のない国もあるという。

つまり，たとえば 1960 年 7 月 1 日を誕生日とする者が多く，600701 で始まる PIN が多くなってしまったことによる。特定の誕生日について申請者が多く，その日に使用される birth number が異常に多くなり，番号不足を招く問題である[15]。

(2) 第二に，虚偽の住所が登録されている可能性がある。図表 1 を参照されたい。これは SKV が毎年実施しているアンケート調査 Skatteverket (2012) に掲載されたものである。全体で 2702 名の市民に対するアンケート

第 4 章　スウェーデンの納税者番号制度　115

図表 1　虚偽の住所登録の調査（2012 年）　　　　　　（%）

	全　体	マンション住み	A	B
Yes	10	14	19	20
わからない	8	10	10	17
No	75	70	66	57
意見なし	7	6	4	6

（出所）Skatteverket（2012），p. 337 及び p. 338 より。

であり，表の「全体」欄は，その結果を示す。

　全体の 10% の人が，「虚偽の住所登録をした人あるいは書いた人を知って
いる」と答えている。次の「マンション住み」の欄はマンション住みの人
495 人に対するアンケート結果である。ここでは，上記の人を知っている人
が 14% に増えている。さらに A 欄は，別の質問「Black 労働あるいは脱税
のため人を雇った者を知っているか」という問いに Yes と回答した人 869
名の回答結果である。そのうち，19% の人が「虚偽登録者などを知ってい
る」と回答した。最後に B 欄は，別の質問「Black 労働あるいは脱税のため
に雇われたことがあるか」という問いに Yes と答えた 146 名の回答結果で
ある。20% の人が虚偽登録者を知っていると回答している。なお，ここで
Black 労働とは税務申告されない労働のことを指す。

　さらに図表 2 は「経済的利益を得るために虚偽の住所登録をした人を知っ
ているか？」という質問に対する回答を示す。回答者の区分けは図表 1 と同
様である。ここでも B 欄では 15% の人が Yes と回答している。

図表 2　経済的利益と虚偽の住所登録（2012 年）　　　　　（%）

	全　体	マンション住み	A	B
Yes	5	8	12	15
わからない	6	8	9	9
No	81	78	75	70
意見なし	7	6	4	5

（出所）Skatteverket（2012），p. 339 及び p. 340 より。

以上から，脱税など経済的誘因によって虚偽の住所が登録されている可能性がある[16]。

IV　スウェーデン財政における納税者番号の重要性

本節では，高負担・高福祉と呼ばれるスウェーデン財政において，納税者番号制度が重要なインフラであることを，同国の税制と社会保障制度に即して明らかにしよう。

1　高負担社会と納税者番号制度

⑴　本項では，スウェーデンの高負担，すなわち，公的負担の構造を紹介する。図表3を参照されたい。

この表は，2011年の所得などに課税されたスウェーデンの税負担と，その課税ベース別構成を示している。ここでの税負担は，いわゆる社会保険料（雇用者および被用者負担双方を含む）を含んだ広義の租税である。同国では，社会保険料を含めて税と捉えることが一般的である。

その総額は1兆5550億スウェーデンクローナであり，それは対GDP比で44.4%を占める。現在（2015年5月21日）の1SEK（スウェーデンクローナ，以下略）＝14.5円で換算すると，税総額は22兆5475億円である。この年の総人口が942万人であるので，国民一人あたり税負担は16万5074SEK，

図表3　課税ベースの構成と税負担（2011年）

課税ベース	税　額 (10億SEK)	構成比	対GDP比	1人あたり税 (SEK)
労働（勤労所得）	911	59%	26.0%	96000
資本・資本所得	183	12%	5.2%	19000
消費など	461	30%	13.2%	49000
総　計	1555	100%	44.4%	165000

（出所）Skatteverket（2013），p.97，6.1表より。

すなわち，239万3755円に及ぶ。この数字は，世帯あたりでなく1人あたりであることに留意されたい。まさしく高負担社会と言える。

次に課税ベースの構成比を見よう。課税ベースは大きく労働，資本，消費に分類されている。このうち労働は勤労所得税等を指すが，前述のように，勤労所得税には，社会保障のうち課税される所得給付に対する税が含まれている。さらに，社会保険料もここに含まれる。その殆どが勤労所得を賦課ベースとするからである。最後に，資本・資本所得の項目は，個人の資本所得税や法人税，ごく一部のストック資本税（企業の固定資産税など）からなる。しかし，相続税と純資産税（富裕税）は廃止され，居住用不動産税も2008年に税負担の軽減化が実施されたので，ストックとしての資本税の地位は小さい。

構成比からはっきりするのは，スウェーデンが所得税中心の国であるという点である。労働と資本・資本所得を加えると全体の71%を占める。所得ベースのうち労働だけを取り出しても59%にのぼる。消費税の標準税率が25%であるところから，スウェーデンは，消費税中心の国と思われがちであるが，事実は勤労所得税中心である。納税者番号制度による正確な所得捕捉，すなわち，勤労所得と，課税社会保障給付の正確な捕捉が求められる所以である。

(2)　次に，納税者番号制度の重要性を明確にする限りで，スウェーデンの所得税の仕組みを説明したい。そして，この仕組みに即して，納税者番号を使用しての現行の所得捕捉システムの基本をあらかじめ紹介する。

同国の所得税（狭義の意味であり，社会保険料を含まない）は二元的所得税と呼ばれる。すなわち，勤労所得に累進課税（31%，51%，56%の三段階），資本所得に30%の一律比例課税を行う。最初に主に被用者を想定して勤労所得税制を紹介する。

①　各人の税額は以下の式で算出される。

税額＝税率×｜事業主負担保険料引き勤労所得－通勤費控除－私的年金控除－基礎控除｜＋本人負担年金保険料－税額控除（＝本人負担年金保険料税額

控除＋勤労税額控除＋住宅維持・改善サービス購入税額控除）（α）

　なお，勤労所得には年金など課税社会保障給付が含まれる。（α）式における基礎控除の水準は 65 歳までの者と 66 歳以上の者とで異なる。後者の方が高く設定されている。日本のように年金所得を雑所得として特別扱いするのでなく，それも勤労所得税の課税ベースとした上で，基礎控除を年齢によって区別する考え方である。年齢情報は既に述べたように，PIN 自体に含まれている。

　②　納税単位は完全に個人であり，上の式でも明らかなように，税額確定に家族関係の情報は必要としない。配偶者控除や扶養控除が存在しないからである。

　③　個人単位という点は，式（α）の税額控除にもあてはまる。つまり，本人負担年金保険料は原則勤労所得の 7% であり，原則その分だけ控除される。ここで原則と言うのは保険料額に天井（シーリング）が存在するからである。

　勤労税額控除も個人の労働所得（狭義の勤労所得，つまり課税社会保障給付を除いた部分）に基づいて税額控除額が決定される。

　最後に住宅維持・改善サービス購入税額控除は，雪下ろし・草刈り・子守・家の修理などサービスを購入した場合，その労働費用の 1/2 を 1 件あたり及び年間 5 万 SEK まで税額控除する。これも個人単位である。

　④　私的年金控除は個人年金（民間）への掛け金を所得控除するものであり，控除可能な掛け金額に上限がある。この所得控除制度は，公的年金の補完を目的としている。個人の掛け金額は，金融機関（保険会社）が納税者番号に基づいて記録する。

　⑤　事業主（雇い主）は，毎月，税と社会保険料を源泉徴収した上で，勤労所得と（α）の内容を記した給与明細書を，被用者と税務署に通知する。当然，この通知に，当該被用者の納税者番号が記されている。あわせて，社会保険料のうち事業主負担部分も通知される。

　なお SKV は 1985 年以降，税と社会保険料を一体徴収している。社会保

険料の徴収記録は SKV から社会保険庁・年金庁へ電子送付される。

⑥　課税社会保障給付のみを得る者，たとえば，勤労しない純粋の年金生活者は社会保障機関からの送付される支払い証明書をもとに申告する。もちろん，この支払い証明書は税務署（SKV）にも送付されている。

(3)　次に，自営業など小規模事業者に対する勤労所得税制の概要を説明する。以下，個人企業主を想定する。基本的なしくみは，事業所得を勤労所得と資本所得に分割する方式である。

①　個人企業が支払い利子控除前の収益（原材料費など控除後）を Y だけ得たとする。そのうち，$\varDelta$E だけ翌年以降の企業活動の拡大のため留保すると仮定する。これは，Expansion fund と呼ばれる拡大資金 E の増加分を示し，法人税を課されるので，$\varDelta$E はその法人税引き fund の増加分である。よって，事業主の企業からの引き出し所得は Y－iB－$\varDelta$E となる。ここで B は負債総額，i は借入利子率である。

さて，この引き出し所得は事業主の勤労だけでなく，彼の貯蓄や資本ストックの成果でもあるので，勤労所得と資本所得が混合した所得とみなされる。

ところが，前述のようにスウェーデンの所得税制は資本所得と勤労所得の分離課税であり，両所得の税率が異なるので，引き出し所得を勤労所得と資本所得に分割することが認められている。この場合，勤労所得すなわち勤労所得税の課税ベースは，

勤労所得＝Y－iB－$\varDelta$E－k（A－B－$\varDelta$E）　　　（β）

と算出される。ここで A は事業資産の価値，k はみなし収益率（10 年物国債利子＋リスクプレミアム）である。つまり，（A－B－$\varDelta$E）が彼の企業活動における資本元本とみなされる部分であり，それが k のみなし収益率だけ資本所得を生むと想定し，そのみなし資本所得を引き出し所得から控除することにより，勤労所得を推定するわけである。この勤労所得が彼らの勤労所得税の課税ベースとなる。なお，社会保険料は税引き事業収入が賦課ベースである。

先に資本所得を帰属計算し，のちに勤労所得を求めるのは，勤労所得を直

接観察し把握することが困難であるからである。

② さて、ここで彼ら自営業主は(2)で述べた事業主と同様、月に一度式 (β) を税務署に報告し、自分の源泉徴収税と社会保険料を支払う。

ここで重要なことは、勤労所得の決定要因である式 (β) の右辺の各変数、すなわち Y, B, A, $\varDelta$E が第三者情報に基づかない点である。これらの値が、当事者以外によって提供される支払い調書など（所得 Statement）に依拠していないのである。彼らにも、もちろん PIN は付番されているが、それは彼らの勤労所得の捕捉のために第三者によって活用されていない。

さらに、引き出し所得のうち、資本所得と「みなされた」k （A－B－$\varDelta$E）は、資本所得税が 30% の税率で課税される。

なお、このように計算された事業者の勤労所得税や資本所得税は、後に紹介する統計においては、多くの場合、事業所得税という項目に含められている。

(4) 所得税制の最後に個人資本所得税制を説明する。

① 資本所得税の課税ベースは、以下の式 (γ) で与えられる包括的純資本所得である。

包括的純資本所得＝（金融資本所得＋実物資本所得）－（借入利子＋キャピタルロス） (γ)

という式で算出される。

包括的と言う意味は原則的に、非人的資産が生み出す資本所得をすべて合算するということであり、金融所得だけでなく実物資本所得（地代、家賃、不動産のキャピタルゲイン）も合算される。すなわち、預貯金の利子、債券利子、割引債、配当、有価証券（現物株、債券、証券先物、オプション、転換社債、オプション）のキャピタルゲイン、不動産のキャピタルゲイン、不動産所得、為替差益などが含まれる。ここで、金融資本所得だけでなく土地・住宅など実物資本の収益が含まれていることに、留意されたい。

さらに、各資本の収益を合算するのに対応して、借入利子とキャピタルロスも各資本について包括的に合算して収益より控除するので、課税ベースが

純資本所得と呼ばれるわけである。

このように算出された包括的純資本所得に原則 30% の税率が適用される。

② したがって，この各個人の包括的純資本所得の捕捉が重要となり，納税者番号によってこの純資本所得を捕捉する。前述のように ID カードがないと金融機関での口座が開けないのは，この捕捉を金融機関が作成する所得 Statement（支払い調書）が支えているからである。

各資本所得の納税者別の捕捉システムは，以下のように着実に整備されてきた。まず，1987 年に利子・配当が，1995 年に借入利子と諸ファンドの解約金，個人年金貯蓄，次いで 1997 年に株式や有価証券の売却額，1998 年に借金額が，さらに 2003 年にオプション，先物，住宅利用権価値について捕捉体制が整えられた。

以上の資本所得，借入利子などを納税者ごとに合算して納税者（投資家）と SKV に送付される。

⑸ まとめ

以上，所得税制における所得捕捉のシステムをまとめると以下のようになる。それぞれの矢印は，納税者番号を利用して納税者ごとの所得情報が捕捉・通知されることを示している。

① 被用者の課税勤労所得

勤労所得，社会保険料，通勤費，フリンジベネフィットなどについて，事業主から送付される。

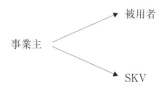

個人年金貯蓄控除については　金融機関が被用者と SKV に通知

② 年金など課税社会保障給付

③ 自営業者などの勤労所得

④ 資本所得

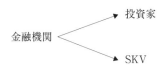

　被用者の勤労所得，社会保障受益者の課税社会保障所得，資本所得については，それぞれ第三者による所得捕捉が可能であること，これに対し，自営業者などの勤労所得は当事者同士のみであることが明らかである。

2　高福祉社会と納税者番号制度

　(1)　本項では高福祉，すなわち，社会保障支出に際し納税者番号制度が不可欠であることを，明らかにしよう。図表4を参照されたい。

　この表は，スウェーデンの一般政府支出（国，地方，社会保障基金からの支出純合計）を，政府支出の機能別に見たものである。

　この表によれば，一般政府純支出のうち，その68％を医療・教育・年金・福祉の合計が占めている。仮に，教育を除いた医療・年金・福祉のみでも54％にいたる。文字通り，同国の政府支出の中心は社会保障支出にある。教育を含めた場合の社会保障支出総額は1兆2100億SEK，すなわち，17兆5450億円になり，国民一人あたり約186万2500円となる。前述のように，スウェーデン国民は税を一人あたり239万3755円支払うが，そのうち，186万2500円，すなわち，税の約78％（＝186.25/239.38）は社会保障給付（サービスを含む）として個人に戻ってくるのである。巨大なTransfer（移転）国家である。

第 4 章　スウェーデンの納税者番号制度　123

図表 4　スウェーデンの一般政府支出の構成（2011 年）

政府支出	支出額 （10 億 SEK）	構成比（％）
一般行政	217	12
防衛	51	3
秩序・安全	51	3
経済・産業	150	9
環境保全	6	0
住宅・コミュニティ整備	15	1
医療	249	14
レクレーション・文化	41	2
教育	251	14
年金・福祉	710	40
総　　計	1739	100

（出所）Skatteverket（2013），p. 37，表 2.4 及び p. 38 表 .2. 5 より。

　(2)　さて，同国の社会保障給付は，個人の所得や資産との関連で分類すると，三つのグループからなる。第一は，給付額が保険料負担に対応しており，基本的に勤労所得の高い者ほど多くなるものである。第二には，逆に，給付を受けるのに，いわゆる資産調査（Means test）が求められ，一定水準以下の所得水準か資本所得水準でなければならないものである。第三に，児童手当など給付額が所得額と全く無関係に決まるもの，に分かれる。納税者番号制度による所得捕捉が必要とされるのは，第一と第二である。

　このうち第一のグループには，公的老齢年金の所得比例部分，疾病給付，親保険による親手当などがあげられ，スウェーデンの社会保障給付の中核部分をなす。給付が勤労所得にリンクしているので，勤労所得（税）を申告するインセンティヴが働くという利点もある。

　①　この部分のうち，以下では社会保障の中核である同国の公的老齢年金制度を紹介しよう。スウェーデンの公的老齢年金は，わが国のように職種に

よって分立した制度ではなく，すべての国民が単一制度に加入する。

図表5はこの給付構造を示す。公的年金の第一の部分は所得比例年金と呼ばれる。図のX以上の保険料（掛け金建て）を納めた者の年金給付額は，HF線の高さとなる。納税者番号制度によって勤労所得を捕捉し，それに基づいて16.5%を乗じた保険料をSKVが徴収し，そのデータを年金局に送付する。なお，自営業者などの保険料は事業収入に課される。集めた保険料にみなし利回りを加えた総額により年金額が決定されるので，図のように直線HFで示されている。

すなわち，現役時に拠出した保険料総額にみなし利回りを加えた額が，拠出者個人の年金原資とされ，それを平均余命で割って年金額が決定される。

なお，この所得比例方式には，別に保険料率2.5%の積み立て方式も存在する。積み立て方式も個人勘定に基づいて年金額が決定される。

納税者番号制度は，以上の保険料負担に見合った年金給付を支える重要な仕組みと言える。保険料そのものが勤労所得や事業収入によって決まり，年金額がその保険料額に比例するので，この勤労所得・事業収入の正しい捕捉がきわめて重要となるからである。

② 次に保険料がX未満の部分に注目しよう。この範囲の保険料で決まる年金給付はOHの高さで示されている。他方，GHの高さは国が定めた老後に必要な最低所得である。ところが，X未満の保険の保険料から決まる年金水準のみでは，この老後生活に最低必要な所得に満たない。そこでGH

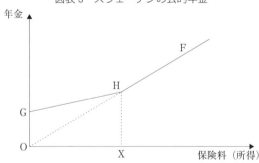

図表5　スウェーデンの公的年金

と OH の差額を税（国庫負担）で保障する措置が採られている。これが最低
保証年金制度である。

　この最低保障年金を受給するには 16 歳から 64 歳までに，3 年以上スウェ
ーデン国内に居住することが求められる。なお，国内居住者はすべて最低保
証年金の被保険者となる。さらに満額の最低保証年金の受給には，40 年以
上のスウェーデン国内居住が必要である。ただし，いわゆる所得調査・資産
調査は求められない。しかし，国内居住年数の確認が必要である。これは
PIN や住民登録情報に基づいて為される。

　しかし，ここで重要なことは，所得比例年金との差額が給付されることで
ある。したがって，X 以上の保険料を掛けた者と同様に，支払い保険料の
捕捉が，必要となることである。

　なお，所得比例年金の受給額は，保険料が，当該勤労所得に対して満額支
払われたとして支給される金額を基準とする。所得比例年金の未納による低
年金を補填する制度ではない[17]。

　ちなみに，所得比例給付年金は 2001 年から，最低保証年金は 2003 年から
実施されている。

　③　次に，社会保障給付に所得調査・資産調査が求められる制度を紹介し
よう。これに該当するのは，生計扶助（forsörjningsstöd）や高齢者生計扶助
（äldre forsörjningsstöd），高齢者住宅補助，子持ち家族への住宅補助，学生ロ
ーンの返還金，児童福祉サービスの料金負担などである。それぞれの仕組み
は異なるが，所得がある水準を超えると受給できないか，受給額の減少・料
金負担の増大となる。

　生計扶助は，最後のセイフティネットとしての公的扶助制度であり，わが
国の生活保護制度にほぼ該当する。高齢者生計扶助はこの制度から，老齢年
金のみでは生計を維持できない高齢者を取り出した所得保障制度である。こ
こでは①の公的年金制度とも関連するので，高齢者生計扶助を紹介しよう。

　その受給要件は第一に，65 歳に達した被保険者で，公的老齢年金制度を通
じては基礎的な生計を維持できない者である。具体的な受給者は移民など最

低保証年金の居住要件を満たさない者や，居住期間が短いために最低保証年金が低額である者，保険料不払いのため低年金・無年金となった自営業者などである。

　第二に，受給には所得調査・資産調査が求められる。本人はもとより既婚者については配偶者の調査も必要とされる。所得認定については給与所得と事業所得からは一定の控除が為され，資産についてはその15％のみが収入認定される。しかし被保険者が恒常的に居住している住居（持家または賃借権）は，収入認定の対象となる資産からは控除される。

　そして，高齢者生計扶助額＝正当とされる住宅費およびその他の生活費－被保険者の認定所得・資産，という算式で扶助額が決定される。

　ここで老齢年金受給額の査定，資産調査と所得調査のため納税者番号制度の活用が求められる。資産調査については，具体的には保有不動産と居住用不動産の価値，および金融資産価値であり，所得調査については，勤労所得（給与所得）および事業所得の捕捉のためである。

　④　最後に，第三のグループである，給付が所得や資産に全く依存しないものとして，児童手当を紹介しよう。同国における児童手当は，子供のいる家計に対する所得援助として位置付けられている。子供がいるということだけが給付の条件である。既に述べたように，子供が生まれると両親は3カ月以内に子の住民登録をしなければならない。これが認められるとただちに親，通常は母親の銀行口座に児童手当が振り込まれる。児童手当受給のために両親が特段の手続きをとる必要はない。スウェーデンにおける社会保障受給の迅速性・容易性を示す典型例である[18]。

3　以上，われわれは，スウェーデン財政における納税者番号制度の重要性を，同国の税制と社会保障制度に即して明らかにした。要約すれば，同国が所得情報に大きく依存する巨大な Transfer（移転）国家であること，そのために納税者・社会保障の受益者ごとの所得・資産の把握が重要な意義を持つということ，である。

V スウェーデンの納税・徴税の実態と納税者番号制度の役割

本節ではⅣを踏まえながら，納税者番号制度による所得捕捉システムが実際に果たしている役割と限界を，スウェーデンの納税・徴税システムの実態に注目して明らかにする。

1 簡単な所得税申告

スウェーデンでは税の申告は国民全体の義務である。前述のように，勤労所得税と資本所得税（利子・配当など）に源泉徴収制が存在し，さらに，資本所得は原則30％の一律分離課税であるが，申告納税が義務づけられている。つまり，わが国のような年末調整による納税関係終了や，源泉分離課税による納税関係終了の制度はない。毎年5月にSKVから各人の住民登録に登録した住所に納税申告書が送付されてくる。この送付は登録住所が当該本人のものであることを確認するという意義も持つ。申告書が送付される年の前年の所得に関し申告納税を求められる。

ここで注目されるのは，個人にSKVから送付されて来る申告書に，あらかじめ各所得の源泉税や，最終納税額などが記入（プリント）されていることである。

被用者を想定した場合の次の図を参照されたい。

被用者の勤労所得税については，事業主から各被用者とSKVに，彼・彼女の勤労所得・源泉税額・社会保険料などを記載した所得Statemantが送付される。これに加え，金融機関からは勤労所得税の控除対象である個人年

図表6　第三者からの所得 Statement（2013年）

タイプ*		数 （千件）	金額 （10億 SEK）
賃金・社会保障給付 （事業主・年金庁等より）	賃金など	8055	1432.3
	年金	9142	
小　計		17457	
資本所得 （金融機関より）	受取利子	5919	20.3
	支払い利子	14073	116.6
	株式等配当	14530	69.1
	株式等売却	3059	241.5
	個人年金貯蓄	2449	13.4
	賃借権売却	142	349.5
小　計		56451	
総　計		73908	

(注)　＊タイプの各項目は件数や金額の多いものだけを示した。小計や総計には
　　　省略した項目の数字が含まれている。
(出所)　Skatteverket（2013），p. 121 より。

金掛け金に加えて，資本純収益と源泉課税分などを記した Statement が各
個人と SKV に送付されている。

　図表6はこの第三者（事業主や社会保障機関）からの所得 Statement の主な
内訳を示している。

　これによれば，第三者による所得 Statement の総数は7390万8千であり，
そのうち，金融機関からの資本所得関係が5645万1千を占める。残り1745
万7千が，事業主および社会保障機関からの勤労所得・課税社会保障給付関
連のものである。これに対し自営業者などからは自身で所得 Statement が
SKV に送られる。

　SKV はこれらの Statement に基づいて，申告書にあらかじめ課税所得や
最終納税額などを記し，これを納税者に送付するわけである。各納税者は，
事業主や社会保障機関と金融機関から送付された Statement に基づき，申

告書のプリント部分を確認する。間違いがなければサインをして SKV に提出すれば申告は終了する。

　このシステムは Simple 申告と呼ばれ，1987 年に導入され現在に至っている。図表 7 は所得税申告者の総数とその構成を，勤労者・社会保障受益者グループと自営業者グループとにわけて，2004 年から 2012 年の査定年について明らかにしている。なお，2012 年に査定されるのは 2011 年の年間所得である。

　この表の「サイン」の欄がサインのみで申告を終えた納税者の数を示し，追加の欄は送られた申告書を一部修正・追加した納税者数を表す。2012 年の場合，申告者総数 753 万（総計欄参照）のうち，サインのみの納税者は 455 万 7 千（= 4384 + 173）人であり，総数に対し 60.5% を占める。

　勤労者・社会保障受益者グループのみでのその割合をみると 71.6% となる。他方，自営業者などにおけるサインのみでの割合は 12.8% に過ぎない。この割合の差は，自営業者の所得税制が勤労者の税制より複雑であること，

図表 7　所得税申告者数とその構成（2004-12 年）　　　　（千人）

査定年	勤労者・社会保障受益者			自営業者など			総　計
	サイン	追　加	小　計	サイン	追　加	小　計	
2004	3009	2781	5790	138	1126	1264	7110
2005	3227	2610	5837	130	1130	1259	7146
2006	3269	2611	5880	137	1146	1283	7212
2007	3334	2627	5961	129	1157	1287	7294
2008	3455	2583	6038	130	1167	1297	7386
2009	4308	1723	6032	224	1089	1313	7396
2010	4368	1630	5998	205	1120	1324	7368
2011	4371	1702	6073	173	1163	1336	7458
2012	4384	1742	6126	173	1179	1352	7530

（注）総計にごく少数の裁量的査定者が含まれている。
（出所）Skatteverket（2013），p. 120 より。

130

図表 8　申告は簡単と思うか？（2012 年）　　　　　　　　（%）

	全　体	民間被用者	自営業者など
簡単＋どちらかと言えば簡単	68	73	37
どちらとも言えない	16	16	30
簡単ではない	11	8	27
意見なし	5	3	6

（出所）Skatteverket（2012），p.233 より。

さらに資本所得の一部を除いて，第三者による Statement に基づかない申告であることによろう。

　勤労者を含めた「追加」の主な要因は，通勤費控除と株式・住宅関連のキャピタルゲイン・ロスにあるという。キャピタルゲインについては資産の購入額が所得 Statement の対象となっておらず，売却額のみがその対象となっていることが一因と思われる。

　以上の所得税申告制度について，国民はどう評価しているのであろうか？図表 8 は申告制度について SKV が約 2700 人に対して実施したアンケート結果を示す。

　回答者全体でみると，簡単とどちらかと言えば簡単が 68% を占める。国民全体では「簡単」と評価されているようだ。

　申告の簡単さは税制それ自体の簡素さにも依存するであろうが，申告が，被用者の大半にとって上記のサインのみで終了するシステムであることも，その評価に影響を与えていると思われる。その意味で納税者番号制度は被用者を中心にして，簡単な申告制度をもたらしていると言えよう。

2　申告制度における源泉課税・追加納税・還付

　それでは上記の個人所得税の申告制度において，源泉課税の比重はどれくらいであろうか？図表 9 がそれを納税者数と税額によって示す。なお，ここでの税額は勤労所得税・資本所得税のみならず不動産税（固定資産税ないしは不動産料金）を含む。

第 4 章　スウェーデンの納税者番号制度　131

図表 9　所得税申告による源泉課税の割合（2011 年）

		人　数 （千人）	税　額 （10 億 SEK）	割　合 （％）
A. 査定税全体		8005	559.5	100
（内）	雇用主・金融機関による源泉徴収	8315	534.7	96
	自営業による源泉徴収	333	24.4	4
	家事サービス控除の会社への前払い	1232	− 15.6	− 3
B. 納税者自身による追加納税・還付			15.9	3
（内）	100SEK 以下の追加納税・還付	790	0.0	0
	100SEK 超の追加納税	1935	60.6	11
	100SEK 超の還付	5280	− 44.7	− 8

（注）割合は税額の対査定税総額比
（出所）Skatteverket（2013），p.122，表 7.8 より。

　この表の A の内訳は SKV が査定した税額全体のうち，源泉徴収分を表す。雇用主（社会保障機関を含む）と金融機関グループと，自営業による源泉徴収税がプラスの税額で示されている。これに対して家事サービス控除の会社への前払いは，マイナスの値である。これは，前述の住宅修繕・改築サービス購入に対する税額控除制度による。SKV が税額控除分を業者に前払いし，サービス購入者（納税者）は料金から税額控除分を差し引いた額を支払うわけである。いわば，負の税（税額控除）に対する「源泉課税」である。

　次に表の B 欄は源泉課税分に対する変更，すなわち，納税者による追加納税と還付を示す。

　税額の規模でみると源泉課税分で殆ど決定されることがわかる。とりわけ，雇用主（社会保障機関を含む）と金融機関グループによる源泉税額が，査定税額全体の 96％ を占めていることが印象的である。

3　巨額税収の支え

　(1)　以上，個人所得税に注目してきた。次に税制全体に叙述の視野を広げ，そこでの納税者番号制度の役割を明らかにしよう。Skatteverket（2014a）は，

個人所得税をはじめとして，それ以外の法人税や消費税，個別消費税などを
情報レベル基準により8段階にランク付けている。

このランク表を租税情報 map と呼ぶ。ここで情報レベルとは，SKV が税
を査定・徴収するにあたり，利用可能な情報の確かさの程度を指す。最も確
かなのが8であり，最も不確かなのが1である。図表10を参照されたい。

上記の8と7は，納税者自身による情報の提供なしに，SKV が，当該税
の正しい課税ベースを認定するのに必要な情報を十分に持っていることを示
す。この評価を与えられる税については，申告書にあらかじめプリントでき
る第三者からの情報が十分存在する。これに対して，6から1の評価は，
SKV が正しい課税ベースを認定するのに必要な情報が不十分であることを
示す。それゆえ納税者自身から情報が提供されなければならない。このうち，
2から6の評価に該当する税については，SKV が納税者からの情報の合理
性をチェックできるかどうかに基づいて，ランク付けされている。

ここで注目すべきは，第一に，被用者所得税や資本所得税など，納税者番
号制を活用して徴税している典型的な税が6以上のランクに属していること，
第二に，消費税等間接税が5から3に評価されている点，第三に，自営業・

図表10　租税情報 map の8段階

	レベルの内容	主な税
8	課税ベースの確定に十分な情報。エラーのリスクなし。	不動産税
7	十分な情報であるが、エラーのリスクあり。	被用者所得税
6	課税ベースの一定部分の確定に利用可能な情報。	資本所得税
5	短期のチェックが可能で課税源泉に情報システムが存在。	消費税
4	短期のチェックが可能で Tax-Chain が存在。	消費税
3	短期のチェックが可能。	酒税・たばこ税
2	課税源泉に情報システムが存在。	自営業者の所得税・法人税
1	課税がもっぱら納税者の申告に基づいている。	自営業者の所得税・法人税

（出所）Skatteverket（2014a），p.25，表2より。

第4章　スウェーデンの納税者番号制度　133

法人企業関連の税が最低の1となっている点である。

(2)　情報レベル別の税収構成

　図表11は，以上の租税情報mapを，すべての税についてランク付けし，2011年に，どの情報レベルに属する税をどれだけ査定したかを示している。なお，社会保険料など名称が同じであっても，租税情報mapでのランクが複数になっていることに留意されたい。これは，たとえば，社会保険料では支払い義務者が大企業法人と自営業者とでは，ランクが異なるためである。

　さて，この表の右端，最後の2列に注目しよう。この2列は2011年に査定した税をランク別に合計したものである。表示の仕方にnetとgrossとがある。税によっては，税を得る部分と控除する部分とで情報マップのランクが異なるものがあり，netは控除を差し引いた純税額を表し，grossは控除によるマイナスの税収を絶対値で，すなわちプラスで表示している。

　いまグロス表示で見ると，査定税総額は15824億SEKである。このうち，9611億SEK（＝187+9424）の税を租税情報mapの8と7から得ている。実に全査定グロス税額の60.7%である。そのうち，エネルギー税と他の個別消費税を除いた9532SEK（＝9611-39-40）が，納税者番号制度の所得・資産捕捉によって集められた税である。

　すなわち，同国の納税者番号制度は全査定税収の60,2%（＝9532/15824）を，信頼できる第三者情報に基づいて査定しているのである。この意味で，納税者番号制度による捕捉システムは，スウェーデンの巨額税収の正確な査定を支えている有力なインフラと評価できよう。

(3)　情報レベルの平均（税額1SEKあたり）

　図表12は，2011年に査定された各税の平均（税額1SEKあたり）の情報レベルを示す。たとえば，社会保険料は一般企業の雇い主や被用者が支払うものと，自営業など個人業主が支払うものとでは情報レベルのランクが異なる。社会保険料の平均ランクを，それぞれの社会保険料査定額の構成比で按分して求めたランクである。

　図表の現行欄は現在の租税情報mapを前提にしたものである。平均は

134

図表11　相税情報 map と税収構成（2011年）

(10億 SEK)

情報レベル	被用者所得税	個人業主所得税	年金控除	社会保険料	資本所得税	資本所得税額控除	不動産税	法人税	消費税	エネルギー税	酒たばこ税	他の物品税	純合計	グロス合計
8							14.8			3.9			18.7	18.7
7	388.7		-2.2	498.5	18.2	-30.9						4	876.2	942.4
6					51.3	-7.4	12.7						56.6	71.4
5									60.8				60.8	60.8
4									210.6				210.6	210.6
3								10.2	1.3	72.5	23.2	2.7	92.4	104.4
2		1.7		3.4				92.5	6				16.6	16.6
1	-3.3	7.3	-0.1	41.9	15.1	-39.6							158.2	167.5
純合計	385.4	8.9	-2.3	543.8	84.6	-39.6	27.5	102.8	278.7	76.4	23.2	6.7	1490.1	
グロス合計	392	8.9	2.3	543.8	84.6	39.6	27.5	102.8	278.7	76.4	23.2	6.7		1592.4

（出所）Skatteverket（2014a），p.29，表 4 より。

第4章　スウェーデンの納税者番号制度　135

図表12　情報レベルの平均

（税額 1 SEK あたり）

税　目	現　行	雇用主よりの情報欠如
不動産税	7.08	7.08
被用者勤労所得税	6.95	1.00
個人年金控除	6.78	6.78
資本控除	6.62	6.62
社会保険料	6.51	1.01
他の物品税	5.39	5.39
資本所得税	5.32	5.32
消費税	4.14	4.14
エネルギー税	3.25	3.25
酒・たばこ税	3.00	3.00
物品税払い戻し	3.00	3.00
事業所得税	1.19	1.19
法人税	1.10	1.10
全税（平均）	5.55	2.21

（出所）Skatteverket（2014a），p.32，表7より。

5.55というランクを示している。税目別でみると不動産税，被用者勤労所得税が高い。他方，消費税など間接税が平均以下であり，とりわけ，事業所得税および法人税が低い。

　次に，図表12の「雇用主よりの情報欠如」の欄を参照されたい。この欄は，仮に，企業の雇用主からの被用者についての所得情報がないケースを想定したものである。この場合の全税の平均情報レベルは2.21と大きく低下する。税収の中心である被用者勤労所得税や社会保険料のランクが1になるからである。

　納税者番号制度に基づく所得の捕捉システム，とりわけ被用者所得の捕捉システムは，巨額税収を正確に査定・調達する中心的な役割を果たしているのである。

4 SKV による Tax チェック

しかし，SKV は送付された所得情報を鵜呑みにして，税額を確定しているのではない。所得情報や申告書そのものに誤りがないかをチェックし，さらに必要に応じて税務調査を行い，不正確な申告などに対して追徴税を課すこともある。

以下では，これらの SKV による Tax チェック（原語は Skattekontroll）の実態を紹介しよう。

⑴ 図表 13 は，一旦提出した申告内容を SKV の指摘に基づいて変更した申告書数の推移と，2010 年における変更申告書の全申告書に対する割合（同割合欄参照）を示す。

この表で，所得税は個人所得税だけでなく法人税を含んでいる。所得税再調査は査定期間終了の後に決定されたものを指す。なお，変更理由には単純な計算ミスや修正などもある。所得税年間査定の変更分は全所得税申告書のうち，3.2% である。物品税を除けば，申告書の変更割合は小さいと言えよう。

所得税申告のうち，年間査定の変更分だけを取り出し，申告主体別に見たのが図表 14 である。最下欄に示した年間査定の変更分合計の対申告書割合の年次推移によれば，2.5% から 3.6% の間であり，ほぼ低下傾向にある。

図表 13　変更申告書数と全申告書に対する割合　　（千件）

	08 年	09 年	10 年	同割合
所得税年間査定	286	198	254	3.2%
所得税再調査	69	66	79	1.0%
消費税	68	51	42	1.2%
社会保険料（雇用主分）	102	59	61	1.4%
源泉課税	30	25	25	1.0%
物品税	8	8	7	17.5%
合　計	563	407	468	2.6%

（出所）Skatteverket (2011), p. 238, 11-2 表より。

第4章　スウェーデンの納税者番号制度　137

図表 14　所得税年間査定変更数と対申告書割合　　　（千件）

	05 年	06 年	07 年	08 年	09 年	10 年	10 年の割合
個　　人	258	257	263	247	184	219	3.0%
有限会社等	16	17	17	11	11	11	2.8%
非営利組織	3	4	3	3	2	2	2.0%
パートナーシップ	0	0	0	0	0	0	0.0%
合　　計	277	278	283	261	197	232	
対申告書割合（%）	3.6	3.6	3.6	3.3	2.5	2.9	2.9%

（出所）Skatteverket（2011），p.239，11-3 表より。

また，「10 年の割合」欄は，申告主体別に変更分が当該申告主体の申告書総数に占める割合を，2010 年について明らかにしている。それによると申告主体別には個人が 3% で一番大きい。しかし，パートナーシップを除けば申告主体別の差は小さい。総じて年間査定の変更割合は低い値で推移していると言えよう。

　⑵　次に税務調査，特に企業に対する税務調査（tax field audit）について紹介しよう。この税務調査は，第三者によって明らかにされた情報以外の情報を得ることが目的である。図表 15 は，税務調査数の推移を対象企業規模別に明らかにしている。税務調査の中心対象は，いずれの年も中小企業であることが明確である。たとえば，表の「同シェア」欄によれば，2010 年における税務調査対象企業の 94.3% が中小企業である。

　さらに図表 16 は，上記の税務調査によって変化した税債務額（負担すべき

図表 15　税務調査数の推移　　　（件）

	06 年	07 年	08 年	09 年	10 年	同シェア
大　企　業	466	445	354	322	265	5.7%
中小企業	6121	6132	6783	4930	4374	94.3%
合　　計	6587	6577	7137	5262	4639	100%

（出所）Skatteverket（2011），p.242，表 11-6 より。

図表 16　税務調査による税債務の変化　　（百万 SEK）

	06 年	07 年	08 年	09 年	10 年	同シェア
所得税	5267	8641	3679	2404	1915	51%
消費税	703	1652	1394	956	908	24%
社会保険料	645	774	689	626	526	14%
源泉税	134	219	178	136	119	3%
物品税	103	227	130	238	262	7%
合　計	6852	11513	6070	4360	3730	100%

（出所）Skatteverket（2011），p. 242，表 11-8 より。

税額の変化額）を，税目別に明らかにしている。この表の「同シェア」欄は 2010 年における各税の変化額が，全体の変化額に占める割合を表している。それによると，所得税（法人税を含む）が 19 億 1500 万 SEK で，最大の 51% を占めている。また，所得税が最大シェアを占めるのは，2006 年以降傾向的であることが明らかである。

　(3)　次に追徴税の実態について述べたい。追徴税は，誤った情報を提供することなどによる租税回避行動に対して課される行政的制裁である。これは犯罪に対する罰則ではない。追徴税は，国の税収を増やすことではなく，情報送付に納税者がより注意深くなることを目指すという[19]。

　追徴税率は査定された税に対して，所得税が 40%，消費税・社会保険料・源泉課税が 20% を基本とする。所得税で，誤った情報に基づいて課税ベースを算出した場合などが 40% の追徴税率で，期間分割に関する誤った情報に基づく場合が 10% の税率が課される。なお，所得税以外の税は，一般に，所得税と同様のケースの場合，所得税の追徴税率の 1/2 が適用される。所得税に対しより厳しい態度で臨んでいるわけである。

　図表 17 は税目別にみた追徴税の決定件数の推移と，2010 年における構成比を明らかにしている。

　この表の合計欄から，決定件数は 2000 年以降，減少傾向にあることが明確である。所得税の場合，8 万 3 千件から 3 万 5 千件に減少した。また同シ

第4章　スウェーデンの納税者番号制度　139

図表 17　追徴税の決定件数と 2010 年の構成比　　　　（千件）

税　　目	00 年	06 年	07 年	08 年	09 年	10 年	同シェア
所得税	83	43	43	40	34	35	23%
消費税	95	69	67	54	55	48	31%
社会保険料	60	43	43	48	46	40	26%
源泉税	50	32	31	33	32	30	19%
物品税	2	1	1	1	1	1	1%
合　　計	290	189	185	176	168	154	100%

（出所）Skatteverket（2011），p. 247，表 11-11 より抽出。

ェア欄は 2010 年について，各税の追徴税決定件数を税全体の追徴件数で割ったものである。消費税が最大で 31%，次いで社会保険料が 26%，所得税が 23% となっている。ちなみに，2010 年の所得税の追徴税件数は個人所得税申告総数，736 万 8 千[20]に対して 0.47% である。

　次いで図表 18 は税目別にみた追徴税額の推移と，2010 年における構成比を明らかにしている。

　この表によると，2010 年の追徴税総額は 11 億 2200 万 SEK である。2000 年以降，概ね減少傾向にある。2010 年の税目別シェア＝各税目の追徴税額／全税の追徴税額は，所得税が 52% と最高である。図表 17 の決定件数の場合，所得税は全決定件数の 23% であったのと対照的である。これは所得税

図表 18　追徴税額と 2010 年の構成比　　　　（百万 SEK）

税　　目	00 年	05 年	06 年	07 年	08 年	09 年	10 年	同シェア
所得税	871	629	1921	805	346	500	581	52%
消費税	272	256	276	315	436	327	298	27%
社会保険料	88	148	161	171	153	172	140	12%
源泉税	52	69	67	72	73	67	63	6%
物品税	21	16	21	25	38	52	40	4%
合　　計	1303	1119	2448	1338	1046	1118	1122	100%

（出所）Skatteverket（2011），p. 248，表 11-12 より。

の1件あたり平均追徴税額が他の税，とくに消費税・社会保険料・源泉税より高いことによる。たとえば，2010年の場合，平均追徴税額は所得税16600 SEK，消費税6208 SEK，社会保険料3500 SEK，源泉税2100 SEK である[21]。なお，図表18の2006年における所得税の追徴税額が他の年に比べて異常に多額である。図表17の2006年の所得税件数は異常に増えていない。これは2006年のごく少数の件に巨額の追徴税が課されたことによる。

(4) この項の最後に，遅延負担金（Forseningavgifter）を説明する。これは，税の申告や源泉課税を定められた時期に行わせるための行政的制裁の一種である。

所得税の申告は個人について申告期限（5/31）より遅延すると千SEK，法人については5千SEKの遅延負担金が課される。さらに期限より3カ月以上遅延すると個人は2千SEK，法人などは1万SEK，そして期限より5カ月以上遅延すると個人は3千SEK，法人などは1万5千SEKとなる。

源泉課税や企業の社会保険料については毎月納めることが求められ，さらに消費税は毎月あるいは3か月ごとに納めることが求められているが，その遅延負担金は，5百SEK，そしてある状況では千SEKとなる場合もある。

図表19は遅延負担金の決定件数を示す。所得税の件数については，その低下傾向が明らかである。なお，2010年の決定件数は個人所得税申告総数

図表19　遅延負担金の決定件数　　　　　　　　　　（千件）

	02年	06年	07年	08年	09年	10年
所得税申告	84	69	71	66	60	61
不動産税申告	1	2	0	0	0	0
月単位税申告*	156	132	182	182	188	149
3カ月単位消費税申告	不明	4	10	10	8	1
物品税	2	2	3	3	3	3
合　計	242	210	266	261	259	214

(注) ＊月単位の税とは企業が1ヶ月ごとに申告する消費税や所得税等からなる。
(出所) Skatteverket (2011), p.250, 表11-16 より。

736 万 8 千の約 0.82% である[22]。

(5) 以上の Tax チェックの実態について，注目すべき点をまとめよう。

第一に，所得税申告の変更数や追徴税件数は，低い割合で推移している。しかし，第二に，所得税申告による税債務変更額が全変更額に占めるシェア（51%）や，所得税の追徴税額が全追徴税額に占めるシェア（52%）の高いことが注目される。これは，各表の所得税に法人税など事業所得税が含まれていることや，以下で述べるブラック労働など租税回避行動と関連があるかもしれない。

5 Tax Gap

(1) 以上，現行の納税者番号制度下の所得捕捉システムによる税の査定メカニズムの役割を，SKV が査定した税全体を視野に入れて明らかにし，あわせて SKV による Tax チェックの実態を紹介した。しかし以上は，あくまで現実に徴収された税の分析であって，集められるべき税との関連は明らかにされていない。

そこで，本項では，いわゆる Tax Gap の現状を明らかにし，それと納税者番号制度における所得捕捉システムとの関わりを吟味したい。

ここで Tax Gap とは，

Tax Gap ＝理論的税額－実際の徴収税額（Tax チェックによる追加税を含む）

と定義される。

右辺の理論的税額とは，仮にすべての納税者がその行為と取引を正しく報告した場合に査定できる税額である，と定義される[23]。

なお，理論的税額とは，あくまで現行税制を前提としていることに留意されたい。現行税制のもとでの納税者の行為・取引に関する情報が正しく SKV に伝えられた場合の税額である

ここで問題なのは理論的税額の推計方法であり，現状で理論的に確定した普遍的な方法があるわけではない。一般には，マクロ的方法とインタビュー調査，税務調査などのミクロ的方法が用いられる。前者は，たとえば，国民

経済計算を使用して消費税のありうべき理論的税額を推計する。SKV の場合，マクロ的方法とミクロ的方法の両方を使用している。

(2) さて，SKV（2014a）は 2005 年のデータに基づいて，この Tax Gap を分析している[24]。図表 20 を参照されたい。2005 年に生じた所得等に対する理論的税額が国民経済計算などを用いて，1 万 4 千 500 億 SEK と推計された。次に，これらの所得などに対して期間までに SKV によって査定された税額は 1 万 3 千億 SEK であった。これにその後の SKV の Tax チェックによって税額が 220 億 SEK 追加された。

したがって，この年の Tax Gap は，1450 −（1300 ＋ 22）＝ 133，すなわち 1330 億 SEK，と推計される[25]。この Tax Gap は GNP の 5% であり，実際の徴収税額の約 10% を占める。

ここであらかじめ，以下の叙述で登場する納税者と税目との関係について，2005 年（所得年）の査定税額に即して示しておこう。図表 21 を参照されたい。

図表 21 の右端の合計欄が示すように，査定税総額 1302（10 億 SEK）の中心は勤労所得税・社会保険料・消費税である。この 3 つのうち，納税者番号制度が直接対象とするのは勤労所得税と社会保険料である。前者の納税者が個人で，後者は企業（雇い主）である[26]。なお事業所得税についても納税者番号制度が関連するが，これには同制度が直接対象としない法人税も含まれていることに注意すべきである。なお，税額は少ないが資本所得税も納税者番号制度が直接対象とする。

図表 20　Tax Gap 総額の算出（2005 所得年）

(10 億 SEK)

査定税額 1300	追加 22	Tax Gap 133

理論的税額 1450

（出所）Skatteverket（2011），p. 232，図 10-10 の数字をもとに，筆者作成。

第 4 章　スウェーデンの納税者番号制度　143

図表 21　納税者と税目の関係（2005 年　査定税）　　　（10 億 SEK）

税・納税者	個　人	ミクロ企業	中小企業	大企業	公共部門等	合　計
勤労所得税	443	0	0	0	0	443
資本所得税	17	0	0	0	0	17
事業所得税	0	17	23	53	3	97
社会保険料	0	26	97	137	121	382
消費税	0	39	127	75	9	251
個別消費税	0	0.7	19	66	0.7	86
他の税	17	0.9	2	4	3	26
合　計	478	84	268	335	137	1302

（注）四捨五入による誤差がある。
（出所）Skatteverket（2008），p. 68 表 18 による。

　次に図表 21 の最下欄をみると，納税主体別にみると，その中心は個人と大企業であることがわかる。その合計は 813（＝478＋335）になり全査定税 1302 の 62.4% を占める。結局，個人の勤労所得税と大企業による社会保険料が税の中核である。

⑶　次に，Tax Gap 1330 億 SEK の構成について明らかにしよう。

図表 22　納税者別 Tax Gap（2005 年）

納税者	Tax Gap（10 億 SEK）	数（千件）	対全 TG 比率	対査定税比率
個　人	22	9800	17%	5%
ミクロ企業	52	640	38%	62%
中小企業	26	65	19%	10%
大企業	25	15	19%	7%
公共部門等	2	150	2%	1%
その他	6	不明	5%	不明
合　計	133		100%	

（出所）Skatteverket（2011），p. 233，図 10-11，図 10-12 の数字をもとに，筆者作成。

① まず，図表 22 を参照されたい。これは Tax Gap を納税者別に示している。納税者は個人と企業・組織に分けられる。ここで，個人の数が 980 万件とスウェーデンの人口 942 万人を上回っているのは，外国に住んで，たとえばスウェーデンの勤労所得税・資本所得税・不動産税など，スウェーデンの税支払い義務のある者を含んでいるからである。

さらに，企業は基本的には賃金総額によって区分されている。ミクロ企業とは賃金総額が 100 万 SEK 未満，中小企業は賃金総額が 100 万 SEK から 5 千万 SEK まで，大企業は 5 千万超である。

Tax Gap の絶対額ではミクロ企業が 520 億 SEK で，Tax Gap 総額に対して 38%（対全 TG 比率欄を参照）を占める。また，その査定税に対する比率でも 62% に及ぶ。納税者別にみると Tax Gap の主因はミクロ企業である。

② さらに，図表 23 は，納税者別 Tax Gap の内訳を，活動別・取引別に示したものである。ミクロ企業の 520 億 SEK のうち，ブラック労働によるものが 430 億 SEK に及ぶ。この 430 億 SEK は，ブラック労働による Tax Gap 総額 650 億 SEK の 66%（＝430/650）を占める。

個人・中小企業・大企業の Tax Gap は国際的 Tax Gap が中心である。外国居住者や企業活動・貯蓄行動の国際的展開がその要因として考えられる。

図表 23　納税者別 Tax Gap の活動別構成（2005 年）（10 億 SEK）

納税者	Tax Gap	国際 TG	ブラック労働	その他国内 TG
個　人	22	10	9	3
ミクロ企業	52	7	43	2
中小企業	26	14	5	7
大企業	25	15	2	8
公共部門等	2	<1	1	<1
その他	6	不明	6	不明
合　計	133	46	65	21

（出所）Skatteverket（2011），p.233，図 10-11，図 10-12 の数字をもとに，筆者作成。

なお，ミクロ企業によるブラック労働については，納税者番号制度にとっても重要な問題なので後に説明を加える。

③　ついで，各税目と Tax Gap の関連を明らかにしよう。

図表24で，事業所得税は法人税と小規模事業の所得税の双方を含む。Tax Gap 総額でみると，消費税・事業所得税・社会保険料が多額であり，総 Tax Gap に占める割合はどれも20％を超える。これに対して，被用者所得税および資本所得税は，低い額に留まっている。

他方，査定税に対する比率は，資本所得税と事業所得税が65％，33％と高い。対査定税比率の平均は10％であり，社会保険料・被用者所得税は8％，5％と平均値より低い値である。

④　そこで税目別に主な Tax Gap の原因（活動）を明らかにしよう。特に納税者番号制度の関わる税目に叙述の力点をおく。

ⅰ）図表25は主な税目の Tax Gap の金額を原因別に示している。

第一に，この表のうち，ブラック労働に注目し，それとミクロ企業との関係を検討しよう。たとえば，ミクロ企業に雇われている A が追加的に10万SEK だけのブラック労働をしたとしよう[27]。スウェーデンの現実を考慮して所得税率を30％，消費税率を25％とする。この10万 SEK の給料は A

図表24　税目別 Tax Gap（2005年）　　　　（10億 SEK）

	Tax Gap	対 TG 比率	査定税	対査定税比率
消費税	35	26％	250	14％
事業所得税	32	24％	97	33％
社会保険料	30	23％	381	8％
被用者所得税	20	15％	443	5％
資本所得税	11	8％	17	65％
個別消費税	4	3％	87	5％
他の税	1	1％	27	4％
合計・平均	133	100％	1302	10％

（出所）Skatteverket（2011），p.234，表10.3 より。

図表 25　Tax Gap の税目別原因（2005 年）　　（10 億 SEK）

	Tax Gap	国際的	ブラック労働	国内その他
消費税	35.3	11.8	17.1	6.4
事業所得税	31.9	19.3	3.7	8.8
社会保険料	30.2	2.0	28.2	0
被用者所得税	20.4	2.5	16.5	1.5
資本所得税	10.9	8.3	0	2.6
合　計	133	46	65	21

（注）合計には物品税やその他の税による Tax Gap を含む。
（出所）Skatteverket（2008），pp. 70-72 より。

に支払われるが，申告されない。そこで被用者所得税の Tax Gap が 0.3×
10 万 SEK だけ生じる。同時に社会保険料も 0.3×10 万 SEK だけ生じる。
さらに，この企業が 10 万 SEK の追加賃金を回収すべく商品販売を増加す
るので，0.25×10 万 SEK だけの Tax Gap が生じる。したがって，上記の
表のように消費税・社会保険料・被用者所得税の Tax Gap の欄にブラック
労働が登場し，それらが多額の Tax Gap となることと，図表 23 のブラック
労働による Tax Gap の中心がミクロ企業であることが両立するのである。

　問題は追加のブラック労働やそれによる収入の増加分が，ミクロ企業特に
自営業・パートナーシップにおいて観察困難なところにある。事業収入の観
察の困難さが，他の税の Tax Gap の発生につながるところが重要である。
なお，ミクロ企業のブラック労働による Tax Gap の 430 億 SEK のうち，自
営業・パートナーシップでのブラック労働による Tax Gap が 231 億 SEK を
占める[28]。

ⅱ）第二に，資本所得税に注目しよう。

　図表 26 は資本所得税の Tax Gap の構成を示す。

　図表から明らかなように，資本所得税の場合，Tax Gap の大半は国際取
引から生じている。スウェーデン居住者が他国に貯蓄をした場合，その収益
税が正確に捉えられていない部分が最大項目となっている。納税者番号制度

第 4 章　スウェーデンの納税者番号制度　147

図表 26　資本所得税の Tax Gap（2005 年）（10 億 SEK）

A. 国際取引		8.3
（内）	外国貯蓄収益税	7.5
	印紙税	0.5
	外国不動産の売却	0.1
	その他	0.2
B. 国内その他		2.6
（内）	株式キャピタルゲイン	0.7
	不動産キャピタルゲイン	0.7
	パートナーシップの配当・キャピタルゲイン等	1.2
合　計		10.9

（出所）Skatteverket（2008），p.70 より。

によって金融機関から膨大な所得情報が SKV に送られるが，それは主とし
て国内貯蓄に関する情報であるからだ。スウェーデンに納税者番号制度があ
っても，外国税務当局との情報交換などが求められる所以である。

　なお，注意を要するのは国内的取引において，キャピタルゲインが主因と
なっていることである。キャピタルゲイン税の Tax Gap に関して Skatte-
verket（2014a）が強調しているのは，金融機関からの所得情報が売却額であ
って，購入額を含んでおらず，購入額が投資家の自己申告に委ねられている
点である。証券関連は大半事実上購入額を含んでいるが，不動産の場合はそ
うでないという[29]。ちなみに，年度によって異なるがスウェーデンの場合，
概ねキャピタルゲイン全体の半分以上は不動産関連である[30]。

6　Tax Gap 削減の試み

　(1)　上記の Tax Gap を減らす試みについて紹介しよう。まず，SKV によ
る Tax チェックについて紹介する[31]。

　①　SKV は，Tax チェックが Tax Gap を減少させる上で重要な意義を持
つと主張する。確かにチェックによる実際の税収増加は，図表 17 から 220

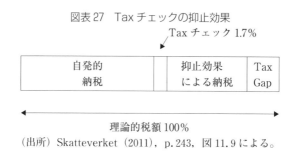

(出所) Skatteverket (2011), p.243, 図11.9による。

億SEKで, 2005年の査定税額1兆3000億SEKの1.7%に過ぎない。この比率は傾向的に1%から2%の間を推移している。

しかし, Taxチェックの効果はこれに留まらない。それは租税回避抑止効果を持ち, 納税協力を促進するという。そのことにより, 自発的な納税協力から得られる税額とTaxチェックによる税収増加額の合計に, さらに租税回避抑止効果による税収が加わるわけである。このルートにより査定税額の増加がもたらされる。この点を示したのが図表27である。この図における自発的納税と抑止効果による納税を加えたのが査定税額であり, Taxチェックは後者による納税をもたらすと考えられている。図のTaxチェック1.7%は, Taxチェックの直接的な効果のみを示しそれが査定税額の1.7%であることを表している。

② そこでSKVによるTaxチェックの租税回避抑止効果の典型例を紹介しよう。特にブラック労働に注目する。2007年1月にPersonalliggareという法律が制定された。同法は, SKVが, レストラン・床屋のブラック労働を予告なしにチェックすることを認め, 違法があった場合, 検査料として1万SEKを徴収できることを認めたものである。

ここで, あらかじめ, レストランと床屋という特定の業種が選別されていることが重要である。これは既にSKVが, レストラン・床屋におけるブラック労働が他の業種に比べて多いということを, 税務調査等によって掴んでいたからである。すなわち, SKVが25業種について, 申告所得 (いわゆるWhite Income) に占めるブラック労働による勤労所得の割合を推定し, この

割合に応じて 15% を超える業種，5% から 15% の業種，5% 未満の業種に分類したところ，レストラン・床屋の場合，15% を超え最もこの比率の高い業種に属していたという[32]。

このような背景のもとで，2007 年 1 月に Personalliggare が制定されたわけである。興味深いのは 2006 年から 07 年にかけて，SKV に報告された勤労者の数が増加し，特にレストランでの増加数が，他の非法人小規模企業での増加数を上回ったことである。いわゆるホワイト労働が増加したわけである。SKV の主張する Tax チェックによる租税回避抑止効果の例である。

③　SKV は，Tax Check による租税回避抑止効果の大きさを規定する要因として第一に，不正申告をすると SKV が発見すると納税者が思うこと，第二に，発見されると深刻な結果を招くと考えていること，を挙げている。

ちなみに市民の 42% は，第一点の「不正申告をすると SKV が発見する」と思っており，16% が「どちらかと言えば発見する」と思い，そう思わない市民は 7% で，どちらとも思わない者は 10% であった[33]。

⑵　SKV の Tax チェックの他に，Tax Gap 削減策として租税政策も活用されている。その例が，前述した住宅維持・改善サービス購入税額控除の導入である。この制度の目的の一つはブラック労働対策である。たとえば，住宅の修繕に大工をブラック労働として雇えば，ホワイト労働の場合より支払い賃金を課税分だけ低くできる。これを防ぐために，家の修理などサービスを購入した場合，その労働費用の 1/2 を年間 5 万 SEK まで税額控除する制度を導入した。税額控除を受けるには，大工を雇っている業者と契約することが必要である。前述のように税額控除分を SKV が業者に支払い，その残余を大工サービス購入者が支払う仕組みである。

もちろんこの政策はブラック労働対策だけでなく，スウェーデンにおける一連の労働供給増大政策の一環でもある[34]。

VI 結びに代えて

　以上の本節の検討を要約し，あわせてわが国への含意を述べて，本章の結びに代える。

1　第一に，スウェーデンの納税者番号制度は，税務当局が巨額の税収を，信頼できる情報に基づいて得ることを可能にしている。全査定グロス税額の60.7% を租税情報 map の8と7に属する税から得ている。その中核は被用者の勤労所得税と社会保険料（事業主負担）である。この納税者番号制度の役割は巨大な所得移転国家にとって極めて重要である。

　以上の役割は，同国が所得税中心の国で，特に勤労所得税を基幹税としているからでもある。この点は，勤労所得税の長所の一つ，すなわち税務執行面での同税の長所をも示している。わが国でのあるべき基幹税の選択において，勤労所得税や消費税等の税務執行面における特徴をも考慮することが求められる。

2　第二に，第一点の役割を支えているのが，大企業を中心とする源泉徴収制度である。Shaw, J., Slemrod, J., and J. Whiting（2010）が主張するように，大企業による源泉徴収制度は，税務当局に税の徴収にあたって「規模の経済」という利益を与えている[35]。

　さらに SKV による Simple な申告制度も，レベルの高い納税協力を達成するために必要な制度である。同制度についてはわが国での導入も図るべきである。

3　第三に，しかし，スウェーデンの納税者番号制度にも限界が存在する。同制度は，事業者所得税，法人税，消費税など，企業を納税義務者とする税に十分対応できない。とくにミクロ企業でのブラック労働が問題である[36]。

　さらに，納税者番号制度に本来的に期待されている資本所得の捕捉にも限界がある。とりわけ国際取引による租税回避対策が重要である。

4　第四に，納税者番号制度の限界に対して，SKV によってミクロ企業に

対して徹底した税務調査が為されていることにも注目すべきであり，わが国でも学ぶべきであろう。特に，ミクロ企業での税務調査の積み重ねによりtarget 業種を抽出し，その業種への税務調査を強化できる法律を定めたことは印象的である。さらに，同国の税額控除制度によるブラック労働軽減策の採用なども興味深い。

＊金子宏先生を主査とする研究会では，金子先生をはじめ委員の方々から有益なコメントを頂戴した。また，高崎経済大学の秋朝礼恵先生からは，スウェーデンの住民登録に関して重要な情報を教えて頂いた。これらの方々に心からお礼申し上げる。申すまでもなく，本章に残存する誤りは，筆者に帰せられるべきものである。

なお，本章は 2014 年度早稲田大学特別研究期間制度による研究成果の一部である。

注(1)　スウェーデンの納税者番号制度については，高山（2008），高山（2010），湯元（2011）など，すでに優れた業績がある。いずれもその利便性については，詳細に紹介されているので，本章では，以下で述べる財政学的観点に基づく叙述に力点をおく。

(2)　以下の PIN の説明は Skatteverket（2014c）による。

(3)　以下の ID カードの説明は Skatteverket（2014d）による。

(4)　ただし，e-ID は ID カード以外でも得られる。むしろ，銀行のカードなどでの取得が主である。

(5)　以下の，コーディネーション番号の説明は Skatteverket（2014c）による。

(6)　以下の説明は，www.skatteverket.se/omoss/omskatteverket による。

(7)　以下は Swedish Ministry of Justice（2006）による。

(8)　Swedish Ministry of Justice（2006），p.7。

(9)　Swedish Ministry of Justice（2006），p.7。

(10)　www.statensppersonadressregister.se による。

(11)　Regeringens Proposition（2000/01:33），p.239 より。

(12)　www.statensppersonadressregister.se による。

(13)　なお，2012 年より信用調査会社（債務者の経済状態を調査し債権者にそれを知らせる会社）が，インターネットへ個人の所得情報を表示することは，個人情報保護の観点から禁止されることとなった。www.skatteverket.se/ 参照。

(14)　以下の複数利用の数字については Ludvugsson, J, F. et（2009）による。

(15)　Statens Offentliga Utredningar（2008）も以上の問題点を指摘している。

(16)　また，高山（2008）の SKV に対するインタビュー調査によれば，別人による PIN の流用や，他人になりすまして転居通知をしたり，郵便物の盗み見などがあるという。秋朝（2015）にも，「PIN のなりすまし」が指摘されている。

(17)　この指摘は中野（2012）に負っている。

(18)　なお所得依存型の給付，たとえば，疾病手当などもインターネットを利用すれば，容易に申請できる。湯元（2011）を参照。

(19)　Skatteverket（2011），p. 248 より。

(20)　図表 7 の 2010 年の欄を参照。

(21)　Skatteverket（2011），p. 248，表 11-13 より。

(22)　注（20）を参照。

(23)　Skatteverket（2014a），p. 19 より。

(24)　Skatteverket（2014a）の狙いは，2007 年の Tax Gap の測定を吟味し，2007 年に比べての 2012 年での Tax Gap の変化を推定することである。

(25)　四捨五入による誤差がある。

(26)　厳密には，前者の勤労所得税に本人負担分 7% の年金保険料が含まれている。

(27)　Skatteverket（2008），p. 63 の例を簡略化して示した。

(28)　Skatteverket（2008），p. 61 より。

(29)　Skatteverket（2014a），p. 66 より。

(30)　なお，Skatteverket（2011），p. 229 は，資本所得の国内的要因による Tax Gap は，最近における金融機関による所得 Statement の充実により，少なくなっていると指摘している。

(31)　以下の紹介は Skatteverket（2011），pp. 243-235 による。

(32)　Skatteverket（2011），p. 224 による数字である。

(33)　Skatteverket（2012），p. 309 より。

第 4 章　スウェーデンの納税者番号制度　153

(34)　Ⅳで述べた勤労税額控除，本人年金保険料税額控除などの政策を指す。と
もに，低所得勤労者の限界税率引き下げによる，労働供給の増大を中心目標
としている。

(35)　Shaw, J., Slemrod, J., and J. Whiting（2010），p. 1123 による。

(36)　SKV の厳しい税務調査にも関わらず，同国でもなお「クロヨン問題」は
存在するというのが，スウェーデンにおける研究者の支配的見解である。た
とえば，Engströn P and B. Holmlund（2009）を参照。

参考文献

Engströn P., and B. Holmlund（2009）"Tax Evasion and Self-Employment in a
High-Tax Country: Evidence from Sweden" *Applied Economics*, vol. 41, pp.
2419-2430.

Grönlund, Åke（2010）"Electronic Identity Management in Sweden: Governance
of a Market Approach", *Identity in the Information Society*, NO. 3, pp. 195-
211.

Justitiedepartnmentet（2009）Förordning om Identitietskort for Folkbokförda i
Sverige, *SFS（2009: 284）*.

Ludvugsson J, F., Otterblad-Olauson P., Petersson B. U., and A. Ekbom（2009）
"The Swedish Personal Identity Number: Possibilities and Pitfall in Healthcare
and Medical Research", *Eur of Epidmiol 24*, pp. 659-667.

Shaw, J., Slemrod, J., and J. Whiting（2010）"Administration and Compliance",
Dimensions of Tax Design, The Mirrlees Review, Chaired by Sir James Mir-
rlees, Oxford University Press, pp. 1100-1162.

Skatteverket（2008）Skattefelskarta för Sverige, *Rapport 2008: 1*

Skatteverket（2011）*Skattestatistisk Årsbok 2011.*

Skatteverket（2012）Medborgarnas Synpunkter på Skattesystemet Skattefusket
och Skatteverkets Kontroll, *SKV Rapport 2012: 1.*

Skatteverket（2013）*Skattestatistisk Årsbok 2013.*

Skatteverket（2014a）The Development of the Tax Gap in Sweden 2007-2012,
Report 08/01/2014.

Skatteverket（2014b）Skattekontobroschyren, *SKV 408.*

Skatteverket（2014c）Folkbokföring i Sverige, *SKV 717.*

Skatteverket（2014d）Identiteskort for Folkbokförda i Sverige, *SKV 720.*

Statens Offentliga Utredningar（2008）Personnummer och Samordningsnummer, *SOU [2008: 60].*

Swedish Ministry of Justice（2006）*Personal Data Protection-Information on the Personal Data Act,* Regeringskansliet.

Swedish Ministry of Justice（2009）*Public Access to Information and Secrecy Act,* Revised editon. Regeringskansliet.

www. datainspekitionnen. se/lager-och-regler/personuppgiftslagen/

www. skatteverket. se/omoss/omskatteverket

www. statensppersonadressregister. se

秋朝　礼恵（2015）「財政再建の政治経済学－痛みの分かちあい方」，岡澤　憲芙編著『北欧学のフロンティア』，ミネルヴァ書房，373-387 頁。

金子　宏（1996）「納税者番号制度の意義と機能－税制調査会小委員会報告書の紹介と検討－」，金子　宏『所得課税の法と政策』有斐閣，196-230 頁。

佐藤　主光（2015）「マイナンバー可能性と課題（中）　課税・給付に積極活用を」日本経済新聞，経済教室，2015 年 4 月 16 日。

新保　史生（2015）「マイナンバー可能性と課題（下）　個人情報保護に万全を期せ」日本経済新聞，経済教室，2015 年 4 月 17 日。

中野　妙子（2012）「老齢年金－1998 年改革の意義と課題－」，『海外社会保障研究』，No.178，21-33 頁，国立人口問題・社会保障研究所。

高山　憲之（2008）「スウェーデンにおける税と社会保険料の一体徴収および個人番号制度」，2008 年 4 月 23 日。一橋大学機関ディポジトリ。http://hermes-ir. lib. hit-u. ac. jp/rs/bitstream/10086/15750/1/pie_dp374. pdf より。

高山　憲之（2010）「諸外国における社会保障番号制度と税・社会保険料の徴収管理」，『海外社会保障研究』，国立人口問題・社会保障研究所，No.172，1-13 頁。

湯元　健治（2011）「共通番号制度導入への道筋－スウェーデンの実例に学ぶ利便性の高い番号利用を－」，*Business & Economic Review* 2011. 9, 2-25 頁。

納税環境の整備

第5章　ドイツにおける納税者番号制度

慶應義塾大学教授　吉村　典久

は じ め に

　公平な課税，特に租税法律の公平な執行を実現するためには，税務行政庁が納税義務者及びその税務情報を正確かつ完全に把握することがどうしても必要である。その目的において，すべての個人や法人等に対し統一的な番号を付して本人を識別することを可能にするいわゆる納税者番号制度が有効に機能することは従来から一貫して指摘されてきた[1]。

　他方，納税者番号制度においては，税務行政庁がその納税者番号の下に当該納税者の納税義務者の税務情報を一括して集中管理することができるため，えてして，国家が国民の情報をすべて一括管理することによって国民のプライバシーが侵害されるリスクが生じることも否めない[2]。

---

[1]　金子宏「納税者番号制度と納税者の秘密の保護」自治研究 54 巻 6 号 3 頁（1978 年），金子宏「納税者番号制度について」租税研究 473 号 18 頁（1989 年），税制調査会「納税者番号等検討小委員会報告（一）・（二）」自治研究 65 巻 8 号 155 頁・9 号 150 頁（1989 年），佐藤英明「納税者番号制導入の可否──論点の整理 」税研 83 号 39 頁（1999 年），水野忠恒「住民記録システムのネットワークと納税者番号制度」ジュリスト 1092 号 13 頁（1996 年），中里実「サイバノミクスの時代の納税者番号制度」税研 77 号 69 頁（1998 年）等。

要は，公平な課税を実現することができる納税者番号制度の有用性と行政権の国民生活への過剰な介入や国民のプライバシー侵害のリスクとの間でどのように調和を図っていくのかが，納税者番号制度を導入及び運用する場合における課題となるであろう。とりわけ，日本において，行政手続における特定の個人を識別するための番号の利用等に関する法律（通称，マイナンバー法）(3)の下で，2015 年 10 月からの個人番号及び法人番号の付与開始，そして，2016 年 1 月からの実施を控えた今日，再度，納税者番号制度に関する議論を整理し，その問題点と改善策を検討しておくことには十分な価値を見いだすことができると思われる。

ところで，世界各国のこれまでの納税者番号制度のタイプについては，社会保障番号を基礎とするアメリカタイプ，すべての国民に一律の番号を付与するスウェーデンタイプ（北欧型），税務当局が納税申告書を提出する納税者に番号を付すイタリアタイプの 3 つのタイプがあるとされてきた(4)。ところが，従来紹介されてこなかった(5)ドイツの納税者番号制度は，これらのどれにも属さないタイプであると言って良い特徴がある。住民登録機関が関与する点において，ドイツの納税者番号制度は日本のマイナンバー制度に類似する点も見られるのであるが，ドイツの納税者番号を附番する主体が住民登録機関ではなく連邦中央租税行政庁（Bundeszentralamt für Steuern）である点で日本とは異なっている。さらに，納税者番号の利用の範囲や納税者番号を使って集積することができる情報の範囲についても日本よりはるかに厳しい条件がドイツでは付されている。その意味において，納税者の情報を保護する仕組みがドイツでは強く確立されていると評価することもできるであろう。

---

(2)　税制調査会「納税者番号等検討小委員会報告」でもこの点は指摘されている。参照，自治研究 65 巻 8 号 159 頁，石村耕治「納税者番号制の検討と納税者情報の保護」税務弘報 48 巻 9 号 141 頁（2000 年）。

(3)　平成 25 年 5 月 31 日法律第 27 号。

(4)　税制調査会「納税者番号等検討小委員会報告」自治研究 65 巻 8 号 158 頁，金子宏（注 1）租税研究 473 号 21 頁。

(5)　ドイツの真実の意味における納税者番号制度の導入は，Steueränderungsgesetz 2003 に基づくものであるため，諸外国に比して比較的新しい制度である。

したがって，これらの諸点に鑑みれば，ドイツの納税者番号制度を比較法的に分析することは，日本の納税者番号制度の発展に少なからぬインプリケーションを与えることができるのではあるまいか。本稿は，このような観点からドイツの納税者番号制度を分析し，そのメリットとデメリットを明確にすることによって，日本の納税者番号制度に対する示唆をあたえることを目標としたい。

I　統一的納税者番号制度導入前史

　納税者番号制度について，金子宏教授は，「すべての納税者に確認番号をつけ（この番号を納税者番号という），納税者本人及びその他の者が租税行政庁に提出すべき当該納税者関係の各種の書類に当該納税者の納税者番号を記入することを義務づけることによって，各納税者に関する租税資料を，その納税者番号にしたがって整理し，集中的に管理する方式のこと」[6]と定義しておられる。この定義及び納税者番号制度の特質に鑑みれば，個々の納税者に番号を付すというだけでは納税者番号制度としての要件を完全に充足しているとは言いがたいように思われる。したがって，納税者番号制度の重要な要件は，全国統一的にもれなく納税者を把握することができるものであって，二重附番がなく，また納税者の住所変更等があっても不変の番号が付与されることである[7]。納税者に番号を付与する制度であっても，この要件を充足していなければ，真の意味における納税者番号制度とは言えないであろう。

　ドイツにおいて真の意味で初めて統一的な納税者番号制度が導入されたのは，Steueränderungsgesetz 2003 によってである。もちろん，これ以前にドイツで納税者等に番号を付与する制度がないわけではなかった。次のような納税者を含めて国民に番号を付す複数の番号制度が存在若しくは計画され

---

(6)　金子宏（注1）自治研究 54 巻 6 号 6 頁。
(7)　税制調査会『わが国税制の現状と課題－21 世紀に向けた国民の参加と選択－』（2000 年）360 頁以下。

ていた。

　まず，西ドイツでは，戦後，電子データ処理を利用して行政の効率化を図るため，すべての連邦市民に統一的な連邦身分証番号（Personenkennzeichens, PKZ）を付与しようとする計画があり，1973年に，連邦住民登録法草案（Entwurf eines Gesetzes über das Meldewesen）[8]が連邦議会に提出された。この法案の12条によれば，連邦身分証番号は12桁から構成され，その数字の第1から第6桁目までは生年月日を，第7桁目は性別及び何世紀生まれかを，第8ないし11桁目は同一性別の同一の生年月日の日を識別するための数字を，そして，最後の第12桁目はチェックデジットを表すことになっていた。しかし，この法案に対しては，国家権力の市民生活への過剰な介入や市民の秘密保護の観点で強い疑義がだされ，結局は，廃案になってしまった。

　もっとも，東ドイツでは，1970年以降，統一的な身分証番号（Personenkennzahl, PKZ）が導入され，全東ドイツ国民はこの身分証番号の下に個人情報を国家に蓄積されていた。

　その他，西ドイツ（統一後も含めて）では，連邦軍構成員番号（Personenkennziffer aus dem Wehrpass）が，連邦軍人及び連邦軍属すべてに付与され，その数字で生年月日，姓のイニシアル及び兵役登録地などが識別することができる。また，西ドイツ（統一後も含めて）では，国民皆保険制度が実施されていた関係上，保険番号（Versicherungsnummer）や年金保険番号（Rentenversicherungsnummer）も，連邦統一的にすべてのドイツ年金保険の被保険者に付与されている。現在，保険番号は，社会法典第6編（SGB VI）147条に規定されているが，この保険番号は，原則として被保険者について生涯変わらない。また，保険番号の数字から，年金保険者の地域，被保険者の生年月日，被保険者の姓の頭文字が識別できる。なお，この保険番号は，あくまでも年金保険に係るものであり，健康保険番号とは全く異なっている。

　以上が，税務とは直接関係のない番号制度であるが，税務の分野において

---

(8)　BT-Drucks. 7/1059.

第5章　ドイツにおける納税者番号制度　159

も，2003年の連邦統一的納税者番号制度導入前に納税者に番号を付して税
務情報を管理する制度が存在していた。それが，旧租税番号（Steuernum-
mer）である。そもそも税務行政庁がその業務を遂行するため，便宜上管轄
内の納税者に番号を付して，その情報を管理する実務は昔から存在していた。
この旧租税番号制度が整備されたのは，1996年税務署業務規定（BuchO）[9]
によってであった。この3～5桁の数字で構成される旧租税番号は，あくま
でも税務署内部の作業を円滑にする目的のための租税管轄区域（Steuer-
bezirk）内税務署の作業番号に過ぎなかった。したがって，旧租税番号は，
同じ納税者であっても税目ごとに異なる旧租税番号が附番されるし，その納
税者の所得の種類が非独立労働所得（日本の給与所得に対応）から独立労働所
得（日本の事業所得に対応）に変わった場合であっても，異なる旧租税番号が
附番される。また，所得税や法人税など主要な税目に係る行政執行権は（行
政高権）はラントに属するため（ボン基本法108条2項），この旧租税番号はラ
ントごとにも相違するし，納税者が住所変更をすると新しい税務署から新し
い番号が附番された。つまり，特定の納税者についてその旧租税番号の永続
性は保障されないのみならず，同一の納税者について複数の旧租税番号が付
与され得るものであって，この旧租税番号制度は連邦統一的な真の意味にお
ける納税者番号制度ではなかった[10]。ただ，旧租税番号は，納税者に対し
ても通知されなければならず，税務書類の表紙に明記するとともに，内部の
書簡すべてに表示しなければならなかった（前記税務署業務規定8条5項）。そ
して，旧租税番号は空き番になった場合，集積ホルダー（Speicherkonto）の
消去後2年を経過するまでは同一番号は使用されてはならないという制約も
あった。

---

(9)　Buchungsordnung für die FA（BuchO）v. 10. 4. 1996, BStBl. I 1996, 386.
(10)　Schmitz in: Schwarz, AO, Freiburg（Stand April 2011），Vorbemerkungen
　　　zu §§139a-139d AO, Rz. 10-11.

II 連邦統一的納税者番号の導入の模索

Iで見たとおり，ドイツでは，様々な番号制度が存在しながらも，こと税務の分野においては，納税者に対し連邦統一的に番号を附番する制度はなく，旧租税番号制度においては番号の重複や番号の永続性の欠如という欠点を呈する状態のまま税務行政活動が行われていた。

しかし，コンピューター利用による税務行政手続の電子化・自動化の流れは，その法適用の平等を確保し，効率的な法執行に資する連邦統一的な納税者番号の採用を希求するようになった[11]。その連邦統一的な納税者番号の導入を検討することとなったのが，1992 年ごろから始まった FISCUS（ Föderales integriertes standardisiertes computerunterstütztes Steuersystem ） 計画と，電子申告制度 ELSTER（Elektronische Steuererklärung）の計画[12]であった。なぜならば，FISCUS 計画は，連邦政府及びラント政府において統一的な税務処理ソフトウエアの開発を目指したものであり[13]，電子申告制度（ELSTER）の計画とともに，納税者及びその租税情報を連邦統一的に把握することがそれらの制度の効率性の向上に資するからであった。

連邦政府が実際に連邦統一的な納税者番号制度の導入を目指したのは，2002 年の租税優遇措置廃止法案（Steuervergünstigungsabbaugesetz）[14]によってであった。この 2002 年租税優遇措置廃止法案の 10 条 6 項は，「一般的整理メルクマール（Allgemeines Ordnungsmerkmal）」というタイトルの下，既存の租税通則法に次のように規定する第 139a 条を挿入すると定めていた。

---

(11) Seer, Roman, Reform des Veranlagungsverfahrens, StuW 2003, 40, 46.

(12) Seer, Roman, in: Tipke/Lang, Steuerrecht, 22. Aufl. Köln 2015, §21 Rz. 183f.

(13) 結局は開始後 13 年でこの計画は失敗した。Vgl. Bundesrechnungshof, Bemerkungen 2005 zur Haushalts-und Wirtschaftsführung des Bundes, S. 103.

(14) Entwurf eines Gesetzes zum Abbau von Steuervergünstigungen und Ausnahmeregelungen （Steuervergünstigungsabbaugesetz-StVergAbG), BT-Drucks. 15/119(2002).

「第139a 条　整理メルクマールの付与及び執行

(1)　連邦財務局（Bundesamt für Finanzen）は，すべての納税義務者に対し課税手続における整理メルクマールとして，統一的かつ不変のそして永続的な番号メルクマール（Identifikationsmerkmal）を付与する。この番号メルクマールは，税務行政庁に対する申請，申告または通知にあたって表示されなければならない。

(2)　連邦政府は，連邦参議院の同意に基づく法規命令によって，番号メルクマールの作成，付与及び執行に必要な限り，想定されうる納税義務者の人的データを連邦財務局に通知することを各行政庁に義務づけることができる。番号メルクマールの利用及び通知の様式と範囲は，当該法規命令において定められなければならない。さらに，濫用を防止するためいかなる組織的及び技術的の予防措置がなされなければならないかも規定されなければならない。」

この番号メルクマール（Identifikationsmerkmal）の導入の理由について，立法理由書は，次のように述べている[15]。

「平等原則に関する連邦憲法裁判所の判例（1991 年 6 月 27 日判決「いわゆる利子判決（Zinsurteil）」BVerfGE 84, 239,）によれば，すべての納税義務者が租税法律に基づき法的かつ事実上平等に負担を課されるということを立法者は確保しなければならない。したがって，税務行政庁は，その法律上の権限に基づき納税義務者の申述を調査することができる体制を整えておかなければならない。確かに基本的には税務行政庁はこの要件を満たしているということはできるが，それが最善のものであるというわけではない。また，税務行政庁は，組織的かつ技術的観点において調査を効率的に実施することができるものでなければならない。このためには，税務行政庁間の緊密な協力が必要である。

　これらのことにかかる中心的な前提条件は，納税義務者の一義的な特定に

___

(15)　BT-Drucks. 15/119, S. 52.

あるのである。

現在行われている租税番号（Steuernummer）の付与（前述の旧租税番号のこと－筆者注）は，決して永続的に附番されているのではなく，そして，それゆえ一義的なものでもないため，複数の行政庁にまたがる目的のためには適切なものとは言えない。

納税義務者の特定を可能にする納税者番号制度は，すべての納税義務者が一つだけの番号を付与され（一義性），その番号は納税義務者の生涯中変更されることなく，かつ，納税義務者が死亡するまで全制度は存続する（永続性，不可変更性），ということを前提とする。

このことは，新しい番号メルクマールの導入によって保障されなければならない。この番号メルクマールの具体的制度構築のため非常に多くの法的及び技術的細目規定を定めなければならないため，法規命令の範囲内においてこのことが行わなければならない。」

このように，2002年租税優遇措置廃止法案による連邦統一的な番号メルクマール（Identifikationsmerkmal）は，一人の納税義務者が確実に一つの番号を附番されること（一義性 Eindeutigkeit）とその番号は納税義務者の生涯不変であること（永続性 Beständigkeit，不可変更性 Unveränderlichkeit）を前提とする真の納税者番号制度の試みであったと評価することができよう。しかし，この2002年租税優遇措置廃止法案は，結局，租税優遇措置廃止をめぐる政治的対立から可決されず，廃案になってしまった[16]。

その後，2003年に連邦政府は，2003年税制改正法担当官案[17]を公表し，再度，納税者番号制度の導入を試みることになった。当初の2003年税制改正法担当官案では，先の租税優遇措置廃止法案と同様の規定を，「Allgemeines Ordnungsmerkmal」のタイトルの下に定めたが，データ保護及び情報の自由に関する連邦庁[18]のみならず連邦内務省や連邦法務省から憲法

---

(16)　Schmitz, F. N. 10, Vorbemerkungen zu §§139a-139d AO, Rz. 14.
(17)　Referentenentwurf eines Gesetzes zur Änderung steuerlicher Vorschriften (Steueränderungsgesetz 2003) am 16. 7. 2003.

上の疑義が出された。とりわけ，この番号メルクマール（Identifikationsmerkmal）に関する規定では，収集される個人情報の範囲が明定されていないため不必要な個人情報が集積される疑惑があるという批判がなされた[19]。そのような経緯で，連邦議会に提出する法案の閣議決定までに行政庁間での合意がなされなかったため，連邦政府の当初法案には「Allgemeines Ordnungsmerkmal」の条文は盛り込まれなかった[20]。その後，連邦大蔵省と連邦内務省，連邦法務省との間で条文案の合意がなされ，納税者番号（Identifikationsnummer）の下に収集することができる情報の範囲を限定する明文規定を法案審議中に追加した改正法案が遂に可決成立した（2003年税制改正法）[21]。これが，現行の租税通則法 139a 条ないし 139d 条の基になった。

このような経緯で，ようやくドイツにも真の意味における納税者番号が導入されることとなったが，その円滑な実施に向けてのハードルはまだ残っていた。すなわち，ドイツが連邦国家であり，所得税や法人税といった基幹税の行政は連邦ではなくラントの行政権限に属するため，租税の賦課徴収の実施業務を執行する機関である税務署はラントの行政組織となっている[22]。したがって，組織的観点からみると，ラントを超越した連邦内での統一的な税務行政執行が円滑に実施されにくいという問題が生じていた。当然の前提として納税者番号制度が連邦内での一律の規律を必要としている関係上，2003年税制改革法によって導入された納税者番号制度を円滑に実施するためにはどうしても連邦内での統一的な税務行政を沿革にする組織改革が必要であった。これらの必要性に鑑み，従来の連邦財務局（Bundesamt für Finanzen）が廃止され，2006年1月1日から連邦中央租税行政庁（Bundeszen-

---

(18)　Bundesbeauftragter für den Datenschutz und die Informationsfreiheit.

(19)　Schmitz, F. N. 10, Vorbemerkungen zu §§139a-139d AO, Rz. 15f.

(20)　Entwurf eines Zweiten Gesetzes zur Änderung steuerlicher Vorschriften (Steueränderungsgesetz 2003-StÄndG 2003), BT-Drucks. 15/1562(2003).

(21)　Zweite Gesetz zur Änderung steuerlicher Vorschriften(Steueränderungsgesetz 2003) vom 15. 12. 2003, BGBl. I 2003, 2645.

(22)　ボン基本法108条2項。

tralamt für Steuern）がスタートした。この連邦中央租税行政庁が，納税者番号を附番し，執行する権限を有している[23]。

そして，2007年7月1日以降，租税通則法139b条に基づくIdentifikationsnummerが実施された。すなわち，ドイツで，Identifikationsnummerの附番作業は，2007年7月1日を基準日として，開始され，2008年8月から住民への通知が始まり，2008年末までに通知が一応終了した。

なお，これまでに見た税務行政の分野における納税者番号のほか，経済科学省のイニシアチブによって2002年の経済活動者番号試行法[24]に基づく経済活動者に対する連邦統一的かつ行政庁横断的な統一附番が試みられた。しかし，旧租税番号制度とのリンクは，最初から排除されており，この経済活動者番号と当時計画中であった租税上の経済活動者統一番号（Wirtschafts-Identifikationsnummer）[25]のリンクのみが可能であるということが確認されたにとどまった[26]。

Ⅲ　ドイツ納税者番号制度の概要

現在ドイツには，納税者番号と言えるものが3種類存在している。すなわち，①個人番号（Identifikationsnummer）（租税通則法139b条），②経済活動者統一番号（Wirtschafts-Identifikationsnummer）（租税通則法139c条）と③売上税番号（Umsatzsteuer-Identifikationsnummer）（売上税法27a条）である。

(1) 個人番号 (Identifikationsnummer)

a）概要

連邦中央租税行政庁（Bundeszentralamt für Steuern）が，納税義務者（自然

---

(23)　財務行政組織法（Gesetz über die Finanzverwaltung）5条1項22号。
(24)　Wirtschaftsnummer-Erprobungsgesetz v. 22. 5. 2002, BGBl. I 2002, 1644.
(25)　現行租税通則法139c条が経済活動者統一番号を規律している。
(26)　Schmitz, F. N. 10, Vorbemerkungen zu §§139a-139d AO, Rz. 13.

第5章　ドイツにおける納税者番号制度　165

人）に対し，Identifikationsmerkmal[27]，すなわち個人番号を職権で付与する。一人の納税義務者につき一つの番号でなければならない（租税通則法139b条1項1文）。ただし，2014年2月13日の南ドイツ新聞の報道[28]によれば，2013年に調査した10万6029件のうち1万4000件に同一の納税義務者に対し複数の個人番号が附与される重複附番があったとされる。特に，納税義務者が国外等での休暇から帰国した時に新しい個人番号が附与されるケースがよく見られるとのことである。また，複数の納税義務者に対し同一の個人番号が附与されるケースが1300件もあったという。

　この個人番号は10桁の数字から構成されるが[29]，それが納税義務者に関する他の情報にそのまま依拠するものであったり，あるいはその情報から演繹することができるものであってはならない（租税通則法139a条1項2文）。それゆえ，たとえば，社会保障番号などとは異なり，納税義務者の生年月日を個人番号の一部として使うことは許されない。また，個人番号の数字から当該納税義務者の性別が容易に識別できるものであってはならない。なお，ここでいう「納税義務者」とは，個別租税法律による納税義務を負いうるすべての者であって（租税通則法139a条2項），具体的な納税義務の発生は要件ではない。つまり出生若しくは外国からの転入の時から納税義務者となって，個人番号を付与されることになる。

　個人番号の附与は行政行為ではないとされている[30]。

　Identifikationsmerkmal，すなわち個人番号は，税務行政庁に対する納税義務者若しくは第三者の申請，申告若しくは通知の際に表示されなければな

---

(27)　この概念は，個人番号と経済活動者番号の双方を総括する意味で使われている。AO 139a条の規律は，個人番号にも経済活動者番号のどちらにも適用される租税通則法で定める納税者番号制度のいわば総則規定のようなものである。

(28)　Available at http://www.sueddeutsche.de/wirtschaft/behoerden-panne-fiskus-verteilte-steuernummern-falsch-1.1886932(last visited at 31 August, 2015).

(29)　Verordnung zur Vergabe steuerlicher Identifikationsnummern (Steueridentifikationsnummerverordnung-StIdV) vom 28. November 2006, BGBl. I 2006, 2726）の第1条。

らない（租税通則法 139a 条 1 項 1 文）。

b）附番作業

住民登録課（Meldebehörde）は，出生による住民登録簿への登録や従来個人番号が附与されたことのない者が登録された場合，連邦中央租税行政庁に対し，個人番号の付与のため，租税通則法 139b 条 6 項に記載されたデータを送付しなければならない。そのため，まず，当該住民登録課の所轄内にその現住の住居若しくは主たる住居が登録されたすべての住民につき，仮の管理番号を附与する。そして，住民登録課は，この管理番号とともに，租税通則法 139b 条 6 項 1 文に記載されたデータを連邦中央租税行政庁に送付する。それを受けて，連邦中央租税行政庁は，その仮管理番号を使って納税者に附与すべき個人番号を所轄の住民登録課に通知し，さらにその仮管理番号を抹消する。なお，転入及び転出の日付に関するデータ（租税通則法 139b 条 6 項 1 文 9 号記載）は，住民登録課による送付の翌月までに消去しなければならない。また，連邦中央租税行政庁は，住民登録課が送付したデータに間違いがあると思料する場合，その間違いにかかる証拠の端緒を住民登録課に示すことができる[31]。なお，現行法では，連邦中央租税行政庁と住民等登録課における情報交換のみが規定されている。税制改正法担当官案の段階では，住民登録課以外にも戸籍局や外国人登録局との情報交換も規定されていたが，立法過程における連邦内務省との調整の結果，住民登録課のみとの情報交換に限定された。

c）連邦中央租税行政庁が収集を許されるデータの種類

---

(30)　BFH Urteil v. 18.1.2012, II R 49/10, BStBl. II 2012, 168, Rz. 19; Brandis, in: Tipke/Kruse, AO/FGO Kommentar(Stand 2015), §139a Tz. 3; Schmitz, F.N.10, §139a Rz 3 a; Cöster, in: Pahlke/Koenig/Cöster, Abgabenordnung, 2. Aufl., München 2009, §139a Rz. 5; Rätke, in: Klein, AO, 12. Aufl., München 2014, §139a Rz. 6; Wiese, in: Gosch, AO/FGO (Stand 2015), §139a Rz. 14. なお，売上税番号（売上税法 27a 条）の付与は行政行為である。

(31)　この部分の記述は，Brandis, F.N.30, §139b 及び Schmitz, F.N.10, §139b Rz. 11 af. の記載に基づく。

第5章　ドイツにおける納税者番号制度　167

租税通則法 139b 条 3 項は，自然人について連邦中央租税行政庁が収集を許されるデータの種類を限定列挙している。

1．個人番号，2．経済活動者番号（Wirtschafts-Identifikationsnummer），3．姓名，4．旧姓，5．名前，6．博士号の有無，7．出生日及び出生地，8．性別，9．現在若しくは直近の住所，10．所轄税務署，11．住民登録準則法（2015 年 11 月 1 日以降は連邦住民登録法）若しくはラントの住民登録法による送付禁止事項，12．死亡日

　住民登録準則法[32] 21 条 5 項によれば，当事者若しくはその他の者がその住民登録情報の提供によって生命，健康，個人の自由若しくはそれらに準ずる保護されるべき利益が侵害される危険性が増大するような場合，情報開示禁止を住民登録簿に記載することができることになっている。したがって，連邦中央租税行政庁に伝達された住民登録情報で開示禁止に該当する旨が明記されなければならず，また，遵守されなければならない。連邦中央租税行政庁以外の，当該情報を伝達された税務署や税関等の税務行政庁もまた同様である。

d）個人番号の収集及び利用の範囲

　ドイツでは，連邦憲法裁判所の国勢調査事件判決（Volkszählungsurteil）[33] の判示に基づき，立法者は個人情報の収集にかかる利用目的を，限定的にかつ正確に定めなければならないとされており，個人番号についても租税通則法 139b 条 2 項が，個人番号を収集することができる範囲及びその利用の範

---

(32)　Melderechtsrahmengesetz（MRRG）in der Fassung der Bekanntmachung vom 24. 6. 1994, BGBl I 1994, S.1430. 2015 年 11 月 1 日以降は，Bundesmeldegesetz（BMG）v. 3.5.2013 BGBl. I 2013, S.1084 が施行される。住民登録準則法 21 条の Übermittlungssperren は，この連邦住民登録法 51 条の Auskunftssperren にほぼ相当する。

(33)　BVerfG Urteil v. 15.12.1983, 1 BvR 209/83, BVerfGE 65, 1. この判決については，参照，鈴木庸夫・藤原静雄「西ドイツ連邦憲法裁判所の国勢調査判決（上・下）」ジュリ 817 号 64 頁，818 号 76 頁（1984 年），松本和彦「基本権の保障と論証作法」阪大法学 45 巻 1 号 53 頁，2 号 339 頁，5 号 791 頁（1995 年），6 号 981 頁（1996 年）等。

囲を限定的かつ明示的に定めている。

① 税務行政庁…法定業務の実施のため必要な場合若しくは法令によって
その利用が明文で認められている場合

② その他の公的組織若しくは非公的組織…次の場合に限定される。

ⅰ）それらの組織と税務行政庁とのデータやりとりに必要な場合または
法令によってその利用が明文で認められているか若しくは命令されて
いる場合において，個人番号を収集若しくは利用することができる

ⅱ）それらの組織と税務行政庁との定期的なデータやりとりに必要であ
る限りにおいてのみ，個人番号にしたがってデータを整理し若しくは
アクセスすることができる。

ⅲ）税務行政庁に対する一切の通告義務を履行するため適法に収集され
た納税義務者の個人番号を利用することができる。ただし，当該通告
義務が同一の納税義務者に関係するものであって，かつ，ⅰ）で定め
る収集若しくは利用が許されている限りにおいてのみである。

ⅳ）税務行政庁に対する一切の通告義務を履行するため，株式法 15 条に
定める結合企業によって適法に収集された納税義務者の個人番号を利
用することができる。ただし，当該通告義務が同一の納税義務者に関
係するものであって，かつ，利用する機関が当該個人番号を収集した
同一の機関と同一の企業グループに属している場合であって，さらに，
ⅰ）で定める収集若しくは利用が許されている限りにおいてのみであ
る。

　さらに重要なことに，租税通則法 139b 条 2 項 3 文によれば，上記の諸規
定によって認められない個人番号の収集や利用を可能にするような契約条項
及び同意条項は無効である。

e）租税通則法 139b 条 3 項に列挙されたデータの利用目的の制限

　すなわち，租税通則法 139b 条 4 項は同条 3 項に列挙する情報収集の目的
を限定的かつ明示的に定めている（目的拘束性 Zweckbindung）[34]。

① 一人の納税義務者が一つの個人番号を附与され，かつ，一つの個人番

第 5 章　ドイツにおける納税者番号制度　169

号が複数回付与されることのないような状態を確保するため

② 　ある納税義務者の個人番号を確認するため

③ 　どの税務行政庁がある納税義務者を所轄しているかを判定するため

④ 　法律若しくは超国家法（EU 法及び条約法）に基づき受領すべき情報を所轄の部署へ移送するため

⑤ 　税務行政庁が法令によって与えられた業務の遂行を可能にするため

　連邦中央租税行政庁は個々に列挙された目的以外の目的に個人番号を使って個人の情報を集積することは許されない[35]。

　さらに，同条 5 項は，同条 3 項に列挙された情報を，上記の 4 項に定める目的以外の目的のため利用することを禁止している。当事者若しくはその他の者がその住民登録情報の提供によって生命，健康，個人の自由若しくはそれらに準ずる保護されるべき利益が侵害される危険性が増大するような場合，住民登録準則法や連邦住民登録法により情報開示禁止（Übermittlungssperren oder Auskunftssperren）が適用されるが，連邦中央租税行政庁やその他の税務行政庁，さらには，この個人番号を使って収集された情報を開示された第三者もこの開示禁止の規則を遵守しなければならない。

f ）目的外利用に対する制裁

　租税通則法 383a 条によれば，非公的組織が，故意または過失により，同法 139b 条 2 項 2 文 1 号及び同法 139c 条 2 項 2 文に反して同法 139b 条による個人番号を，若しくは同法 139c 条による経済活動者番号を，認められた目的以外の目的で収集し，若しくは利用し，または，同法 139b 条 2 項 2 文 2 号に反して認められた目的以外の目的でデータを個人番号によって集積し，若しくはアクセスした場合，秩序違反（ordnungswidrig）なり，1 万ユーロ以下の過料（Geldbuße）が科せられる[36]。

---

(34)　なお連邦情報保護法（BDSG）14 条ないし 16 条の一般的な目的変更の原則（allgemeiner Grundsatz zur Zweckänderung）は，租税通則法に規定する納税者番号には適用されない。

(35)　Wiese, F. N. 30, §139b Rz. 20.

⑵　経済活動者番号（Wirtschafts-Identifikationsnummer）

a）概要

　租税通則法 139c 条によれば，連邦中央租税行政庁（Bundeszentralamt für Steuern）は，経済活動者（自然人・法人・人的団体）に対し，Identifikations-merkmal を，所轄税務行政庁の要請に基づき，付与する。経済活動者とは，①経済活動を行っている自然人，②法人，及び，③人的団体であるが，より具体的には，売上税法 2 条 1 項にいう事業者及び社会法典第 4 編（SGB IV）28a 条による申告を義務づけられた雇主である[37]。したがって，ある自然人が経済活動を行っている場合，彼は，個人番号（Identifikationsnummer）に加えて，経済活動者番号（Wirtschafts-Identifikationsnummer）を附番されることになる。

　この経済活動者番号は，将来的に，現在存在している売上税番号（Um-satzsteuer-Identifikationsnummer）に代替することを目指しているものであると評価されている[38]。

b）連邦中央租税行政庁が収集を許されるデータの種類

　租税通則法 139c 条 3 項，4 項及び 5 項は，自然人，法人及び人的団体について，それぞれ異なる連邦中央租税行政庁が収集を許されるデータの種類を限定列挙している。

　①　経済活動を行っている自然人

1. 経済活動者番号，2. 個人番号，3. 商号（商法典第 17 条以下）若しくは事業名，4. 旧商号若しくは旧事業名，5. 法形式，6. 業種番号，7. ゲマインデ（市町村）の公式コード，8. 事業の住所，本店所在地，9. 商業登記簿登録事項（登録裁判所，登録日及び登録番号），10. 開業日若しくは活動開始の期日，11. 事業中止の日若しくは活動の終了期日，12. 所轄税務署，13. 本

---

(36) Kohlmann, Steuerstrafrecht mit Ordnungswidrigkeitenrecht und Verfahrensrecht: Kommentar zu den §§369-412 AO 1977 (Stand 2015)，§383a Rz. 5.

(37) BT-Drucks. 15/1945, S. 16.

(38) Schmitz, F. N. 10，§139c Rz. 1.

条 5a 項による識別メルクマール（Unterscheidungsmerkmal），14．結合企業
の名称

② 法人

1．経済活動者番号，2．法定代理人の個人番号，3．商号，4．旧商号，5．
法形式，6．業種番号，7．ゲマインデ（市町村）の公式コード，8．租税通則
法 11 条による本店所在地，特に管理支配地，9．設立行為の日付，10．商業
登記簿，協同組合登記簿若しくは財団登記簿の登録事項（登録裁判所，登録日
及び登録番号），11．開業日若しくは活動開始の期日，12．事業中止の日若し
くは活動の終了期日，13．解散の日付，14．登録抹消日，15．結合企業名，
16．所轄税務署，17．本条 5a 項による識別メルクマール

③ 人的団体

1．経済活動者番号，2．法定代理人の個人番号，3．関係人の経済活動者番
号若しくは個人番号，4．商号（商法典第 17 条以下）若しくは人的団体名，5．
旧商号若しくは旧人的団体名，6．法形式，7．業種番号，8．ゲマインデ
（市町村）の公式コード，9．租税通則法 11 条による本店所在地，特に管理支
配地，10．会社契約の日付，11．商業登記簿若しくは人的団体登記簿の登録
事項（登録裁判所，登録日及び登録番号），12．開業日若しくは活動開始の期日，
13．事業中止の日若しくは活動の終了期日，14．解散の日付，15．清算の日
付，16．登録抹消日，17．結合企業名，18．所轄税務署，19．本条 5a 項に
よる識別メルクマール

c）識別メルクマール

2015 年 12 月 22 日法律[39]第 1 条によって，租税通則法 139c 条 5a 項が付
加され，従来の経済活動者番号を補充するものとして，5 桁の識別メルクマ
ール（Unterscheidungsmerkmal）が，各経済活動者の個人，事業体（Betriebe），
及び事業所（Betriebsstätte）に付与されることになった（同項 1 文）。この識

---

(39) Gesetz zur Anpassung der Abgabenordnung an den Zollkodex der Union
und zur zur Änderung weiterer steuerlicher Vorschriften v. 22.12.2014,
BGBl. I. 2014, S. 2417.

別メルクマールは，課税手続において各経済活動者の個人，事業体及び事業所を一義的に特定することを可能にする目的で導入された。したがって，連邦中央租税行政庁は，各経済活動者の個人，事業体及び事業所にかかる 1. 識別メルクマール，2. 経済活動者番号，3. 商号（商法典 17 条以下）若しくは経済活動者，事業体若しくは事業所の名称，4. 旧商号若しくは経済活動者，事業体若しくは事業所の旧名称，5. 法形式，6. 業種番号，7. ゲマインデ（市町村）の公式コード，8. 経済活動者，事業体若しくは事業所住所若しくは本店所在地，9. 登録事項（登録裁判所，登録日及び登録番号），10. 経済活動，事業体若しくは事業所の開業日若しくは活動開始の期日，11. 経済活動，事業体若しくは事業所の事業中止の日若しくは経済活動の終了期日，12. 登録抹消日，13. 所轄税務署，に関する情報を集積することができる（同項 4 文）。

d）経済活動者番号の収集及び利用の範囲

租税通則法 139c 条 2 項が，経済活動者番号を収集することができる範囲及びその利用の範囲を限定的かつ明示的に定めている。

① 税務行政庁…法定業務の実施のため必要な場合若しくは法令によってその利用が明文で認められている場合

② その他の公的組織若しくは非公的組織…それらの組織の業務遂行上必要な場合，その業務目的にとって必要な場合，若しくは，それらの組織と税務行政庁とのデータやりとりに必要な場合，Wirtschafts-Identifikationsnummer を収集若しくは利用することができる

e）経済活動者にかかるデータの利用目的の制限

租税通則法 139c 条 6 項は同条 3 項ないし 5 項に列挙する情報収集の目的を限定的かつ明示的に定めている。

① 付与された一つの経済活動者番号が他の経済活動に対して重複して使われることのないような状態を確保するため

② ある経済活動について付与された経済活動者番号を確認するため

③ どの税務行政庁が所轄しているかを識別するため

第 5 章　ドイツにおける納税者番号制度　173

④　法律若しくは超国家法（EU 法，条約法）に基づき受領すべき情報を所
　　轄の部署へ移送するため
⑤　税務行政庁が法規命令によって与えられた業務の遂行を可能にするた
　　め

　経済活動者番号の場合，個人番号の場合とは異なり，経済活動者番号を使
って収集された情報の利用にかかる目的拘束はほぼないと言って良い[40]。
確かに，経済活動を行う自然人について経済活動者番号を使って収集された
情報の利用は，租税通則法 139c 条 6 項に定められた目的についてのみ利用
することが許される（租税通則法 139c 条 7 項）。その限りにおいて，経済活動
を行う自然人について経済活動者番号を使って収集された情報の利用には目
的拘束がかかっているといえる。しかし，租税通則法 139c 条 7 項による目
的拘束は，条文から分かるように，自然人たる経済活動者について経済活動
者番号を使って収集された情報の利用に対してのみ適用されるのであって，
法人及び人的団体について経済活動者番号を使って収集された情報の利用に
は適用されない。その理由は，連邦憲法裁判所で打ち立てられた情報の自己
決定権の法理は，個人的な生活について適用されるのであって，経済活動の
把握については保障されないからである。また，租税通則法 139c 条 7 項は，
当該情報の法規命令の明文規定に基づく目的外利用も認めている。その限り
において，自然人に対する個人番号を使って収集された情報が法規命令の明
文規定に基づく目的外利用を一切認めない租税通則法 139b 条 5 項とは大き
く異なっている。したがって，経済活動者番号を使って収集された情報の利
用の可能性は，法規命令の根拠さえあれば，税務行政庁以外にも，開かれて
いる。
ｆ）目的外利用に対する制裁
　自然人について経済活動者番号を使って収集された情報に関しては，個人
番号の場合と同様に，その目的外利用に対しては租税通則法 383a 条が適用

---

(40)　Wiese, F. N. 30, §139c Rz. 18.

される。

(3) 売上税番号 (Umsatzsteuer-Identifikationsnummer) (§27a UStG)

売上税法 27a 条によれば，連邦中央租税行政庁は，事業者の申請に基づき，売上税番号 (Umsatzsteuer-Identifikationsnummer) を付与することになっている（同条 1 項 1 文）。この制度は，EC 附加価値税第 6 次指令に基づくものであって[41]，1993 年 1 月 1 日に導入された[42]。売上税番号は，基本的には，EU 域内での国境を越える取引について，加盟国間での調査確認を容易にする機能を有している。したがって，他の加盟国はドイツの売上税番号のデータにアクセスすることができる。売上税番号は，単なる整理番号ではなく，EU 域内での役務提供地（売上税法 3a 条 3 項 3 号 c 及び 3a 条 3 項 4 号及び 3b 条 3 項）や取得地（域内輸入地）（売上税法 3d 条）を決定するにあたり意義を有する。もっと重要なことは，インボイスには売上税番号または税務署が付与した租税番号 Steuermummer が記載されていなければならないことである（売上税法 14 条 4 項 1 文 2 号）。有効なインボイスがない限り，事業者は前段階税額控除をすることはできない（売上税法 15 条 1 項 1 号 2 文）。したがって，売上税番号の附与は直接的な法的効果を生じさせるものであるため，その付与行為は行政行為である[43]。

売上税番号の付与を申請することができる事業者は，原則として前段階税額控除権を有するすべての事業者であるが，中小企業者や概算課税制度が適用される農業者も，それらが域内（国境を越える）取引を行っている限り，売上税番号の付与を求めることができる。

---

(41) Council Directive 77/388/EEC of 17 May 1977 on the harmonisation of the laws of the Member States relating to turnover taxes（ただし，1993 年当時のもの）。

(42) Klenk, in: Sölch/Ringleb, Utnsatzsteuergesetz (Stand 2010), §27a Rz. 1; Von Wallis in: Bunjes/Geist, Umsatzsteuergesetz, 14. Aufl. 2015, §27a Rz. 1.

(43) Von Wallis in: Bunjes/Geist, Umsatzsteuergesetz, 14. Aufl. 2015, §27a Rz. 2; Klenk, F.N.42, §27a Rz. 14.

第5章　ドイツにおける納税者番号制度　175

　事業者は，域内他国において国内事業者のため商品を購入する場合，ドイツの売上税番号を表示しなければならない(44)。もしその表示を怠った場合，当該域内他国の仕入先業者は現地国の附加価値税を請求することになる。

　前述の通り，売上税法14条4項2号によれば，インボイスには，税務署から附番される租税番号 Steuermummer または連邦中央租税行政庁から附番される売上税番号を記載しなければならない。

Ⅳ　ドイツ租税通則法に規定する納税者番号制度の評価

(1)　連邦国家としての性格と連邦統一的な納税者番号制度

　ドイツ連邦共和国は，連邦国家である（ボン基本法20条1項）。特に租税法の執行権限（行政高権）に関しては，税目によって，連邦とラントの管轄に分かれている。関税や専売制度（Finanzmonopol）あるいは連邦法律によって規律された租税（輸入売上税やビール税）若しくは EU の各種賦課金の行政権限は連邦が有しているのに対し，所得税，法人税及び消費税という基幹税のほとんどの行政権限はラントが保有している（ボン基本法108条1項）。特に，基幹税たる租税の賦課徴収の現場を担う税務署（Finanzamt）は，ラントの行政組織であるため，これらの行政権行使について，各ラントの特性が表れることも稀ではない。もっとも，ドイツも一つの国家である以上，各ラントは完全に独立した行政権行使を行っているわけではなく，協働的連邦主義（kooperativer Föderalismus）と呼ばれる連邦とラントの協働関係の下に，強調した行政権行使がなされており，連邦内での統一性は一応確保されている(45)。しかし，伝統的には，ラントの行政組織である税務署を指揮監督することができるのはラントの税務行政組織，たとえば，ラントの上級財務局（Oberfinanzdirektion）であり，連邦の税務行政組織，たとえば連邦上級財務

---

(44)　Klenk, F. N. 42, §27a Rz. 13.
(45)　Seer in: Tipke/Lang, F. N. 12, §2 Rz. 74; Seer, Roman, Reform der Steuerveranlagung, StbJB 2004/05, 53.

局（Bundesfinanzdirektion）は，税務署を指揮監督することはできない。つまり，ドイツの税務行政組織を，日本の国税庁を頂点とする国税局と税務署の単一ヒエラルキー的組織と同視することはできないのである。

それゆえ，納税者番号制度の特質としてその連邦統一的な執行が求められる関係上，一律かつ円滑な執行を行いうる受け皿的組織がなければ納税者番号制度はその目的を十分に達成することができない。ドイツにおいて，長い間連邦統一的な納税者番号制度が採用されてこなかった一つの原因として，ドイツの税務行政のこの連邦国家的性格があることを否定することはできないであろう。

しかし，このような連邦国家としてのドイツ特有の問題も改善の方向に向かっている[46]特に，2006 年 1 月 1 日にスタートした連邦中央租税行政庁は，国際取引にかかる課税業務を総括するとともに，国際的な情報交換のドイツにおけるカウンターパートとして大きな役割を果たすことが期待されているのみならず，ドイツの新しい納税者番号制度の主たる執行機関として機能することにより，各ラントの税務署を網羅する情報ネットワークの中心に占位する地位を築き上げた[47]。ドイツの納税者番号制度もこの連邦中央租税行政庁の存在なくしては機能しがたいといわざるを得ないであろう。さらに，連邦中央租税行政庁の情報データバンクとして GEMFA システムが構築されており，税務行政庁，ドイツ郵便及び連邦統計局のデータを集積することによって，税務署の業務における情報活用に利便性を与えている。

(2)　国勢調査判決の呪縛

ドイツにおける統一的な納税者番号制度の採用に関し，長い間の障害となっており，かつまた，現在も納税者番号制度に大きな影響を与えているのは，国勢調査判決（Volkszählungsurteil）と称される 1983 年 12 月 15 日の連邦憲

---

(46)　Ebd.
(47)　財務行政組織法（FVG）5 条には，連邦中央租税行政庁の所掌事務が規定されている。

法裁判所判決[48]である。この国勢調査判決は，日本でも紹介されており，多くの論評が発表されている[49]。この国勢調査判決の納税者番号制度の憲法適合性にのみ関する重要な判示部分は，「人格の自由な発展は，現代的なデータ処理の条件の下において，その個人的なデータの無制限な収集，蓄積，利用及び流用から個人が保護されることを前提とする。したがって，この保護は，ボン基本法1条1項に関係する2条1項の基本権に包含されるものである。その限りにおいて，この基本権は，各人に自己の個人データの開示，使用について原則として自ら決定する権能を保障するものである。…しかし，『情報の自己決定権』は，無制限に保障されるものではない。それゆえ，各人は原則として重大な公共の利益による自己情報決定権の制限を受忍しなければならないのである。しかしながら，この制限は基本法2条1項により憲法に適合する法律上の根拠を必要とする。この法律上の根拠は，制限の要件と範囲を明らかにしかつ市民にとって明確に認識できるようなものでなければならず，そして，法治国家的な規範明確性（Normenklarheit）の要請に合致しなければならない。この定めに関し，立法者はさらに比例原則（Verhältnismäßigkeit）も考慮しなければならない。また，立法者は，人格権の侵害に対応できるような組織上及び手続法上の予防措置を講じなければならない。」[50]という部分にある。これを要約すれば，ボン基本法において保障されている情報の自己決定権の保護の要請について次のような基準が建てられた。すなわち，個々人は，各々，自己の個人情報の開示及び利用を自ら決定する権利を有するのであるが，重大な公共の利益が認められる場合にのみこの権利を制限することができる。もちろんそのためには合憲的な法律上の根拠が必要であり，かつ，それは，法治国家原則に基づき規範明確性（Normenklarheit）と比例性（Verhältnismäßigkeit）の要請に合致しなければならな

---

(48) BVerfG Urteil v. 15. 12. 1983, 1 BvR 209/83, BVerfGE 65, 1.
(49) 代表的なものとして，注33にあげたもののほか，高橋和宏「ドイツ連邦憲法裁判所による情報自己決定権論の展開」六甲台論集法学政治学篇59巻2号57頁（2013年）など。
(50) BVerfGE 65, 43ff.

い。

　この国勢調査判決で示された情報の自己決定権保護の要請から見て，納税者番号制度によって悉皆的かつ無制限に納税者の個人情報を収集・蓄積することは原則としてボン基本法1条1項に関係する2条1項に反すると考えられた[51]。2002年租税優遇措置廃止法案及び2003年税制改正法担当官案（当初案）に対する憲法上の疑義がだされたのも，まさにこの両法案において納税者番号を使って収集し蓄積することができる個人情報の範囲について法律上何ら明確な確定がなされていなかった点であり，国勢調査判決で打ち建てられた規範明確性という要件をクリアできなかったからであった。それゆえ，両案の失敗の経験を経た2003年税制改正法による租税通則法139a条ないし139d条の規定（現行法）は，特に139b条3項に収集・蓄積することができる情報を限定列挙するなど規範明確性に配慮した条文構成となった。

　そして，2012年1月18日連邦財政裁判所判決[52]では，「負担公平に配慮して租税確定のみならず租税徴収に関し効率的な方法を模索するという目標は，極めて重要な公益であり，一般的な平等原則によって基本法上も保証されている」し，「個人番号は多くの面及び方法において，情報の自己決定権を尊重しながらこれらの目標に資するものである」とともに「個人番号による情報の自己決定権への侵害の度合いは少ない」ことなども考慮すれば，個人番号に関する租税通則法139a条ないし139d条の規定は，租税行政庁に対し納税義務者の一義的な特定と最適な確認を可能ならしめる手段を与えるものであるため，公益上の明確な必要性（ein überwiegendes Allgemeininteresse）があるとして，個人番号の付与及びそれに伴うデータの収集及び蓄積は合憲であると判示された。

(3)　EU の納税者番号制度に対する態度

　近時，ドイツは EU に深く関わるようになり，EU の方針は，ドイツの国

---

(51)　Schmitz, F. N. 10, Vor §§ 139a-139d Rz. 18.

(52)　BFH Urteil vom 18. 1. 2012, II R 49/10, BStBl. II 2012, 168.

第 5 章　ドイツにおける納税者番号制度　179

内法にも大きな影響を与えるようになってきた。ここでは，納税者番号制度に関する EU の動向とドイツへの影響について簡潔に触れておきたい。

　EU において，各加盟国間における人，モノ，資本の自由な移動を促進し，EU の究極の目標である市場統合を実現するため，人，モノ，資本移動に対する税制など制度上の障害をなくすため各加盟国の法制度を調和する試みが多くなされてきた。

　その EU 域内における税制の調和を目指す代表的な試みの一つが，まだ EC の時代，附加価値税制の調和を目指す 1977 年の附加価値税第 6 次指令であった。附加価値税第 6 次指令（オリジナルではなく，その後の修正版）によって各加盟国における附加価値税制の調和を目指し，その目的を実現するための全体計画のパーツとして附加価値税番号の採用を規定し，それを受けて，1996 年にドイツが売上税番号を採用したことは前述の通りである[53]。この附加価値税番号が，EU における納税者番号制度の先駆けになった。

　その後，域内における租税回避や脱税の増加や，資本所得に対する加盟国税制の相違を利用した国際的租税逃避現象の頻発かという状況を受けて，EU は，Savings Directive 2003[54] において，加盟国内の金融機関に対し，預貯金の Beneficial owner の名前，住所，出生地及びその居住地国が租税目的のため付与した納税者番号（Tax Identification Number, TIN）を確認することを求めた（3 条 2 項 b）。そして，現行の Savings Directive[55] によれば，納税者番号を附番している各加盟国は，EU 委員会に対し自国の納税者番号の構造とフォーマットを 2014 年末までに報告することになっていた（3 条 4 項）。

　さらに，2012 年には，EU は，「An Action Plan to strengthen the fight against tax fraud and tax evasion」[56] を提示し，租税情報の自動情報交換

---

(53)　本項 II の(3)参照。Vgl. Klenk, in: Sölch/Ringleb, F. N. 42, §27a Rz. 1.

(54)　Council Directive 2003/48/EC of 3 June 2003 on taxation of savings income in the form of interest payments.

(55)　Council Directive 2014/48/EU of 24 March 2014 amending Directive 2003/48 /EC on taxation of savings income in the form of interest payments

を機能ならしめるため，ヨーロッパ連合共通納税者番号（EU TIN）の導入を提案した。また，2013年には，ヨーロッパ連合共通納税者番号に関する「Consultation Paper － Use of an EU Tax Identification Number （TIN）－」[57]を出し，次のような諮問を行って意見を募集した。

① EU TIN の範囲をどのようにすべきか？すべての域内国境越え取引についてか若しくはその一部の取引についてか？PE や法人格を持たない事業体（transparent entities）についても求めるべきか？

② EU TIN の付与の関し，どのような実務的問題が生じるのか？

③ どのような EU TIN の制度を構築すべきか，さらに，EU TIN 制度をどのように機能させるべきか？独自の EU TIN にすべきか，それとも既存の TIN に附加するものとすべきか？

④ EU TIN は，どのような法的問題を生じさせうるのか？情報保護の観点など

そして，現在，EU では，各加盟国の納税者番号の調和を目指して，"European TIN Portal" のサイト[58]を立ち上げ，各国の納税者番号制を紹介する（TINs by country）[59]とともに，各加盟国の納税者番号の検索システムも開発している（TIN online check module）[60]。

このように EU では EU 域内での共通納税者番号（EU TIN）の導入に向けて動き出しており，ドイツを含む各加盟国の納税者番号制度とどのようにリンクさせるかが課題となっている。もし，各加盟国の納税者番号制度との調和を図ることなしに，EU 域内で共通納税者番号制度が誕生すれば，各加盟国の納税者番号と EU TIN が併存する状態になり，かえって統一的な課税

---

(56) COM(2012) 722 final

(57) Consultation Paper－Use of an EU Tax Identification Number (TIN)－, Brussels, 25 th February 2013, TAXUD. D. 2.002 (2013) 276134

(58) https://ec. europa. eu/taxation_customs/tin/#top-page

(59) Available at https://ec. europa. eu/taxation_customs/tin/tinByCountry. html(last visited at 31.8.2015).

(60) Available at https://ec. europa. eu/taxation_customs/tin/tinRequest. html (last visited at 31.8.2015).

上の取扱いが保証され得ない状態となることは必然である。EU TIN が，各加盟国固有の納税者番号に代替するものとなり，一つの納税者番号制度が構築されることが納税者によっても税務行政にとっても最も望ましいように思われる。

お わ り に

　以上，ドイツの納税義務者制度を多面的に分析してきたが，最後にその特徴と日本の納税者番号制度への示唆を簡単にまとめておきたい。

　第 1 に，ドイツの納税義務者制度は，自然人に関する個人情報収集・利用に関して厳格な範囲限定と目的限定が適用されている。それゆえ，納税者にとっては，個人情報の保護という観点では大きなメリットがあるということができる。それは，情報の自己決定権に関する 1983 年の連邦憲法裁判所の国勢調査判決の縛りがあるためである。ただし，連邦中央租税行政庁が収集・蓄積することができる情報が極めて限定されている関係上，税務行政の十全な統一的な運営が可能になるのかどうか疑問なしとし得ない。また，納税者番号制度は，納税者の利便のためでもある観点においては，情報利用に厳しい制限がかかったドイツの納税者制度では，納税者の利便が大いに高まったとは言いがたい。

　第 2 に，ドイツの納税者番号制度においては，第三者たる私人が個人番号を収集することには厳格な規制がかかっている。情報が価値を生む売り物となり，そのことによって，納税者番号にリンクされた個人情報が当人の知らないところで第三者によって収集され，蓄積されるリスクがある現代社会において，ドイツのように個人番号の収集や情報の第三者利用を厳しく制限する納税者番号制度は，納税者のプライバシー保護の観点においては大いなる利点を見いだすことができるであろう。納税者番号の違法な収集行為を無効とする租税通則法 139b 条 2 項 3 文の規定は，日本のマイナンバー制度にとっても有効な示唆を与えてくれるであろう。

第3に，ドイツの特殊事情であるかもしれないが，納税者番号制度といえども EU の影響を免れ得ない。特に，近時のグローバル化の進展の状況に鑑みれば，公平な課税を実現するためには国境を越える取引も納税者番号によって把握する必要があることは言うまでもない。金子宏教授が提唱するような国際納税者番号制度の構築[61]はある意味において必然的なものなのかもしれない。EU 共通納税者番号の構築に向けてヨーロッパが動き出している現在，まだまだスタートした段階にあるドイツ固有の納税者番号制度の運命が今後，どのようになるか興味深いところである。

---

(61)　金子宏「国際納税者番号の採用に向けて」税研 144 号 10 頁（2009 年）

納税環境の整備

第6章　納税者番号制度と
納税者の秘密の保護

名古屋大学大学院教授　**髙橋　祐介**

I　はじめに

現在，社会保障・税番号制度（いわゆるマイナンバー制度。以下では単に「番号制」と呼ぶ）による個人番号（マイナンバー）・法人番号の付番（平成 27 年 10 月 5 日以降）及び利用開始（同 28 年 1 月 1 日以降）に向け[1]，関係行政機関や民間事業者などの間で準備が進められつつある。他方，日本年金機構の内部事務処理ネットワークに対してウィルスメールによる不正アクセスがあり，最大で基礎年金番号・氏名・生年月日・住所の 4 項目につき，約 125 万件が流出したことが，平成 27 年 6 月 1 日に公表され[2]，番号制稼働時に同様の流出が生じるのではないかと懸念[3]も表明されている。

本稿は，番号制と納税者等の情報保護につき，主として制度論的・立法論

---

(1)　行政手続における特定の個人を識別するための番号の利用等に関する法律（平成 25 年法 27。以下，番号法と呼ぶ）及び行政手続における特定の個人を識別するための番号の利用等に関する法律の施行期日を定める政令（平成 27 年政 171）参照。
(2)　日本年金機構・プレスリリース「日本年金機構の個人情報流出について」（2015 年 6 月 1 日，http://www.nenkin.go.jp/n/data/service/0000150601ndjlleouIi.pdf）

的検討を行うものであるが，特に番号制を中核とする税務行政の一連の流れにおいて，主としてプライバシー保護の観点からいかなる点が問題となり，またその問題にどのように対処すべきかを検討する。

筆者は個人情報保護法制やプライバシー権の議論を専門の研究対象とはしておらず，まして情報セキュリティ[4]に関する電子技術について論じるほどの知識はない。また，納税者の秘密には，当然に法人の秘密（営業上の秘密など）も含まれるなど，秘密の範囲も広大である。これらに関する文献がすでに膨大な量が存在していることや紙幅の関係も踏まえ，本稿は税制，特に（徴収納付も含む）所得税制におけるプライバシー権の議論を踏まえつつ，個人たる納税者の情報保護に焦点を絞る。なお，近年では各国税務当局間の情報交換について多くの議論がなされ，平成27年度税制改正でも非居住者に係る金融口座情報の自動的交換のための報告制度が整備されたが[5]，後述するOECDプライバシーガイドラインやEUデータ保護指令を含むプライバシー権の議論に触れるものはほとんどなく[6]，いわゆる国際的な税務行政内での閉じた議論に終始している観がある。本稿は，むしろ上記ガイドラインなどを含むプライバシー権の議論を紹介し，税務行政外の潮流から物事を眺

---

(3) 例えば，朝日新聞2015年6月2日付朝刊2面「（時時刻刻）件名偽装メールで感染　年金機構，注意喚起も徹底されず」及び3日付朝刊1面「（天声人語）個人情報を守れるのか」。

(4) 情報セキュリティ（Information Security）とは，JIS Q 27000: 2014（情報技術－セキュリティ技術－情報セキュリティマネジメントシステム－用語）2.33によれば，①機密性（confidentiality，認可されていない個人，エンティティ又はプロセスに対して，情報を使用させず，また，開示しない特性），②完全性（integrity，正確さ及び完全さの特性），③可用性（availability，認可されたエンティティが要求したときに，アクセス及び使用が可能である特性）を維持すること，と定義されている（ただし，真正性など他の特性を含みうる）。この概念は，情報の保有者（組織）が情報資産をどのように管理するかという視点からのものであり，情報を保有する組織たる国税庁などにおける情報管理のあり方を論じる上では重要ではある（情報セキュリティの意義等につき，多賀谷一照「情報セキュリティ」『情報と法（岩波講座　現代の法10）』（岩波書店，1997年）213頁参照）。しかし，本稿は，情報の対象たる個人（納税者等）に焦点を当てること，かつ筆者が電子技術的な知識がほとんどないことを踏まえ，情報セキュリティの観点からの検討は行わない。

める視点を提供しようというものである。ただし，紙幅の関係上，国際的情
報交換の議論には触れない。

以下ではまず，Ⅱにおいてプライバシー権論の動向，現在の個人情報保護
法制，国際的なプライバシー保護の流れ，番号法における個人情報保護を，
後の検討に必要な限度で概観し，番号制を前提とした税務行政における個人
情報保護を議論する上での枠組みを抽出する。Ⅲでは，情報収集→情報処理
→情報移転という情報の流れに沿いつつ，番号制のみならず現行税法の抱え
る個人情報保護上の問題点とその解決方針について検討する。

本稿のタイトルをみてすぐに気がつかれる読者もおられようが，本稿のタ
イトルは，今から40年近く前に金子宏教授が公表された論文[7]（以下，単に
金子秘密保護論文と呼ぶ）と同じものである。本稿のタイトル自体は筆者が選
定したものではないが，後述するように，金子秘密保護論文の分析枠組みは
現在でも生きている。本稿は，金子秘密保護論文を出発点に，同論文公表後
に生じた様々な法的事象や研究成果などを盛り込んだ上で，いわゆるプライ
バシー保護の観点から，税制全体をより深い視点で検討するものである。

上述のように，本稿は立法論的検討を主とするが，必要である場合には解
釈論を最小限度の範囲で展開する。本稿の情報（インターネット上のそれを含

---

(5) 所得税法等の一部を改正する法律（平成27年法律第9号）7条，租税条約等
の実施に伴う所得税法，法人税法及び地方税法の特例に関する法律（昭和44
年法律第46号。実施特例法）10条の5。相手国への情報提供の実施特例法上
の根拠条文は8条の2である。非居住者で日本の金融機関（報告金融機関等）
に口座を開設した者などは，住所氏名や外国の納税者番号等を金融機関の営業
所の長に報告し（実施特例法10条の5第1項，実施特例省令16条の2第1項。
ただしその外国で納税者番号の報告が禁止されていれば，報告しなくてよい。
実施特例省令16条の2第2項），さらにその長が所轄税務署長に所定の情報を
報告することになっている（実施特例法10条の6第1項）。

(6) EUデータ保護指令に触れるものとして，吉村政穂「国際課税における金融口
座情報の共有体制の確立」金子宏他編『租税法と市場』（有斐閣，2014年）
532頁，548頁。

(7) 金子宏「納税者番号制度と納税者の秘密の保護」同『所得課税の法と政策』
（有斐閣，1996年）180頁［初出：1978年］。以下では，『所得課税の法と政
策』を単に『法と政策』とのみ引用する。

む）は，平成 27 年 8 月末日現在のものである。

II　個人情報保護の根拠と対策

1　はじめに

　個人情報保護の根拠とそれに基づく対策を確認しよう。まず，議論の出発点として，本稿の先行業績たる金子秘密保護論文とそれに関連する 2 論文[8]は，納税者番号制度が適正・公平な課税と税務行政の効率化を実現するための制度であることを前提に，①納税者その他の私人（納税者等）の個人的・経済的秘密[9]が租税行政庁の外に漏れると納税者等は各種の精神的・経済的損害を受けること，さらに②納税者等の自発的納税協力・質問検査権に対する協力の確保の観点から，納税者等の秘密の保護・租税資料開示禁止原則[10]などを主張する。この場合，保護される秘密は，個人的秘密のみならず，財産的・経済的秘密を含み，また個人とともに法人に関する秘密も含まれる。

　ここで重要な点は，秘密の保護が納税者の利益と課税庁側の利益（税務執行の適正化・円滑化）の双方の観点から必要なこと，保護される秘密の範囲が広範であること，租税資料は原則として開示禁止であることである[11]。金

---

(8)　金子宏「納税者番号制度の意義と機能　―税制調査会小委員会報告書の紹介と検討―」『法と政策』・前掲注 7・231 頁［初出：1994 年］及び「税務情報の保護とプライバシー　―納税者番号制度を視野に入れて―」同 196 頁［初出：1993 年］。

(9)　金子宏『租税法（第 20 版）』（弘文堂，2015 年）793 頁は，納税者等の秘密の意義を，個人または法人の生活や活動に関する事実のうち，一般に知られておらず（秘密性），知られないことが本人の利益に合致し（秘匿の利益），かつ本人も知られないことを欲している（秘匿の意思）とする。課税庁側の秘密につき，いわゆる徴税トラの巻事件最高裁判決（最判昭和 52 年 12 月 19 日刑集 31巻 7 号 1053 頁）は，「非公知の事項であつて，実質的にもそれを秘密として保護するに価すると認められるもの」と定義づけている。

(10)　新井隆一「税務行政とプライバシー」『日本の税金　ジュリスト増刊総合特集33』（有斐閣，1984 年）114 頁，117 頁は，納税者情報開示禁止原則とともに，納税者情報他目的使用禁止原則を提示する。

子教授の秘密保護に対する根底には，後述する自己情報コントロール権（金子教授のいう自己情報管理権）としてのプライバシー権理解が存在する[12]。

2　プライバシーの権利に関する議論

(1)　「放っておいてもらう権利」から自己情報コントロール権へ

　プライバシー権はアメリカにおいて「ひとりで放っておいてもらう権利（the right to be let alone）」として登場したとされるが[13]，我が国では「宴のあと」第一審判決（東京地判昭和39年9月28日下民集15巻9号2317頁）が，個人の尊厳を保ち幸福の追求を保障するうえにおいて必要不可欠な人格的な利益として，プライバシー権を，「私生活をみだりに公開されないという法的保障ないし権利」と理解した[14]。このような私法上の権利としてのプラ

---

(11)　なお，同論文は，犯罪捜査機関や国会からの報告や資料請求があった場合の開示義務及び開示の程度が明らかではない旨，指摘している（『法と政策』・前掲注7・193～194頁）。番号法では犯罪捜査機関や両議院からの請求による特定個人情報の提供を明文で認めているが（19条12号），開示の程度が明らかではないことには注意すべきである。

(12)　『法と政策』・前掲注7・228頁及び233頁以下参照。金子教授は，納税者番号制度における情報の保護を，情報の収集（範囲と手続）と管理の2側面に分けて議論し，①自己情報管理権の対象には，個人の私事に関する情報のみならず，個人の経済的情報や法人等の情報も含まれること，②思想信条，医療情報のような古典的・伝統的なプライバシー情報はそもそも収集が認められないこと，③自己情報管理権の観点から最も重要なことは，目的外利用の禁止，開示請求権・訂正請求権の確立であること，などを指摘する。

(13)　プライバシー権の発展については様々な文献があるが，例えば伊藤正己『プライバシーの権利』（岩波書店，1963年）24～50頁，堀部政男『プライバシーと高度情報化社会』（岩波書店，1988年）21～64頁，石井夏生利『個人情報保護法の理念と現代的課題－プライバシー権の歴史と国際的視点－』（勁草書房，2008年）25頁以下（第Ⅰ部）。

(14)　同判決は，プライバシー侵害に対して法的救済が与えられるために，①公開された内容が私生活上の事実または私生活上の事実らしく受け取られるおそれのあることがらであること（私事性），②一般人の感受性を基準にして当該私人の立場に立った場合公開を欲しないであろうと認められることがらであること，③一般の人々に未だ知られていないことがらであること（非公知性）を必要とし，このような公開によって当該私人が実際に不快，不安の念を覚えたことを必要とする，としている。

イバシー権は，その後，京都府学連事件最高裁判決（最大判昭和44年12月24日刑集23巻12号1625頁）で，憲法13条を根拠に「個人の私生活上の自由の一つとして，何人も，その承諾なしに，みだりにその容ぼう・姿態…を撮影されない自由を有する」と判示され，また前科照会事件最高裁判決（最判昭和56年4月14日民集35巻3号620頁）でも，「前科及び犯罪経歴…は人の名誉，信用に直接にかかわる事項であり，前科等のある者もこれをみだりに公開されないという法律上の保護に値する利益を有する」と判示されることにより，憲法上の権利としても確立したとされる[15]。現在では，情報化社会の進展に伴い，「自己に関する情報をコントロールする権利」（自己情報コントロール権・情報プライバシー権）としての理解[16]が学説上有力であるが，異説もある[17]。

　前述のように小説などによる私事の公開，国家権力による写真撮影のような私的領域への介入の他，参加者名簿の国家権力に対する提出（早稲田大学江沢民主席講演会事件最高裁判決・最判平成15年9月12日民集57巻8号973頁），住民基本台帳ネットワークシステムによる個人情報収集・管理・利用（住基ネット訴訟最高裁判決・最判平成20年3月6日民集62巻3号665頁[18]）などが，学説上はプライバシー侵害が問題となった裁判例として上げられる。しかし

---

(15)　芦部信喜（高橋和之補訂）『憲法［第六版］』（岩波書店，2015年）122～123頁。
(16)　佐藤幸治『現代国家と人権』（有斐閣，2008年）270頁［初出：1970年］。
(17)　例えば，プライバシーを自己情報コントロール権に限定し，静穏のプライバシーや私的事項の決定権（自己決定権）は別個に解する説（佐藤幸治『日本国憲法論』（成文堂，2011年）182頁），静穏のプライバシーを残存させつつ自己情報コントロール権を中心に考える説（辻村みよ子『憲法（第4版）』（日本評論社，2012年）159頁），自己決定権も情報プライバシー権と並んで広義のプライバシー権を構成すると解する説（芦部・前掲注15・126頁）などがある。また，プライヴァシーとは他者による評価の対象となることのない生活状況・人間関係が確保されている状態であり，プライヴァシー権とはそのような状態に対し法的承認を受けるに値する正当な利益であるとする考え方（阪本昌成『プライヴァシー権論』（日本評論社，1986年）4～9頁［初出：1984年］）や，自由な社会関係を前提とした自己イメージのコントロール権とする考え方（棟居快行『人権論の新構成（第1版改版新装）』（信山社，2008年）192頁）などもある。

最高裁は，自己情報コントロール権を少なくとも明示的には認めていないし，プライバシーという言葉自体も，それ自体独立の権利性があるものとして使われておらず，せいぜい国家権力からの私生活の自由として保護されるべき利益の一つとしか考えられていない[19]。また，容ぼうや前科，氏名住所など，必ずしも非公知またはセンシティブではない情報も，法的保護の対象になっている[20]。

---

(18) 住基ネット訴訟最高裁判決では，番号制同様，個人情報を収集・管理・利用するための住基ネットの合憲性が争われた。同判決は，前科照会事件最高裁判決を引用しながら，「憲法13条は，国民の私生活上の自由が公権力の行使に対しても保護されるべきことを規定しているものであり，個人の私生活上の自由の一つとして，何人も，個人に関する情報をみだりに第三者に開示又は公表されない自由を有するものと解される」と一般論を述べた後，①本人確認情報（氏名・生年月日・性別・住所の4情報と住民票コード，変更情報）はいずれも個人の内面に関わるような秘匿性の高い情報ではなく，4情報と変更情報は住基ネット以前に管理・利用等されてきたこと，②住基ネットによる本人確認情報の管理・利用等は，法令に基づき，住民サービスの向上・行政事務の効率化という正当な行政目的の範囲で行われていること，本人確認情報漏洩の具体的危険がないこと，本人確認情報の目的外利用やその秘密に関する漏洩等が刑罰などにより禁止されていること，本人確認情報の適切な取扱いを担保するための措置が講じられていることから，本人確認情報の違法不当な第三者への開示の具体的危険がないこと，③住民基本台帳法による目的外利用の禁止には実効性があること，住基カード内の本人確認情報が行政サービスを提供した行政機関のコンピュータには残らず，データマッチング及びそのための文書等収集が懲戒処分や刑罰などにより禁止されていること，個人情報を一元的に管理できる機関・主体がないことから，住基ネットにより住民の本人確認情報を管理・利用等する行為は，個人に関する情報をみだりに第三者に開示・公表するものということはできない，と判示している。
    本稿は，住基ネット最高裁判決の判断枠組みに沿って番号制（のうちの情報提供ネットワークシステム）の合憲性につき詳述することはできないが（この問題につき，例えば新保史生「番号法（社会保障・税番号制度）の構造」憲法研究46号179頁，193～196頁（2014）参照），住基ネットとは異なりかなり秘匿性の高い情報も流通するものの，番号法の目的・基本理念（番号法1条，3条参照）や本稿Ⅱ.5で述べるような個人情報保護への配慮からすると，個人に関する情報をみだりに第三者に開示・公表するものではなく，ただちに違憲とはいえないと思われる。もっとも，本稿冒頭で述べたように，少なくとも現状では情報漏洩の具体的危険がないともいいきれない。

(2) 近時のさらなる展開

以上のような「放っておいてもらう権利」（第一期。古典的プライバシー権）から（高度情報化社会を必ずしも念頭に置かない）「自己情報コントロール権」（第二期）への変容を超えて，情報の検索・連結・解析可能性の高度化と情報の複雑性を縮減するために必要な情報システムへの依存を背景に，私事の公開やセンシティブ情報の同意なき開示・利用といったような事後的・個別具体的な不法行為に議論の重点を置くのではなく，情報システムやデータベースの構造ないしアーキテクチャに重点を置く「構造論的転回（structural turn）」を指摘する見解が，近時現れている[21]。このような第三期プライバシー権論は，自己情報コントロール権との連続性・関連性を維持し，主観的

---

(19) 税関検査の憲法 13 条違反が問題となった最高裁平成元年 4 月 13 日判決（金商 845 号 43 頁）は，「憲法一三条により，国民が自己の意思に反してプライバシーに属する情報を公権力により明らかにされることはないという利益が憲法上尊重されるべきものとされているとしても，右のようなプライバシーの利益も絶対無制限なものではなく，公共の福祉による制約の下にあるというべきである」（傍点は髙橋）と述べており（同旨，最判平成 9 年 11 月 17 日刑集 51 巻 10 号 855 頁），公権力に対するプライバシーの保護を正面から認めているわけではない。外国人の指紋押なつが問題となった最判平成 7 年 12 月 15 日刑集 49 巻 10 号 842 頁もプライバシーの侵害について言及しているが，個人の私生活上の自由のひとつとして何人もみだりに指紋の押なつを強制されない自由を有する旨，判示している。
　プライバシー侵害による不法行為の成否が問題となった最高裁判例のうち，法廷意見中でプライバシーという言葉を使ったものは，最判平成 7 年 9 月 5 日判時 1546 号 115 頁（尾行，ロッカーを無断で開けて私物撮影），最判平成 14 年 9 月 24 日判時 1802 号 60 頁（「石に泳ぐ魚」事件），最判平成 15 年 3 月 14 日民集 57 巻 3 号 229 頁（少年法 61 条の禁ずる推知報道），本文中で述べた早稲田大学江沢民主席講演会事件最高裁判決がある。いずれも私生活への侵入や私生活上の情報の公開ないし第三者への提供が問題となっており，すべて古典的な「放っておいてもらう権利」でも説明できないわけではない（増森珠美「判解」法曹時報 62 巻 11 号 147 頁，167 頁（2010）参照）。なお，前述の最判平成 7 年 9 月 5 日判決は，プライバシーを「人格的利益」と捉えている。

(20) ただし，本稿注 19 の各最高裁判決を読むと，基本的には私事性・非公知性を備え，公開を欲しない事柄がプライバシー保護の対象，あるいは少なくともその中核であると考えられていることが分かる。その意味で「宴のあと」事件判決の考え方（本稿注 14）は，現在に至るまで基本的には変わっていないと理解できる。

利益としての性格を維持しつつ，無力化や表現活動等への萎縮効果など，デ
ータベースが社会全体に及ぼす影響の重大性から，その構造ないしアーキテ
クチャ全体をコントロールするという客観的側面を強調し，高度専門的な監
視機関の設置といった組織法的視点やプライバシー権における社会公共的利
益の重要性強調などを説くものである[22]。

3　現行個人情報保護法制とその改正の動き

　現行個人情報保護法制は，いわゆる基本法部分と民間部門を規定する「個
人情報の保護に関する法律」（平成 15 年法 57。以下，個人情報保護法という），
国及び実質的に政府の一部をなす法人について規定する「行政機関の保有す
る個人情報の保護に関する法律」（平成 15 年法 58。以下，行政機関個人情報保護

---

(21)　山本龍彦「プライバシーの権利」ジュリスト 1412 号 80 頁（2010）。同「プラ
　　　イヴァシー―核心はあるのか」長谷部恭男編『人権の射程（講座　人権論の再
　　　定位 3）』（法律文化社，2010 年）137 頁は，通説たる自己情報コントロール権
　　　説には関心対象のずれ（高度情報化社会まで想定していない）や保護される情
　　　報カテゴリーの狭さといった問題があることを指摘した上で，プライヴァシー
　　　の多元的・文脈的理解を提唱する。ただし，このような立場につき議論がない
　　　わけではない。山本龍彦他「座談会（日本国憲法研究　第 10 回　プライバシ
　　　ー）」ジュリスト 1412 号 91 頁（2010）参照。
(22)　転回を牽引する情報プライバシー学派の一人とされる Daniel　J. Solove はその
　　　著書 UNDERSTANDING　PRIVACY（2008）［日本語訳として，ダニエル・J・ソロー
　　　ヴ／大谷卓史訳『プライバシーの新理論　概念と法の再考』（みすず書房，
　　　2013 年）］において，プライバシーの本質ないし中核を定義づける試みは混迷
　　　と混乱を極めているが，むしろ幅広い問題解決に役立つよう，プライバシーを
　　　多元的に理解すること，具体的な個別の文脈の問題に焦点を当てること，プラ
　　　イバシーの価値は個人の権利としてよりも社会的重要性を基準に決定すること
　　　などを主張した上で，プライバシー問題を生じさせる類型を，①情報収集
　　　（information　collection），②情報処理（information　processing），③情報拡散
　　　（information　dissemination），④侵襲（invasion）の大別 4 つに分け，それら
　　　においてなぜプライバシーが問題になるのかを説明している。このような考え
　　　方が，自己決定やプライバシー，情報保護といった様々な法的概念を駆使する
　　　日本の状況になじむかはともかく（大屋雄裕「プライバシー概念の総合的把握
　　　――幻想か，集合体か」図書新聞 3126 号 5 頁（2013）参照），問題の相互の関
　　　連を意識しつつ，具体的な個別の文脈に焦点を当てるアプローチは，税務行政
　　　におけるプライバシーないし個人情報保護を考察する上で有益であろう。

法という）及び「独立行政法人等の保有する個人情報の保護に関する法律」（平成 15 年法 59。以下，独立行政法人等個人情報保護法という），地方公共団体について規律する個人情報保護条例（例えば，名古屋市個人情報保護条例（平成 17 年条 26））に分けられるが[23]，番号法は，個人情報保護三法の特別法としての位置づけである（番号法 1 条参照）。個人情報保護法制は，いずれも個人情報の有用性（個人情報保護法 1 条）や行政の適正かつ円滑な運営（行政機関個人情報保護法 1 条），独立行政法人等の適正かつ円滑な運営（独立行政法人等個人情報保護法 1 条）に配慮しつつ，個人の権利利益を保護することを最重要目的としている[24]。

保護対象である個人の権利利益自体は，上記三法の中で明らかにされているわけではなく（ただし個人情報保護法 3 条は「個人の人格尊重の理念」に言及している），後述するプライバシー権に関する近時の有力学説である自己情報コントロール権を明示しているわけではない[25]。また，個人のいわゆるセンシティブ情報についての特段の配慮が示されておらず，個人情報全体について（特段の区別なく）保護するにすぎない。さらに，法人の情報を保護する規定もなく，このような情報は個人情報保護法制外の守秘義務や不法行為法などでの情報保護の対象になるにすぎない。

個人情報保護法制では，①個人情報の利用目的が明確にされ，かつその利用目的の達成に必要な範囲内で取り扱われること（個人情報保護法 15 条，16 条，行政機関個人情報保護法 3 条など），②個人情報が適法適正な方法により取得されること（個人情報保護法 17 条），③個人情報が利用目的達成の範囲内で正確かつ最新の内容に保たれること（個人情報保護法 19 条，行政機関個人情報保護法 5 条など），④個人情報が適切な安全保護措置を講じた上で取り扱われること（個人情報保護法 20 条以下，行政機関個人情報保護法 6 条以下など），⑤個

---

(23)　宇賀克也『個人情報保護法の逐条解説［第 4 版］』（有斐閣，2014 年）18〜19 頁。個人情報保護法などの立法の経緯につき，同書 1 頁以下参照。
(24)　宇賀・前掲注 23・23〜24 頁，209 頁
(25)　個人情報保護法制とプライバシー権との関わりにつき，例えば岡村久道『個人情報保護法の知識（第 2 版）』（日本経済新聞出版社，2010 年）37〜40 頁参照。

人情報の取扱いに関して必要な透明性が確保されること（個人情報保護法18条，24条以下，行政機関個人情報保護法4条，12条以下など）などの事柄を中心に，必要な定めが置かれている[26]。

以上のような現行個人情報保護法制に対し，自由に利活用できる情報の範囲を明らかにし，また国境を越えた情報流通の進展（本稿Ⅱ.4参照）に対処することなどの観点から，高度情報通信ネットワーク社会戦略本部（IT総合戦略本部）により，パーソナルデータの利活用に関する制度見直しが行われた。その結果取りまとめられた大綱[27]に基づいて起草された「個人情報の保護に関する法律及び行政手続における特定の個人を識別するための番号の利用等に関する法律の一部を改正する法律」（個人情報保護法等改正）が平成27年8月末に成立し，翌月公布された（平成27年法律第65号）。

4　国際的展開

周知の通り，プライバシーないし個人情報保護については国際的な取組みも存在し，国内における個人情報保護もこのような取組みとの整合性や配慮が求められる[28]。

(1)　OECD プライバシーガイドライン[29]

取組みの第一としては，OECD プライバシーガイドラインがあげられよう。これは，加盟国間でのプライバシー，個人の自由及び国際的な情報の自由な流通を保護することを目的とし（OECD 理事会勧告参照），国内実施に際しての高名な8原則[30]のほか，データ管理者の責任，国際的なデータ流通の自由とそれに対する制限のあり方，加盟国の実施すべき国内措置を規定している。なお，OECD は，情報セキュリティに関してもガイドラインを策定している[31]。

(2)　EU データ保護指令[32]

1995年，個人データに関する個人の権利と自由，特にプライバシーの権利を保護し，かつ構成国間の自由な個人データ流通を確保するため（Art.1），EU データ保護指令が採択された。同指令は例えば個人データが公正・適法

（fairly and lawfully）に扱われること（Art. 6. 1⑴），特定の明示的かつ正当な

---

(26) 第151回国会に提出された個人情報保護法案（閣法90号。旧法案）は，高度
情報通信社会推進本部個人情報保護法制化専門委員会が取りまとめた「個人情
報保護基本法制に関する大綱」（平成12年10月11日。http：//www. kantei.
go. jp/jp/it/privacy/houseika/taikouan/1011taikou. html）に示された五つの
基本原則（①利用目的による制限，②適正な方法による取得，③内容の正確性
の確保，④安全保護措置の実施，⑤透明性の確保）に従って立案され，この旧
法案の中にも五原則が盛り込まれたが（旧法案4～8条），マスメディア等の反
対に遭ったために廃案にされた。その後，五原則を削除するなどの訂正を加え
た上で，第156回国会に新法案（閣法71号）が提出されて可決成立し，現行
個人情報保護法となっている（このあたりの経緯は，藤井昭夫「個人情報保護
法制定過程に関する考察」政経研究50巻2号409頁（2013）が詳しい）。現行
個人情報保護法も，上記五原則に基づく形で起草されているため（宇賀・前掲
注23は，条文が旧法案の五原則のどれに対応するのかを解説している），本稿
本文では五原則に対応する形で個人情報保護法制を紹介した。なお，本稿注
30のOECD 8原則などもそうであるが，各原則がいかなる具体的な権利利益
を保護しているかが必ずしも明らかではない点に注意が必要である。
　他方，第154回国会に提出された行政機関個人情報保護法（閣法70号。旧
法案）に関する報告書としては，総務大臣政務官が開催する行政機関等個人情
報保護法制研究会（茂串俊座長）が取りまとめた「行政機関等の保有する個人
情報の保護に関する法制の充実強化について　―電子政府の個人情報保護―」
（平成13年10月26日。http：//www. soumu. go. jp/main_sosiki/gyoukan/
kanri/pdf/honbun_1. pdf）があり，適正な取扱いとしての利用目的の明確化
やそれによる取扱いの制限，利用目的の明示，（情報）受領者に対する措置要
求，安全確保や正確性確保などが盛り込まれている。研究会の検討では，「基
本法制における基本原則（髙橋注：個人情報保護法旧法案の五原則のこと）の
趣旨を公的部門にふさわしいように具体化する」とされたが，この五原則のう
ち，②適正な方法による取得のみが具体化されていない（旧法案の流れをくむ
現行行政機関個人情報保護法にも対応する条文がない）。この点，報告書では，
「行政機関における個人情報の取得が，適法かつ適正な手続によらなければな
らないのは，日本国憲法の下では特別の法律を待たずとも当然要請されるとこ
ろである。また，行政機関の職員については，国家公務員法（法令遵守義務
（第98条））等他の法規により規律されている」ので，改めて規定する必要は
ない，「なお，適法でない方法により取得された個人情報については，本人は
利用停止等を求めることができる」（報告書9頁）とされている。また，セン
シティブ情報についても，行政機関法制が「一般法として広範な領域を規律す
ることから，特定分野における特定の取扱いがされる一定の個人情報について
規律することは困難である。したがって，この問題については，政府において，
必要があれば，国民等の意見及び要望を踏まえつつ，個別分野ごとの専門的な
検討を行うことを期待する」（同10頁）とされ，特段の規定が設けられること
はなかった。

第 6 章　納税者番号制度と納税者の秘密の保護　195

目的のために収集され，取り扱われること（Art. 6. 1(b)）などを規定している
が，なかでも個人データの第三国への移転は，当該第三国が十分なレベルの
保護（an adequate level of protection）を確保している場合に限り認める旨を
規定していた（Art. 25. 1）。そのため，我が国の個人データ移転に関連して
その個人データ保護が十分かどうかが問題となり，我が国の個人情報保護法
制上大きな影響が及んでいる[33]。

　以上に対して，EU データ保護指令などの下での枠組みでは EU 各国での
実施方法の細分化などの問題があることを踏まえ，より強力で首尾一貫した

---

(27)　高度情報通信ネットワーク社会推進戦略本部「パーソナルデータの利活用に関
　　する制度改正大綱」（平成 26 年 6 月 24 日，http://www. kantei. go. jp/jp/sin
　　gi/it2/kettei/pdf/20140624/siryou5. pdf）。
　　　上記大綱の基本的枠組みは，①本人の同意がなくてもデータの利活用を可能
　　とする枠組みの導入等，②基本的な制度の枠組みとこれを補完する民間の自主
　　的な取組みの活用，③第三者機関の体制整備等である。その他にも，グローバ
　　ル化への対応，町内会内部での名簿などの適用除外などの見直し，学術研究目
　　的での情報取扱い明確化，などが挙げられている。
(28)　消費者庁の HP（http://www. caa. go. jp/planning/kojin/index_en3. html. ホ
　　ーム〉消費者制度課〉個人情報の保護〉諸外国，国際機関における個人情報保護
　　制度）では，諸外国や国際機関における個人情報保護制度につき，かなり詳し
　　く紹介をしている（ただしリンク切れも多々ある）。
(29)　プライバシー保護と個人データの国際流通についてのガイドラインに関する理
　　事会勧告（OECD Recommendation Concerningand Guidelines Governingthe
　　Protection of Privacy and Transborder Flows of Personal Data, C(80)58/
　　FINAL, as amended on 11 July 2013 by C(2013)79）の附属書（Annex）で
　　あるプライバシー保護と個人データの国際流通についてのガイドライン
　　（Guidelines governing the protection of privacy and transborder flows of
　　personal data）のことであり，1980 年に採択され，2013 年に改正がなされた
　　（改正前後のガイドラインや改正前の各種報告書などは，The OECD Privacy
　　Framework, http://www. oecd. org/sti/ieconomy/oecd_privacy_frame
　　work. pdf に含まれている）。なお，本稿では，附属書であるガイドラインを
　　OECD ガイドライン，理事会勧告の本体を OECD 理事会勧告という。
　　　2013 年の改正について，堀部政男・新保史生『OECD プライバシーガイド
　　ライン　30 年の進化と未来』（JIPDEC，2014 年）の第 2 章（改正の背景）と
　　第 3 章（改正の詳解）が参考になる。本稿注 30 の OECD ガイドラインの訳は，
　　同書の仮訳を参照している。同改正に関する他の文献として，例えば板倉陽一
　　郎「3　OECD 改正ガイドライン（Ⅰ　国際的取組みの動向)」改正動向調査
　　報告書・後掲注 34・135 頁以下。

データ保護枠組みを構築し，それをデジタルエコノミーの発展や個人による

---

(30) OECD ガイドラインの 8 原則とは，以下の通り。①収集制限の原則（Collection Limitation Principle. 個人データの収集には制限を設け，いかなる個人データも，適法かつ公正な手段により，及び適当な場合にはデータ主体（data subject）に通知し，または同意を得た上で，収集すべきである），②データ内容の原則（Data Quality Principle. 個人データは，利用目的の範囲内で利用し，かつ利用目的の達成に必要な範囲で，正確，完全かつ最新の内容に保つべきである），③目的明確化の原則（Purpose Specification Principle. 個人データの収集目的はデータ収集以前に特定すべきであり，当該利用目的の達成に必要な範囲内，または当該利用目的と矛盾しない目的のためにかつ目的変更時において特定された目的の達成に必要な範囲内での事後的利用に限定される），④利用制限の原則（Use Limitation Principle. 個人データは，データ主体の同意がある場合または法令に基づく場合を除き，③で特定された目的以外の目的で開示し，利用可能状態とし，または使用すべきではない），⑤安全保護措置の原則（Security Safeguards Principle. 個人データは，その滅失若しくは不正アクセス，毀損，不正利用，改ざんまたは漏洩等のリスクに対し，合理的な保護措置により保護されるべきである），⑥公開の原則（Openness Principle. 個人データに関する開発，運用及び政策については，公開という一般方針が採られるべきである。個人データの存在とその性質，その主たる利用目的及びデータ管理者（data controller）の身元と通常の住所を確認するための手段が利用可能たるべきである），⑦個人参加の原則（Individual Participation Principle. 個人は，(a)自己に関する個人データを有するか否かにつきデータ管理者その他の者から確認する権利，(b)自己に関するデータを，合理的な期間内に，必要であれば過度にならない費用で，合理的方法で，わかりやすく受け取る権利，(c)(a)及び(b)による要求が拒否された場合にその理由を受領し，かつそのような拒否に対して異議を申し立てる権利，及び(d)自己に関するデータに対して異議を申し立て，かつ当該異議が認められた場合に当該データを消去・修正・完全化・補正する権利を有する），⑧責任の原則（Accountability Principle. データ管理者は上記諸原則を実施する措置に従う責任を有する）。
　　OECD プライバシーガイドラインは，わが国における個人情報保護法制の整備を促すことになった，行政管理庁プライバシー保護研究会が 1982 年にとりまとめた報告書「個人データの処理に伴うプライバシー保護対策」（行政管理庁行政管理局編『プライバシー保護の現状と将来　個人データの処理に伴うプライバシー保護対策』（ぎょうせい，1982 年）に所収。以下では本報告書を行政管理庁プライバシー保護研究会報告書という）に対して大きな影響を与えた。行政管理庁プライバシー保護研究会報告書は，OECD プライバシーガイドラインの 8 原則を，(a)収集制限の原則，(b)利用制限の原則，(c)個人参加の原則，(d)適正管理の原則，(e)責任明確化の原則の 5 原則に整理した（Ⅲ.1(1)）。これら原則の内容は，現行個人情報保護法制の 5 原則（本稿注 26）にも体現されていると考えられる。

自己データの支配などを確実にするような強力な措置によって裏打ちすることを目的として，EU データ保護規則（一般データ保護規則）⁽³⁴⁾を制定する作業が進んでいる。

(3) その他

その他にも，個人情報についてのプライバシー保護などを目的に 2004 年に採択され，被害防止原則（Preventing Harm Principle. プライバシーの正当な期待に対する個人の利益を認識して，情報の不正利用（misuse）を防止するよう，個人情報保護が図られるべきであるという原則）を第 1 に打ち出した APEC プライバシーフレームワーク⁽³⁵⁾やデータ保護・プライバシーコミッショナー国際会議（International Data Protection and Privacy Commissioners Conference. 2015

---

(31)　OECD Guidelines for the Security of Information Systems and Networks: Towards a Culture of Security（http://www.oecd.org/sti/ieconomy/ 15582260.pdf）. このガイドラインは 1992 年に策定され，2002 年に見直しが行われており，情報システム・ネットワークを開発・所有・利用等する政府・事業・組織・個人（参加者，participants という）が遵守すべき 9 原則（認識の原則，責任の原則，対応の原則，倫理の原則，民主主義の原則，リスク・マネジメントの原則，セキュリティの設計及び実装の原則，セキュリティマネジメントの原則，再評価の原則）を示している。

(32)　Directive 95/46/EC of the European Parliament and of the Council of 24 October 1995 on the protection of individuals with regard to the processing of personal data and on the free movement of such data, 1995 O. J. (L. 281) 33.「個人情報保護制度における国際的水準に関する検討委員会・報告書」（平成 24 年 3 月。http://www.caa.go.jp/planning/kojin/H23report01.pdf）の末尾（194 頁以下）に，堀部政男研究室による仮訳がある。

(33)　堀部政男「プライバシー・個人情報保護の国際的整合性」同編著『プライバシー・個人情報保護の新課題』（商事法務，2010 年）1 頁参照。

(34)　Proposal for a Regulation of the European Parliament and of the Council on the protection of individuals with regard to the processing of personal data and on the free movement of such data（General Data Protection Regulation），COM(2012)11 final（Jan. 25, 2012）. 消費者庁『個人情報保護における国際的枠組みの改正動向調査報告書』（平成 26 年 3 月 28 日。http://www.caa.go.jp/planning/kojin/h25report.pdf. 以下，改正動向調査報告書という）の資料 1（213 頁以下）に，保護規則案の和訳（2014 年 3 月 12 日に欧州議会で可決された版と同じ）がある。EU データ保護規則案についての解説として，例えば宮下紘「1　EU データ保護改革（I　国際的取組みの動向)」改正動向調査報告書 7 頁。

年10月にアムステルダムで第37回会議開催予定）などがある。

5 番号法における個人情報保護

番号制における個人情報保護に関する定めを，ごく手短に概観すると，以下のようになる[36]。

(1) 利用規制：個人情報ファイルにおける個人情報検索といった場面における個人番号の利用範囲を限定し（9条），目的外の特定個人情報の利用が禁止されている（29～32条）。また，必要な範囲を超える個人情報ファイル作成が禁止されている（28条）。

(2) 提供規制：特定個人情報の提供可能事由が限定されており（19条），これ以外の提供の求めは禁止され（15条），また収集することも禁止されている（20条）。情報提供ネットワークシステムを使用した提供につき，情報照会者・提供者のコンピュータ上で提供・提供の求めを記録・保存する必要がある（23条）。本人からの個人番号提供時における本人確認も厳格である（16条）。

(3) 管理規制：特定個人情報の提供可能事由以外の場合の保管が禁止されている（20条）。個人番号利用事務等の再委託時に委託元の承諾が必要である（10条）。個人番号利用事務等実施者等による個人番号の適切な管理措置が義務づけられている（12条）。

(4) 本人からのアクセス充実：任意代理人による請求が可能となり（29～30条），情報提供等記録開示システム（マイナポータル）が設置され（附則6条5項），開示手数料が減額される（29～30条）。

---

(35) APEC Privacy Framework（http://www.apec.org/Groups/Committee-on-Trade-and-Investment/~/media/Files/Groups/ECSG/05_ecsg_privacyframewk.ashx）。 APEC における個人情報保護の取組みとその実態調査の報告につき，『アジア太平洋地域等における個人情報保護制度の実態調査に関する検討委員会・報告書』（平成25年3月，http://www.caa.go.jp/planning/kojin/pdf/h24report01_130830.pdf）参照。

(36) 水町雅子『Q&A番号法』（有斐閣，2014年）72～75頁参照。

(5)　情報保護評価：行政機関の長や独立行政法人など，情報提供ネットワーク使用者に対して特定個人情報保護評価（特定個人情報の漏えいその他リスク分析とそれに基づく事前対処。プライバシー影響評価，Privacy Impact Assessment, PIA の日本版）が義務付けられている（27条）

(6)　執行強化：特定個人情報保護委員会が設置され（36～57条），罰則が新設・強化されている（67～75条）

(7)　個人情報保護法の適用除外となっている小規模事業者（個人情報保護法2条3項5号，同施行令2条）も規制対象となっている。

(8)　情報照会者から情報提供者への情報提供（19条）という考え方からも分かるとおり，特定個人情報は分散して管理されるということが前提である。

　以上の枠組みは，OECD 8 原則（本稿注30参照）や旧個人情報保護法案5原則（同26参照）にもちろん沿う他，分散管理やプライバシー執行機関（特定個人情報保護委員会）の設置，プライバシー影響評価（特定個人情報保護評価）の導入といった諸点でも，国際的な保護水準を充たしているように思われる。

6　小　　括

　以上，現在の情報保護の枠組みとその展開について概観してみたが，その内容は以下の通りにまとめられる。①特に現行の個人情報保護法制（番号法含む）は，プライバシー保護を必ずしも前面に押し出すことなく，また非公知かつ知られたくない秘密情報に限らず，個人に関する情報全体を保護している。判例も，秘密情報のみを保護しているわけではない。金子秘密保護論文の当時よりも，保護されるべき情報の範囲が広くなっている。②情報保護の背後には，個人の人格的利益たるプライバシー（特に自己情報コントロール権）や財産上の利益（営業秘密など）といった情報主体（データ主体）の各種主観的利益の保護[37]や，さらに広く一般的な表現や結社の自由といったような客観的利益のみではなく，政府や企業などへの信頼利益を保護するという意味もある[38]。企業の場合には，信頼の低下がその評判や業績の低下に

直結するが，政府の場合には各種規制や手続履行に対する市民側の自発的協力が失われ，それを補うための政府の執行コスト（手続法違反・情報漏洩などによる損害賠償などのコスト含む）が増加する[39]。金子秘密保護論文における，秘密の保護が納税者の利益と課税庁側の利益の双方に貢献するという視点は，現在でも生きている。③個人情報保護ないしプライバシー保護のために法制度が遵守すべき原則は，OECD 8 原則やその影響を受けた旧個人情報保護法案 5 原則のような形でおおよそまとめられ，国際的にもある程度の合意があり，現在の番号法もそれをかなり厳密な形で遵守している。現在の EU データ保護指令のように，個人データの第三国への移転に対して当該第三国の十分なレベルの保護を要求するものもあり，個人情報やプライバシー保護においては，国際的な動向への配慮は欠かせない。④プライバシー（古典的プライバシー含む）の観点からは，情報の収集→分析加工→提供という情報の流れ，さらには情報を収集する際の私生活ないし営業活動への侵入，以上のよ

---

(37) 情報流出は，例えばデータ主体の他人に知られたくない情報を他人に明らかにして差恥心などをかき立て，また財産的価値を持つ情報であればその財産的価値を損なうほか，周知の通り，詐欺などの犯罪にも利用されうる。OECD (2011), "The Evolving Privacy Landscape: 30 Years After the OECD Privacy Guidelines", OECD Digital Economy Papers, No. 176, OECD Publishing (http://dx.doi.org/10.1787/5kgf09z90c31-en) at 22 (3.1) は，個人データが犯罪組織にとっても有用である旨，指摘している。

(38) OECD (2011), *supra* note 37 at 22-25 は，テクノロジーの進化や情報の国際流通増加に伴い，プライバシーに関しては，特にセキュリティ（security，情報漏洩の可能性），予想外利用（unanticipated uses），監視（monitoring），信頼（trust）に関する懸念が生じるとする。監視が増大すれば情報が増大して漏洩や悪用の可能性も高まるし，プライバシースペースの縮小や違法な差別にもつながる。さらに，自由と信頼の低下ももたらしうる（at 24-25）。信頼は，事業者と顧客，政府と市民の関係の中核（core）にあるものであり，上述のセキュリティや予想外利用，監視という問題は，すべてこの信頼の問題でもある。このような発想は，情報保護がデータ主体の利益保護のみならず，政府や企業の信頼を保護するために必要であることを示唆している。

Joshua D. Blank, *In Defense of Individual Tax Privacy*, 61 EMORY L. REV. 265, 280-282 (2011) は，アメリカ法における Tax Privacy の伝統的正当化根拠も，納税者が情報開示するのは，課税庁がそれを秘密にしてくれることを信頼しているからだ，というものである旨，指摘する。

うな情報の流れや侵入などにより得られる利益まで考慮しながら[40]，税制全体の細部に至るまでの考察が必要であり，番号法のみの検討では十分とはいえない。このような情報の流れを踏まえた考察は，すでに金子秘密保護論文でも指摘されてはいるが（収集→管理），より広い視野に立った考察が必要である。さらにいえば，⑤単純にプライバシーの保護がなされているか否かや，個人情報保護に関する諸原則の充足の有無のみ考慮するだけでは，その背後にある各種の権利利益がいかなるものであり，どの程度保護されなければならないかという問題を見落とすことになろう。論点毎の権利利益に対す

---

(39) 企業がその信頼を失って業績が低迷するとき，それによる損失は役員や株主，従業員といった企業関係者が，少なくとも短期的に負担すると考えられる。他方，政府がその信頼を失う場合には，執行コストの増加が必要な税収増大という形で納税者に跳ね返ってくる。例えば，納税者の情報が政府から漏洩する場合，納税者は自己の情報が漏洩し，場合によってはその悪用により損失を被るほか，漏洩から生じる損害賠償コストまで税負担の増加という形で負担しなければならないであろう（二重の損失。ただし損害賠償により，損失のうちの一つは穴埋めされたとみることは可能）。政府の情報保護は，このような損失を防止するために必要であり，見込まれる損失の現在価値と等しいだけのコストを，情報保護に振り向けることが要求される。
　　　なお，NPO法人日本ネットワークセキュリティ協会「2013年情報セキュリティインシデントに関する調査報告書～個人情報漏えい編～」（2014年12月25日，2015年2月23日改訂）（http://www.jnsa.org/result/incident/data/2013incident_survey_ver1.2.pdf）の3頁によると，2013年の情報漏洩インシデントは1388件，925万人分（1件当たり7031人分），想定損害賠償総額1440億円弱，1件当たり想定損害賠償額1億1000万円弱，一人当たり平均想定損害賠償額2万8000円弱である。大規模な情報漏洩が生じた場合の損害額は大きい。具体的事例におけるプライバシー侵害に関する損害賠償については，升田純『現代社会におけるプライバシーの判例と法理－個人情報保護型のプライバシーの登場と展開－』（青林書院，2009年）357～406頁参照。
(40) 稲谷龍彦「刑事手続におけるプライバシー保護（八）・完　－熟議による適正手続の実現を目指して－」法学論叢173巻6号1頁，27頁（2013）は，刑事手続における適正なプライバシー保護の実現のためには，プライバシー権概念を解釈指針とするのではなく，国民利益の最大化を目指した政府による情報の取得・保存・利用のあり方という問題の実質そのものについて，各国家機関が価値判断・政策的判断をするべき，と主張する。このような考え方は，税や社会保障制度においても当てはまり，本稿Ⅱ.5でみたように，番号法における個人情報保護はすでにその立場から制度論が展開されているといいうるのかもしれない。

る深い洞察が必要である。

Ⅲ　番号制を含む現行税制の個人情報保護上の問題点とその検討

1　はじめに

　個人情報保護の背景には様々な保護の利益があると思われるが，その中核には自己情報コントロール権に基づくプライバシーの発想がある。もっとも，例えば各種の手続を義務付ける，税務調査を行うなど，税務行政は私人の生活に直接介入し，古典的な「放っておいてもらう権利」としてのプライバシーを侵害する側面もある。以下では，古典的な「放っておいてもらう権利」から自己情報コントロール権，さらには第三期プライバシー権論も意識しつつ，番号制を含む現行税制，特に所得税制が抱える問題点を，情報収集→情報処理→情報提供という情報の流れに沿いつつ，可能な限り各種の権利利益を意識しながら，検討する。

2　介入・情報収集

(1)　税制・社会保障給付と情報

　税制や社会保障給付において，個人情報が必要な理由とは，各人の状況に応じて適切と考えられる税負担を課し，また給付を行うためである。したがって，税制，あるいは社会保障制度により，必要な個人情報が異なる[41]。全居住者に同一の税負担を課す人頭税の執行に必要な情報は，居住者の特定と納付状況程度で済むが，所得税には所得の計算に必要な様々な情報が必要であり，さらに被扶養者の有無といった人的背景を考慮するにもそのための情報が要求される。個人情報の収集に対する規制は，例えば課税ベースの選択といった税制や社会保障制度の制度設計段階から始まっている[42]。帰属

---

(41)　浅妻章如「税務情報－マイナンバー，文書化等」ジュリスト 1483 号 49 頁，54 頁（2015）は，政府が集める情報の精緻化への期待が今後も高まると指摘する。

所得への課税（所法 39 条など）の限定や，扶養義務者間の扶養義務履行のための金品非課税（同 9 条 1 項 16 号）[43]も，私生活への公権力の介入を防止するものと考えうるが，非課税が不平等をもたらす側面もある。

(2) 自己情報コントロール権の実質化と納税者等による選択

自己情報コントロール権は，人格的自律の存在としての個人を前提としているものの，すべての情報を完全に把握し，状況に応じてそれらの適切な管理・提供ができる者は，現実にはおそらくそれほど多くは存在しない[44]。特に，番号制が利用される分野の一つである社会保障分野において，社会保障給付を受ける者がしばしば情報を適切に扱えず，給付を受ける際に大変な苦労を負う場合が多いことは，想像に難くない。番号制により情報に紐づけし，自己情報を十分に管理できない者に提供をする（可能であれば給付申請手続自体も簡素化する）ことは，むしろ自己情報コントロール権の実質化につながる[45]。

もっとも，特にその者が自己や家族などの情報を提供してまで社会保障給

---

(42) 番号制におけるセンシティブ情報の取扱いも，その情報が税や社会保障の目的上必要であれば，許容されるものと解される。先般成立公布された個人情報保護法等改正法では，本人の人種，信条等を要配慮個人情報（新個人情報保護法 2 条 3 項）と位置づけ，個人情報取扱事業者によるその取得を原則禁止している（同 17 条 2 項）。番号法等では，むしろ当該情報が税や社会保障において真に必要かどうかを逐一詳細に問うべきである。

(43) 実額扶養義務控除につき，拙稿「社会保障と税の一体改革への影響（『マイナンバー制度』への期待と課題－税制と実務への影響－）」税研 170 号 28 頁，31 頁（2013）。

(44) *See* Daniel J. Solove, *Introduction: Privacy Self-Management and the Consent Dilemma*, 126 HARV. L. REV. 1880 (2013).

(45) 今日では，政府による監視・管理に対するイメージの変化（ビッグ・ブラザー的恐怖イメージの希薄化）や監視・管理の積極的活用，プライバシー概念の変容（監視・管理はプライバシーと共存する）といった指摘がすでになされている（阪本俊生『ポスト・プライバシー』（青弓社，2009 年）22～24 頁）。本稿もそのような変容は意識しないわけではないが，税の徴収や社会保障給付を正確に行うために，個々人の情報をますます細かく取得する必要性が増大し，かつ納税者側でその情報提供がうまくできなくなってきているのではないかという素朴な疑問が，本稿の基本的な問題意識である。その意味で，本稿は純粋な手続的負担に着目しているに過ぎない。

付や税の減額といった受益を受けたくないこともあり，このような場合にま
で情報を無理に収集して給付を行うことは，納税者の自己決定権に反すると
考えられる。重要なのは，そのような場合に情報を提供しないという選択肢
が確保され，提供しない場合には不必要な情報収集やマッチングが行われな
いことであろう[46]。給付申請手続の簡素化[47]は好ましいが，給付の完全自
動化は必ずしも好ましいものではなく，少なくとも選択による給付停止手続
（オプト・アウト）の採用と給付に必要な情報収集の禁止が必要である[48]。

(3) 申告と税務調査

　所得税，法人税などの国税は，申告納税方式（通則法16条1項1号）を原
則として採用する（所法120条1項，法法74条1項など）。所得税法を例に取る
と，その税額の計算上もっとも基礎的な数値である収入金額（所法36条1
項）や必要経費（同37条1項）を計算するために，各種の取引の正確な把握
が必要であるが，同法は，事業所得や不動産所得などについては納税義務者
の帳簿書類により（所法231条の2。青色申告につき，同143条以下），給与所得
や一定の報酬・料金などについては源泉徴収（所法181条以下）により，各種
取引を正確に把握しようとしている。また，一定の支払受領者はその支払者

---

(46) この点で問題となるのは，納税者の意思にかかわらず，課税庁が一方的に情報
　　収集をして利益を与える制度が存在することである。例えば，配偶者控除は，
　　控除対象配偶者（所法2条1項33号）を有しさえすれば認められる（同83条
　　1項）から，事業所得者が何らかの理由で配偶者の情報を提供したくないとし
　　て確定申告書にその記載せず，納税した場合でも，課税庁が調査により配偶者
　　を認定して配偶者控除を認めて税の還付をすることは，現行制度上可能である。
　　現行制度はパターナリスティックではあるが，仮に納税者の自己決定権を重視
　　するのであれば，確定申告書等に配偶者等の記載がある場合に限り，配偶者控
　　除を認めるような制度が好ましい。
(47) 簡素化に際しては電子技術の活用が必須であろうが，このような行政情報化に
　　つき，例えば宇賀克也＝長谷部恭男編『情報法』（有斐閣，2012年）第7章
　　（116頁以下）を参照。
(48) 社会保障給付等の「申請主義」から「お知らせ主義」への移行は制度への無関
　　心を招く，という批判もある。やぶれっ！住基ネット市民行動『マイナンバー
　　は監視の番号　―徹底批判まやかしの共通番号制度―』（緑風出版，2012年）
　　248～249頁。

に住所及び氏名等を告知し（所法224条など），支払者は一定の情報を帳簿等に保存する必要があり（所令337条3項，所則81条の7など），利子や配当，報酬や料金などの支払をする者は税務署長に支払調書を提出し（所法225条），給与や退職金，公的年金等の支払者は源泉徴収票をその受領者（本来の納税義務者）及び税務署長に提出する必要がある（所法226条）。さらに，信託や有限責任組合等，名義人受領の配当所得等については，計算書や調書を作成して，税務署長に提出しなければならない（所法227条以下）。このような仕組みからすると，収入金額や必要経費，ひいては所得とそれに係る税負担の正確な算定のため，取引の両当事者から情報を集め，そのマッチングにより情報の正確性を担保することが原則と考えられる[49]。

しかし取引の片方当事者が不明である場合（例えば小売業の売上を正確に把握したいが，その顧客側の情報を集めることが不可能な場合）や当事者が一人しかいない場合（例えば所法84条の扶養控除の対象となる控除対象扶養親族の存否）には，税務調査による現状把握が必要になる。特に前者は通則法74条の2第1項に基づく質問検査権の行使などによる帳簿書類の実地調査を中心とするが，その帳簿書類上の売上の正確性を確認するには，同業種類似業者との比較による推測や，より直接的には内偵による現状把握（伊丹十三監督の「マルサの女」（1987年）でも有名）が必要である。また費用については，取引相手が作成した領収書などを税務調査により把握し，領収書などがない場合には取引先に対する反面調査（通則法74条の2第1項1号ハなど）によって確認を

---

(49) 取引情報が一方当事者のみの情報ではなく当事者双方の情報であること，取引情報の正確性を事後的に把握する合理的な（おそらく唯一の）方法であること，課税庁が取引情報について調査を行うことは周知であること（課税庁に開示されない期待が存在しない）からすれば，このようなマッチングが行われること自体やむを得ず，それ自体は違法なプライバシー侵害とはいえないであろう。

なお，アメリカ連邦税法では，第三者保有情報へ課税庁がアクセスする場合にはその旨の本人通知が行われるが（I.R.C. §7609(a)），日本では反面調査時の本人通知がなく，その不備が指摘されている。石村耕治『納税者番号制とプライバシー　―高度情報化社会における納税者の権利』（中央経済社，1990年）140～144頁，188～190頁。

する必要がある。

このことから，以下の2点がいえる。第一に，取引情報は両当事者の情報マッチングにより正確性が確認されるが（しかし両当事者の双方とも間違った情報を有している可能性もある），特に重視されているのは納税者ではない取引当事者（第三当事者。例えば給与所得の源泉徴収義務者たる使用者）の情報であり，第三当事者の有する情報だけで，正確性が確認されることもある（典型例は給与所得者の源泉徴収と年末調整）。ただし，第三当事者自身が支払情報の一部をごまかすというインセンティブが働く場合もある（税の事例ではないが，社会保険料算定上の標準報酬月額の過少申告はしばしばある[(50)]）。

第二に，質問検査権行使による実地調査や内偵による現状把握（内偵自体の規制も重要である）よりも，取引の情報のみを当事者から提出してもらい，番号によりマッチングして正確性を確認する方が，課税庁のコストが減少するのみならず，古典的な意味での納税者のプライバシーの侵害[(51)]も少ない。番号によるマッチングが，上記実地調査や内偵の頻度を減らす場合[(52)]にはこのようにいえるが[(53)]，現在の番号制は事業所得者の取引情報取得を念頭に置いていないので，プライバシー侵害を軽減するようにはなっていな

(50) 近年の事例として，大阪高判平成23年4月14日賃金と社会保障1538号17頁。被保険者自身は，資格の得喪を確認することができる（健保51条1項，厚年18条1項など）。また，いわゆるねんきん定期便（厚年31条の2，国年14条の5）で標準報酬月額を知ることができる（厚年則12条の2，国年則15条の4）。

　番号法で給与所得の金額と標準報酬月額（給与所得の金額と一致するわけではない）をマッチングし，その乖離が大きい場合に厚生労働省職員による立入検査等（健保198条1項，厚年100条1項など）を行うことにより，標準報酬月額の過少申告を早期発見，さらには抑止できるように思われるが，番号法別表第二をみる限り，このようなマッチングは想定されていないと考えられる。しかし，情報の正確性確保の観点から，このような制度を事業者に周知の上で採用してもよいと思われる。過少申告自体は正当化できるものではなく，マッチングされている意識がもたらす不安や萎縮効果は過少申告のみを抑止し，他の行為にあまり影響を及ぼさないであろう。

(51) 税務調査におけるプライバシーの問題につき，玉國文敏「税務調査とプライバシー」ジュリスト742号（ジュリスト臨時増刊『情報公開・プライバシー』）182頁（1981）。

い(54)。

(4) 給与所得者と情報保護

給与所得者は，毎年最初の給与の支払を受けるまでに，給与等の支払者を通じて扶養控除等申告書を所轄税務署長に提出しなければならず（所法194

---

(52) 番号制により取引の事実（ある支出の存否と金額）は確認できるが，その法的な評価（その支出が必要経費（所法37条1項）か家事費・家事関連費か（同45条1項1号）など）は，把握できない。したがって，番号性が導入されたからといって，実地調査自体が廃止されるわけではない。

なお，税務調査とプライバシーにつき，裁判例はプライバシー侵害についてではなく，質問検査権行使につき社会通念上相当な限度を超えた違法があるかどうかで判断している（広島高岡山支判平成5年5月11日税資195号291頁参照）。

(53) 例えば仕入税額控除につき（納税者番号とは別の）個人事業者・法人番号を付したインボイスの保存を義務づけることにより，事業者間取引（BtoB取引）について仕入れに係る情報を正確に把握し，かつ売上に係る情報の正確性をマッチングにより確認する制度が導入されたと仮定しよう。特にこのようなマッチングが反面調査の頻度を下げるとすれば，反面調査を受ける第三当事者（取引相手）の調査を受ける負担が減少する上に，納税者本人につき反面調査が行われている事実自体を秘匿できるようになり，反面調査による納税者の評判や信用の低下を防げると考えることはできる。

なお，事業者＝消費者間取引（BtoC取引）は，特に消費者にとって思想や信条，趣味嗜好なども示す，かなり秘匿性の高い情報を含みうる点で，配慮が必要である。そのような情報を納税者の意思に反してまで入手することが自己情報コントロール権の観点から好ましくないとすると，例えば消費税の負担を所得税法上考慮するための（還付付き）消費税額控除制度を採用することにより，消費者から自発的にBtoC取引の情報を提出してもらう方策が考えられる。

(54) 仮に，事業所得者の取引情報の一部または全部につき，番号制によるマッチングの対象とせず，かつ他の納税者，特に給与所得者との平等を念頭に置いてその取引情報の正確性を厳格に確認するには，質問検査権による税務調査や内偵の回数増加・長期間徹底調査を行わざるを得ないであろう。また，番号制により特定の納税者の取引情報と所得の把握がより正確になる一方，その対象とならない取引を行う納税者（典型的には源泉徴収の対象とならない事業を行う事業所得者や国外取引を行う者）の取引情報や所得の把握が正確ではないとすると，これは番号制に起因する税負担の不平等を帰結し，憲法14条違反の疑いを免れず，やはり税務調査・内偵の回数増加・長期間徹底調査がもたらされることになる。

以上のことが示唆するのは，番号制が，番号制の対象にならない取引の正確性把握とそれによる私生活上の自由の侵害にも影響を及ぼしうる，ということである。

条, 195 条), 毎年最後の給与の支払を受けるまでに, 給与等の支払者を通じて配偶者特別控除申告書・保険料控除申告書を所轄税務署長に提出しなければならない (所法 195 条の 2・196 条)。年末調整 (所法 190 条以下) による税額の清算のために, 給与等の支払者 (源泉徴収義務者) にはこれらの情報が必要だが, 給与所得者の家族構成や年齢, 職業, 障害者かどうかなど, 一般に機微性の高いと思われる情報を含む個人情報を給与等支払者に開示しなければならない[55]。上記の申告書を提出しない場合, 源泉徴収税額が高くなるだけで (所法 185 条 1 項 2 号), 確定申告により税額の清算をすることは可能であるが, ほとんど周知されていないし, 確定申告をするのであれば源泉徴収義務者による年末調整も無駄になる。また, そもそも給与等の支払者が課税庁に提出した情報が, 給与所得者の得ている情報と必ずしも一致するわけでもない (社会保険料の過少申告の事例もある)。

①税負担の確定納付に関する情報をできるだけ課税庁と納税者のみに限定し, ②課税庁の情報と納税者の情報のマッチングによるその正確性を確保し, かつ③源泉徴収義務者による無駄な年末調整を省くという観点からすれば (マイナポータルは①の要請を充たしていない), 簡素な形であれ, 給与所得者にも確定申告を行わせしめる方がよいと思われる[56]。なお, 社会保険料についても使用者 (事業主) を通じて情報提供をしなければならないから (健保39 条, 厚年 27 条など), 税法だけ制度を改めてもあまり意味がないという意見もあろう。所得税法上給与所得者に提供が要求される情報は社会保険料徴収納付に関する情報よりも広範であるから, 税法のみの改正でも上記三つの要請をある程度充たすであろうが, より広くは被用者保険制度自体の是非と

---

(55) 年末調整時の考慮対象に, 寄附金控除 (所法 78 条) は含まれていないが, その者の思想信条と思われるものを, 寄附先や寄附金額 (金額が大きければ思い入れも強い) により, 類推できないわけではないことに, もっと注目すべきであろう。ある控除を年末調整の対象にするかどうかは, 納税者の情報保護の観点からも, 考慮されるべきである。

(56) プライバシー保護の観点から, 選択的年末調整 (とラフな源泉徴収) を提案するものとして, 渡辺徹也「申告納税・源泉徴収・年末調整と給与所得」日税研論集 57 号 121 頁, 142 頁 (2006)。

第6章　納税者番号制度と納税者の秘密の保護　209

合わせて議論されるべきである[57]。

(5) 各種書類と番号無記入

　番号制が本格導入された場合，例えば確定申告書（所法120条1項）や給与所得者の扶養控除等申告書（所法194条1項）などの各種書類に個人番号の記入が要求されるが，この場合に確定申告の無記入があった場合の取扱いが問題となる。本人から番号の提供を受ける場合の番号及び身元確認方法はかなり厳格ではあるが[58]，個人番号がない者も存在しうることから，現在のところ無記入であっても書類自体は受理する[59]とされている。したがって，おそらく確定申告書上で控除対象扶養親族（所法2条1項34号の2）の番号が記入されていなくても扶養控除（所法84条1項）は認められるであろうし，

---

(57)　なお，源泉徴収票は2通作成し，1通を税務署長に，1通を給与等・退職手当等・公的年金等の受給者に交付することになっており（所法226条1〜3項），受給者がそれに基づいて確定申告をすれば，マッチングにより源泉徴収義務者段階での情報の正確性が確認できる（オープン型の証券投資信託の収益分配支払者などについては，支払通知書を受領者に交付することになっている。所法225条2項）。しかし，本稿本文で述べたとおり，源泉徴収義務者（給与等の支払者）が課税庁に提出した情報が，給与所得者が得ているそれと必ずしも一致しないことの他，源泉徴収義務者の事務負担が大きいことや他の支払調書についてはそのようなマッチングが行われているわけではないこと（所法225条1項。年末に支払受領者に送られてくる支払調書はいわば源泉徴収義務者によるサービスにすぎない）といった問題がある。マイナポータルやそれを補完する情報提供サービスの充実化をにらみつつ，上記の問題を解決するため，源泉徴収義務者から課税庁に情報提供を行い，課税庁がそれを支払受領者に伝達する仕組みに統一する方法が考えられてもよい。

(58)　番号法16条，行政手続における特定の個人を識別するための番号の利用等に関する法律施行令（平成26年政令155号）12条，行政手続における特定の個人を識別するための番号の利用等に関する法律施行規則（平成26年内閣府・総務省令3）1条以下参照。国税関係手続につき，国税庁告示「行政手続における特定の個人を識別するための番号の利用等に関する法律施行規則に基づく国税関係手続に係る個人番号利用事務実施者が適当と認める書類等を定める件」（国税庁告示2，平成27年1月30日）参照。

(59)　国税庁HP「国税分野におけるFAQ（社会保障・税番号制度FAQ）」（http://www.nta.go.jp/mynumberinfo/FAQ/kokuzeikankeifaq.htm）Q2-3-1。従業員や講演料等の支払先から個人番号の提供が受けられない場合には，「法律…で定められた義務であることを伝え，提供を求め」ることになっているに過ぎない（同Q2-10）。

給与所得者の扶養控除申告書上，控除対象配偶者（所法2条1項33号）の個人番号が記入されていなくても，控除対象配偶者を考慮した源泉徴収や年末調整が行われるのだろうと思われる。正確な情報取得とそれに見合った受益という番号法の制度趣旨や，納税者による選択的・自発的な情報提供（本人同意）によって自己情報コントロール権侵害を抑制する観点[60]からすると，番号記入者にのみ受益を与えるべき（例えば扶養控除や配偶者控除を認める）[61]とも考えられる[62]。もちろん，番号を持たない者を制度から締め出す効果（一種のsocial sorting[63]）は，それが番号制のねらいの一つとはいえ，否定できない。

3　情報処理

(1)　保有情報と目的外利用

　行政機関個人情報保護法では，法令に基づく場合や本人の同意がある場合，所掌事務の遂行に必要な限度で相当な理由により内部利用をする場合などについて，目的外利用が認められているが（8条1項，2項），番号法ではより厳しく，生命・身体・財産を保護するために必要で，かつ本人の同意があるか，本人の同意を得ることが困難である場合（29条1項）と，激甚災害時等の一定の場合（9条4項など）以外の目的外利用が禁止されている（29条1項。情報提供等記録は一切の目的外使用禁止。30条1項）。もっとも，このような枠組みでは，個人番号のついていない個人情報ファイルを，所掌事務遂行という名の下で利用できなくはない。特定の属性を持つ納税者に対して嫌がらせ的な税務調査を行う可能性も否定できないし，嫌がらせの域まで行かないと

---

(60)　選択的納税者番号制度がプライバシー侵害批判を緩和すると示唆するものとして，宇賀克也『個人情報保護の理論と実務』（有斐閣，2009年）417頁［初出：2003年］。

(61)　個人番号のない国外居住配偶者・親族に配偶者控除や扶養控除を認めるべきかという問題もあるが（拙稿「税制改正大綱の検討－税法学の観点から」税研181号65頁，68頁（2015）参照），国内居住者でも全員に付番できるわけではないという指摘もある。清水勉・桐山桂一『「マイナンバー法」を問う』（岩波書店，2012年）11〜13頁。

第 6 章　納税者番号制度と納税者の秘密の保護　211

しても，例えば個人番号を用いて特定個人ファイルを検索・分析をする（番号法 9 条 1 項，別表第 1 の 38 の項，番号法主務省令―[64]30 条 17 号・18 号参照），あるいは KSK システム（国税総合管理システム）を利用して分析する結果，ある業種の捕捉率が悪いことが判明し，課税庁が集中的に調査を行うことにしたとしよう。しかしその場合であっても，その業種に属しつつ，適切な記帳や書類保存を行い，誠実に納税している者に対して，頻繁かつ無駄に調査

---

(62)　関連する問題は，番号自体の誤記入の場合に生じる。誤情報の訂正は，例えば信用情報機関が（自己またはクレジット会社などのミスにより）誤った事故情報登録してしまった場合（大阪地判平成 2 年 7 月 23 日判時 1362 号 97 頁など）が問題とされるが（松本恒雄「ダイレクト・マーケティングにおける顧客対象者リストの私法上の問題」神山俊雄他『顧客リスト取引をめぐる法的諸問題―DM・テレマーケティングとの関係で―』（成文堂，1995 年）113 頁，137〜145 頁を参照），本稿で指摘したいのは，納税者自身にミスがある場合の不利益や，課税庁側からそのような「ミスを知らせる義務」があるかどうかという，これまで未検討の問題である（本文で取りあげた無記入の場合に，これが単にミスなのか意図的なものなのか，確認をし，あるいは無記入の旨を知らせる必要があるか，という問題もある）。

　給与所得者の扶養控除等申告書の場合，給与所得者本人の番号と身元の確認は，給与支払者である源泉徴収義務者が個人番号関係事務実施者（番号法 2 条 13 号）として行うが（同 16 条），給与所得者の配偶者や親族の番号と身元の確認は，給与所得者自身が個人番号関係事務実施者として行う（国税分野における FAQ・前掲注 59・Q3-7 参照）。この時点で，配偶者や親族の番号間違いが生じる可能性は否定できないが，無記入の場合同様，誤記入だからといって配偶者控除・扶養控除を与えないという仕組みにはなっておらず，しかも課税庁側からそれを通知する義務は，番号法等にはないように思われる。

　正確な番号利用を確保し（再度のミス防止含む），かつ納税者への情報提供（納税者がミスを犯した旨を通知する）という観点からすると，番号間違いのときには配偶者控除等を与えずに決定更正をし，それに対して納税者に特別の更正の請求（通則法 23 条 2 項）を行わしめる方法も考えられてよいと思われるが，いずれにせよ納税者自身のミスを納税者自身に確実に通知する法的手段がなく，せいぜい純粋な任意調査（電話連絡）でそれが伝えられるだけという制度が妥当か，今後の検討課題となりえよう。

(63)　ジグムント・バウマン＝デイヴィッド・ライアン（伊藤茂訳）『私たちが，すすんで監視し，監視される，この世界について　リキッド・サーベイランスをめぐる 7 章』（青土社，2013 年）26〜27 頁など。

(64)　正式には，「行政手続における特定の個人を識別するための番号の利用等に関する法律別表第一の主務省令で定める事務を定める命令」（平成 26 内閣府・総務省令 5）。

を行うことは，偏見（prejudice）に基づく差別の一種であり[65]，またその者の事業運営に対して萎縮効果（chilling effect）をもたらしうる[66]。以上のような事象は，行政機関個人情報保護法の問題であって，番号制の問題とはいえないが，番号制の是非のみに焦点を当てすぎて，番号制外における情報の集約と不適切な二次利用（不適切なデータマッチング），それがもたらす差別や思想信条，表現の自由等に対する萎縮効果を見落とすべきではない。

　情報の集約と不適切な二次利用が，少なくとも税務調査の側面で生じないようにするためには，①調査対象選定プロセスの可能な限りの透明化，②実地調査の事前通知時（通則法74条の9第1項）に調査対象に選定された理由を開示させる，といったことにより，調査対象選定の恣意性を抑止する方法が考えられる。これらが課税庁の調査手法の手の内を明かすことになるので好ましくないということであれば，③第三者機関（特定個人情報保護委員会の改組後の個人情報保護委員会）による情報利用方法の監査も考えられるべきである。

---

(65)　棟居・前掲注18・154〜156頁の範疇化型差別の一例といえる。

(66)　ニクソン政権下における政敵等の税務情報不正使用は有名である（IRS, PUB. NO.4639, Disclosure & Privacy Law Reference Guide 1-7 to 1-8 (2012). 日本語文献として，石川欽也「米国の税務情報保護規定に関する歴史的考察－内国歳入法典第6103条の改正経緯の検討を中心に－」税務大学校論叢41号289頁，320〜321頁（2003））。税務行政の透明性の欠如はまた，賄賂の温床にもなる。増井良啓「租税条約に基づく情報交換－オフショア銀行口座の課税情報を中心として」金融研究30巻4号253頁，300頁（2011）。

　　　嫌がらせ税務調査や差別的取扱いは，法人の場合にも生じうることに注意が必要である（学校法人や宗教法人などの場合，学問や信教の自由にも関わる）。調査対象選定プロセスの透明化など，調査対象選定時の恣意の抑制方法が，法人に対する調査の場合にも，採用されるべきであろう。不適切な差別的取扱いの可能性を示唆するものとして，例えば，斎藤貴男『住基ネットの〈真実〉を暴く　管理・監視社会に抗して（岩波ブックレット No.681）』（岩波書店，2006年）12〜15頁。

　　　身元特定による social sorting（社会的整序）が，正当性が疑わしく危険な国民間差別を引き起こす可能性につき，デイヴィッド・ライアン（田畑暁生訳）『膨張する監視社会　－個人識別システムの進化とリスク』（青土社，2010年）56〜84頁参照。

(2) 違法調査と課税処分

　個人情報保護法では「偽りその他不正の手段」による個人情報取得が禁じられているが（OECD ガイドラインなどの収集制限の原則に対応），行政機関個人情報保護法では同様の規定が存在せず，番号法でも違法不当に取得された情報の利用提供等に関する規定はない。行政機関個人情報保護法に規定がないのは，行政機関は適法な方法によってのみ情報を取得しなければならないから，と説明されてはいるが（本稿注 26 参照），しかし例えば違法な税務調査により取得された情報に基づいて課税処分がなされ，さらにその課税処分の総所得金額などの情報が，情報提供ネットワークシステムにより，各種社会保障給付の算定に利用されることはありうる。

　裁判例は，違法調査があった場合にはそれが公序良俗に反するなどの重大な違法である場合[67]に課税処分を無効としているものが多いが，この場合，違法調査で得られた情報が課税処分のみならず，番号制を通じて他の場面でも使われることになり，違法調査を受けないという手続的保障に欠けることになる（OECD ガイドラインの収集制限の原則などもそれを意識していると思われる）。課税処分を無効にすることが税負担やその他の社会保障給付に係る平等の観点から好ましいものではないこと，また違法に収集された情報自体がそのまま流通するものではないことを踏まえても，手続的保障のために違法な情報収集やそのような情報（違法情報に基づき作成された情報を含む）の事後流通を認めないとすれば，むしろ違法に収集された情報を課税処分の基礎とはなしえないと解すべきであり[68]，またその旨立法すべきであろう。

(3) 第三者機関の重要性

　例えば調査対象の選定など，特に情報処理段階では，その内容については納税者に対して秘密を保つべきであるが，しかし情報処理の適正さを担保し

---

(67)　東京高判平成 3 年 6 月 6 日訟月 38 巻 5 号 878 頁，東京地判平成 19 年 12 月 7
　　　日訟月 54 巻 8 号 1652 頁など。金子宏『租税法（第 20 版）』（弘文堂，2015
　　　年）823 頁は，「著しい違法性」がある場合に，課税処分が無効となるとする。
(68)　清永敬次『税法（新装版）』（ミネルヴァ書房，2013 年）245 頁。

なければならない場合に，両方の要請を満たす一方策として，第三者機関による監視・監督，特に改組される予定の特定個人情報保護委員会（個人情報保護法等改正案による改組後の個人情報保護委員会）による監視・監督が想定される。同委員会による報告徴収や資料提出要求，立入検査（番号法52条1項）は，行政機関等における特定情報保護を適切に保つためには不可欠である。また，外部からの不正アクセス防止といった技術的な事柄を裁判所が審査することはかなり困難であり，そのような事柄につき適切な保護を及んでいるかどうかは，むしろ第三者機関による監視・監督が適切に行われているかどうかを間接的に判断せざるを得ない。すでに指摘(69)されていることではあるが，（特定）個人情報保護委員会は，プライバシーや情報保護の文脈において，きわめて重要な役割を果たしうるものであり，その監視・監督対象の拡大(70)，監視・監督の実効性確保などが問われるべきである。

(4) 徴収一元化

税や社会保険料を滞納している場合，他の支払についても滞納していることがしばしばである(71)。税や社会保険料はその債権者によって徴収手続が行われるから，滞納者は，経済状況に関する同じような情報を提供するために何度もいろいろな調査を受け，また差押えを受ける可能性がある。経済的苦境や各種支払の滞納という，一般に他人に知られたくない情報をなるべく拡散せず（いろいろな行政機関が秘匿性の高い同様の情報を有さず），また同じような調査を受けることによる古典的プライバシーの侵害を最小限に抑えるためには，徴収一元化の導入が検討されるべきである。この場合，滞納を端緒に，本人の同意を得て，今後の生活設計に関する相談をワンストップで受け

---

(69) 山本龍彦「番号制度の憲法問題 －住基ネット判決から考える」法学教室397号49頁，54〜56頁（2013）。

(70) 改組後の個人情報保護委員会でも，監視・監督は特定個人情報に限られている。新個人情報保護法52条2号参照。

(71) 例えば，児童手当が入金された預金口座差押えが違法とされた広島地松江支判平成25年11月27日金商1432号8頁では，各種の支払の滞納（子供の授業料や給食費の滞納含む）があり，生活がかなり苦しかったにもかかわらず，徴収が強行されている。

付ける仕組みも有用であろう。いろいろな手続を相談するために，何度も同じような秘匿性の高い情報を提供しなければならないこと自体，滞納者に対して時間的・心理的にも負担をかけうるからである。

4　情　報　提　供

(1)　情報提供ネットワークシステムと個人番号利用事務処理に必要な情報

　番号法によれば，所定の場合に情報提供ネットワークシステムで情報提供が行われるが（22条1項），これが具体的にどのような形で情報提供が行われるかは定かではなく，また番号法別表第二での定め方もかなり大雑把である。例えば，児童扶養手当の支給制限の判断で必要な税に関する情報は，控除対象配偶者・扶養親族等と一定の総所得金額等・雑損控除等（児扶手9条以下，児扶手令4条参照）だけですむが，番号法別表第2の57の項を受けた番号法主務省令二[72]31条1号ニでは，「道府県民税に関する情報」とかなり大くくりであり，児童扶養手当支給に不必要な税情報（所得種類や滞納など）も，手当支給事務担当者が入手・閲覧できるようにもみえる。条文の定め方としてはやむを得ないのだろうが，システム上，事務処理に不必要な情報へのアクセスを積極的に遮断するアーキテクチャが採用されるべきであり，すでに採用済みであれば，その旨を公表すべきであろう。

(2)　情報流通の「下流側」での取扱い

　例えば，後期高齢者医療制度の保険料算定（高齢者医療確保法104条2項）上の所得割額は，市町村民税における所得割の基礎控除後の総所得金額等（地法313条1項，314条の2第2項）が基礎となること（高齢者医療確保法施行令18条1項2号）などから分かるとおり（ちなみにこの情報は情報提供ネットワークによって提供される。番号法19条7号，22条，番号法別表第二の80の項，番号法主務省令二43条5イ），行政機関等における情報流通で，課税庁は，どちらか

---

(72)　正式には，「行政手続における特定の個人を識別するための番号の利用等に関する法律別表第二の主務省令で定める事務を定める命令」（平成26内閣府・総務省令7）。

といえば上流側に該当し，社会保障給付を行う者が下流側に該当する傾向がある。情報は下流側に集まるから，不適切なデータマッチングといった情報処理上の問題は，下流側で生じる危険性が大きくなる。

この点で最大の問題は，刑事事件の捜査などのために警察に提供された情報である（特定個人情報の提供につき，番号法 19 条 12 号参照。犯則事件調査のための情報も同じ問題がある(73)）。その情報は提供された目的を達成するために必要な限度で個人番号を利用できるとされるが（番号法 9 条 5 項），実際にその情報が警察内部でどのように扱われているかは不明であり（総務大臣への通知や個人情報ファイル簿の作成・公表の対象外でもある。行政機関個人情報保護法 10 条 2 項 2 号，11 条 2 項 1 号），どのように扱われるべきかについての検討も，始まったばかりといえる(74)。捜査の関係上，情報利用方針などを明らかにすることはできないかもしれないが，第三者機関（（特定）個人情報保護委員会）による監査などにより，その不適切な利用を抑止することは可能であろう。いずれにせよ，特定個人情報の保護は，税や社会保障分野のみに限定された問題ではない。

Ⅳ　お わ り に

以上，本稿では，番号制及び税制全体とプライバシー保護につき，主とし

---

(73)　行政調査により取得した情報の犯罪捜査等への流用につき，吉村政穂「租税法における情報の意義　－質問検査権行使により取得した情報の流用を素材に」金子宏編『租税法の発展』（有斐閣，2010 年）161 頁，164～166 頁参照。

(74)　例えば，法律時報 87 巻 5 号 58 頁（2015）以下に所収されている「小特集強制・任意・プライヴァシー：『監視捜査』をめぐる憲法学と刑訴法学の対話」の各論考参照。なお，EU では，一般データ保護規則案（本稿注 34）とともに，刑事データ保護指令案（Proposal for a directive of the European Parliament and of the Council on the protection of individuals with regard to the processing of personal data by competent authorities for the purposes of prevention, investigation, detection or prosecution of criminal offences or the execution of criminal penalties, and the free movement of such data), COM (2012) 10 final (Jan. 25, 2012) が提案されており，審議中である。

第6章　納税者番号制度と納税者の秘密の保護　217

て制度論的検討を行ってきた。Ⅱ.6の小括でまとめたこと以外の内容をまとめると，①個人情報の収集規制は，税制や社会保障制度の制度設計段階から始まっていること，②番号制による情報収集と提供は，むしろ個人の自己情報コントロール権を実質化する側面があること，③所得算定の基礎情報である取引情報は両当事者の情報マッチングによってその正確性が確認され，番号制は実地調査等による古典的プライバシーの侵害を軽減する側面を持ちうるが，現行の番号制はそうではないこと，④プライバシー保護の観点から，給与所得者の（簡易）確定申告制度が肯定されること，⑤番号の無記入に対して現行の番号制が問題を抱えていること，⑥情報の集約と不適切な二次利用を防止するために，調査対象選定プロセスの透明化や第三者機関による監査が行われるべきこと，⑦違法調査による情報（に基づく情報）が番号制により情報提供される可能性が存在すること，⑧第三者機関の重要性，⑨徴収一元化が，特に古典的プライバシーの保護に役立ちうること，⑩情報提供ネットワークシステムにより提供される情報が，個人番号利用事務処理に必要なもの以上である可能性があること，⑪情報の流れの「下流側」，特に刑事事件の捜査に必要な情報の利用・管理が問題であること，といった内容である。いずれにせよ，税務行政における個人情報保護のあり方は，秘密保護するだけでは十分ではなく，情報収集→情報分析・加工→情報提供という情報の流れを念頭に置き，プライバシー権論，国際的動向（OECD の Global Forum 税務行政の国際的潮流は情報交換を重視）などを踏まえつつも具体的な権利利益の保護ないし調整を検討するべきこと自体は，示し得たように思われる。

　他にも，（もっとも情報が必要な）高齢者等へのマイナポータル以外の情報提供手段の確保，委託と情報漏洩の関係（委託先への民事責任追及を含む），なるべく人為を介さない情報処理の方が情報漏洩の可能性を減らすのではないか，情報漏洩となりすましを防止するためのバイオメトリクスを利用した生体認証の可否，法人番号の公開は法人の営業上の秘密に影響を与えないか，ネット上に流出した特定個人情報の消去権（right to erase），匿名化した特定個人情報（＝公的資産）の民間利用，国外税務当局や金融機関による日本の

番号利用を通じた情報収集・提供（日本の課税庁や金融機関による外国の納税者番号を含む情報収集につき，本稿注5参照）など，多種多様な論点があるが，筆者の能力と紙幅の関係から触れることができなかった。後の課題としたい。

納税環境の整備

第7章 コーポレートガバナンスと タックスコンプライアンス

横浜国立大学教授 岩﨑 政明

早稲田大学教授 川島 いづみ

Ｉ はじめに

2013年（平成25年）6月に国税庁から発行された，『国税庁レポート2013』において，国税庁が進めている「適正な調査・徴収」に係る施策の一つとして，「税務に関するコーポレートガバナンスの充実に向けた取組～事前の信頼関係の構築と調査の重点化」が掲げられた。そこでは，「我が国全体の申告水準の維持・向上の観点から，大企業の税務コンプライアンスの維持・向上は大変重要です。大きな組織を有する大企業の税務コンプライアンスの維持・向上のためには，組織の第一線まで税務に関する認識が高まるようコーポレートガバナンスの充実が効果的です。このため，国税庁としては，大規模法人の調査の機会に，税務に関するコーポレートガバナンスの状況を確認し，経営責任者等と意見交換を行い効果的な取組事例を紹介するなど，その充実に向けた自発的な取組を促進しているところです。今後は，税務に関するコーポレートガバナンスの状況が良好と認められる法人については，税務リスクの高い取引の自主開示を受けその適正処理を確認するという事前の信頼関係を構築した上で，調査の間隔を延長し，より調査必要度の高い法人へ調査事務量を重点的に配分するなど税務行政の効率化を進めていきま

す。」[1]と述べられている。

　そして，2013年（平成25年）12月に国税庁から発行された，『第62回事務年報（平成24年版）』においても，「税務に関するコーポレートガバナンスの充実に向けた取組」の項目においては，上記の内容をより具体的に，「税務に関するコーポレートガバナンスの状況が良好で調査必要度が低いと認められる法人については，一定の条件の下，調査間隔を1年延長することとした。また，移転価格上の税務コンプライアンスの維持・向上についても働きかけている。具体的には，特官所掌法人の調査の機会を通じ，企業自身に移転価格に関する取組状況を確認してもらうとともに，移転価格上の税務コンプライアンスに係る取組一般について意見交換を実施しているところである。」[2]と述べられている。

　ここに特官所掌法人とは，全国国税局の調査部に所属する特別国税調査官（特官）部門が調査を担当する大企業のことをいい，全国で約600社（2013年（平成25年）7月現在）のことをいう。これらの法人に対する「税務に関するコーポレートガバナンスの充実に向けた取組」は，2013年（平成25年）になってから開始されたわけではなく，それに先立つ2011年（平成23年）5月頃から国税庁長官や国税局幹部により，日本経済団体連合会や法人会において意見交換が行われており[3]，その結果として，2012年（平成24年）7月から，税務に関するコーポレートガバナンスの状況が良好な法人のうち，①過去の複数回の調査において大口・悪質な是正事項がないこと，②その他蓄積された情報等を総合的に勘案して，調査必要度が低いと判断された法人については，調査間隔を1年延長し，また簡易な調査[4]を行うこととされてい

---

(1)　国税庁『国税庁レポート2013』（2013年）28頁。

(2)　国税庁『第62回事務年報（平成24年度版）』（2013年）24頁。これは，2012年（平成24年）7月から2013年（平成25年）6月までの国税庁の事務運営の状況や各種計数をとりまとめたものである。

(3)　こうした意見交換の概要については，阿部泰久「コーポレートガバナンスと税務コンプライアンス」税研174号（2014年3月号）46頁，藤田博一「（フロントページ）大企業の税務コンプライアンスの維持・向上のため，税務に関するコーポレートガバナンスの充実を促進」税理57巻（2014年）1号2頁を参照。

る。

　このように，大企業に係る納税環境の整備の一環として，最近，租税法令の遵守をコーポレートガバナンスの内容に含めて考える施策が打ち出されているのであるが，このような傾向は，国際的な動向に沿うものでもある[5]。そもそもの発端は，2001 年のエンロン・ワールドコム事件において，大手監査法人であったアーサー・アンダーセンの関与が明らかとなったことにある。企業と監査とが一体となった不正は外部からはなかなか発見できないことから，このような不正を防止するため，2002 年には，まず米国においてサーベンス・オクスリー法が制定され，企業の内部統制を強化するためのSEC の規則が整備された。また，2004 年には，『OECD コーポレートガバナンス原則』が改訂され，企業財務の監査が強化された。この改訂の過程で，大企業の多くにおいて，不適正な税務処理が指摘され，これを受けたかたちで，2004 年から OECD 税務長官会議（Forum on Tax Administration：FTA）が定期的に開催されるようになり，そこでは，課税庁・納税義務者・税務仲介者間の相互信頼関係を向上させることによるコンプライアンスの確保を図るための施策を採用すべきことが重要なテーマとされてきた[6]。

---

(4)　簡易な調査というのは，一人の調査官による 15 日程度の臨場調査と税務リスクの高い取引に係る 20〜30 日程度の確認作業といわれている。通常の調査であれば，5 人程度の調査官が 3〜5 か月程度の臨場調査を行うので，これよりは相当に簡易な調査であるといわれている。藤田・前掲注（3）4 頁。

(5)　2010 年時点の各国の取組を分析するものとして，石井道遠「タックス・コンプライアンスを巡る国際的連携の動きと我が国の政策対応の在り方（試論）」RIETI（経済産業研究所）Discussion Paper Series 10-J-033（2010 年 6 月）を参照。

(6)　この会議の概要については，石井・前掲（5）48 頁以下，谷口和繁「コーポレートガバナンスと税務リスク」租税研 694 号（2007 年 8 月号）110 頁，池田賢志「企業のコーポレートガバナンスと税務コンプライアンスの向上―第 4 回OECD 税務長官会議（FTA）ケープタウン会合について」ファイナンス 2008年 4 月号 9 頁，国税庁「第 7 回 OECD 税務長官会議（FTA）総括声明」http://www.nta.go.jp/sonota/kokusai/oecd/press/37.htm．原田佳典「第9 回 OECD 税務長官会議（於：アイルランド共和国・ダブリン）」ファイナンス 2015 年 1 月号 10 頁などを参照。

この施策をいち早く実施したのがエンロン・ワールドコム事件が起こった米国であった。米国財務会計基準審議会は，2006年7月15日に，財務会計基準書解釈指針第48号「（企業）所得税における不確実性に係る会計」を発し，一般に公正妥当と認められる会計原則（GAAP）に則った財務諸表を備えた法人等に対し，課税庁から税務否認されるおそれのある行為又は計算について，その課税処分リスクを数値化して，財務諸表に開示することを求めた。さらに，内国歳入庁においても，2005年から，パイロットプログラムとして，大企業を対象として，納税申告前に，その税務会計処理の内容について課税庁側と協働して検査改善する，法令遵守確認手続を開始した。この法令遵守確認手続は，2011年から恒久的制度として実施されるようになり，それが，上述した我が国の国税庁が開始した新しい取組の基礎となるものといってよい。

本稿においては，米国を中心として，コーポレートガバナンスとタックスコンプライアンスとを結びつける新しい試みの内容について考察を加えることとする。とりわけ，コーポレートガバナンスについては，会社法・金融商品取引法（以下「金商法」という。）を専攻する川島いづみが第II章を執筆し，タックスコンプライアンスについては，租税法を専攻する岩﨑政明が第I章，第III章及び第IV章を執筆することとした。

II　会社法・金商法上の内部統制における
　　タックスコンプライアンスの位置づけ

1　考察の対象

「コーポレートガバナンス」とは何を意味するのかについて，統一的な理解が存在するわけではないが，少なくとも会社法からみた場合に，経営の健全性の確保ないしは違法行為の抑止（コンプライアンスの確保）のための法制度の改正・運用が，コーポレートガバナンスの主要な柱の1つであることは確かであろう。こうしたコンプライアンス確保のために，企業は，内部統制

体制（内部統制システム）を整備すべきものと考えられるようになり，法律上もその整備が求められるに至っている。本章においては，会社法や金商法で求められる内部統制体制の中に，タックスコンプライアンスを確保するための体制が含まれるか，という問題を検討することにする。

　まず2において，内部統制体制の整備に関する立法の嚆矢となった，米国のサーベンス・オクスリー法（Sarbanes-Oxley Act of 2002: 以下「SOX法」という。）を取り上げ，同法とSEC規則による内部統制に関する規制を概観するとともに，タックスコンプライアンスとの関係をみる。3においては，OECDの「コーポレートガバナンス原則」の関連部分について，コーポレートガバナンス原則における租税法の位置づけを確認する。そして，4では，わが国の会社法において取締役の法令遵守義務の対象に租税法があることを確認した上で，会社法・金商法上の内部統制との関連で，そこに租税法を遵守する内部統制体制が含まれるかを検討する。内部統制には，広い意味の内部統制（会社法上の内部統制）と財務報告に係る内部統制（金商法上の内部統制）があるが，いずれの意味からも，租税法の遵守体制を含みうると考えられるとするのが，筆者の見解である。

2　米国のSOX法と関連規則

⑴　SOX法の関連規定の概要

　エンロン・ワールドコム事件を受けて，米国では連邦証券諸法の大幅な見直しが行われ，2002年にSOX法が成立した。SOX法は，内部統制，監査委員会，会社の責任，監査人，証券弁護士，信用格付機関，証券アナリスト等に関する規制について，1934年証券取引所法（以下「34年法」という。）をはじめとする連邦証券諸法の関連規定に改正を加え，これに対応するSEC規則の制定を求めることなどを内容とする法律である[7]。

---

(7)　SOX法については，石田眞得編著『サーベンス・オクスレー法概説』（商事法務，2006年），柿崎環『内部統制の法的研究』（日本評論社，2005年）280頁以下。

SOX 法による規制のうち，本稿における関心と関係する主要なものは，①年次報告書・四半期報告書における経営者の認証義務（認証書の添付義務）（SOX 法 302 条(a)項），②経営者による内部統制の評価（SOX 法 404 条(a)項），③登録会計事務所（以下「監査人」という。）による②の証明と報告（SOX 法 404 条(b)項）である。わが国の金商法上，①は確認書，②は内部統制報告書，③は内部統制監査報告書に相当する。また，SOX 法 906 条には，虚偽の財務報告の認証を意図的に行った者に対する刑事罰の定めがある。

さらに，納税申告書（corporate tax returns）について，同法 1001 条には，次のような条文が置かれている。「法人の連邦所得税申告書は，当該会社のCEO により署名されるべきであるというのが上院の意向である（It is the sense of the Senate that the Federal income tax return of a corporation should be signed by the chief executive officer of such corporation.）。」

(2)　SOX 法と SEC 規則

1 ）SOX 法 302 条(a)項

SOX 法 302 条(a)項は，34 年法 13 条(a)項・15 条(d)項の下で定期報告書を提出すべき会社の経営者に対して，年次報告書・四半期報告書の提出に際し，次の事項についての認証（certify）を求める SEC 規則を制定するものとした。経営者が認証する事項とは，(1)署名役員が当該報告書をレビューしたこと，(2)当該役員が知る限り，重要事実の不記載や不実記載がないこと，(3)当該役員が知る限り，財務諸表その他の財務情報が所定期間の会社の財務状態・経営成績をすべての重要な点で公正に表示していること，(4)署名役員が，（A）内部統制の構築・維持責任を負っていること，（B）重要情報が当該役員に確実に伝達される内部統制を設計していること，（C）報告前 90 日以内に内部統制の有効性を評価したこと，及び，（D）評価日における内部統制の有効性に関する結論を報告書の中で表示したこと，(5)署名役員が，（A）財務資料の記録・処理・要約・報告に悪影響を及ぼし，監査人による内部統制上の重要な欠陥（material weakness）の指摘に悪影響を及ぼすような内部統制の設計・運用上の相当な不備（significant deficiencies），及び，（B）内部統制

上重要な役割を果たす経営者・従業員に関わる不正を，監査人・監査委員会に対して開示したこと，並びに，(6)署名役員が，評価後に重大な変化または内部統制に著しい影響を与えるその他の要因があったか否かを当該報告書において示したこと，である。

　SEC は，SOX 法 302 条(a)項に関する SEC 規則（2002 年 8 月制定，2003 年 6 月改正）(8)を制定し，そこにおいて，SOX 法 302 条(a)項(4)号にいう内部統制について，「開示統制・手続（disclosure controls and procedures）」という概念を導入して，「財務報告に係る内部統制（internal control over financial reporting）」の評価とともに「開示統制・手続」の評価を義務づける規定を設けた。「開示統制・手続」とは，34 年法に基づいて提出を要する報告書において開示を義務づけられる情報（非財務情報も含む。）が，SEC の規則所定の期間内に，確実に記録・処理・要約・報告されるよう設計された統制・その他の手続を意味するものとされ，「開示統制・手続」を構築・維持すべき義務も規定された。所定の発行会社の経営者は，「開示統制・手続」の有効性につき，四半期の末日において，CEO 及び CFO とともに，評価しなければならないものとされた。ただし，「開示統制・手続」の有効性に関する経営者の評価に対しては，監査人による証明は要求されていない。

　なお，2003 年 6 月の SEC 規則制定により，SOX 法 302 条及び 906 条に基づく認証書を所定の定期報告書の添付書類として備えることが要求された(9)。

2）SOX 法 404 条

　SOX 法 404 条(a)項は，経営者による内部統制評価（内部統制報告書）に関する規定であり，同条(b)項は，監査人による証明と報告に関する規定である。

　まず，404 条(a)項は，SEC に対して，①財務報告に係る適切な内部統制の

---

(8)　Rule 13a-14 を 2002 年 8 月に制定し，2003 年 6 月にその改正と条項の移動を行った。

(9)　これにより，SOX 法 302 条(a)項の認証書も定期報告書から切り離されたため，34 年法 18 条に定める有価証券報告書等の虚偽記載に対する民事責任等の対象に当たらなくなった。

構造と手続を構築・維持することが経営者の責任（the responsibility of management）である旨を明記し，②発行者の直近の会計年度末日における財務報告に係る内部統制の構造と手続の有効性の評価（assessment）を記載した内部統制報告書を，34年法上要求される年次報告書に含めるよう，SEC規則を制定することを求めた。また，404条(b)項は，発行者の財務諸表を監査し監査報告書を作成する監査人が，(a)項の経営者による評価を証明し，報告するようSEC規則に定めることを求めた。

これを受けて，SOX法404条に基づくSEC規則（2003年6月制定）では，年次報告書に上述の「財務報告に係る内部統制」に対する経営者の評価報告書（内部統制報告書）と監査人による証明報告書（attestation report）を含めるべきものとし，内部統制報告書には，①適切な「財務報告に係る内部統制」の構築・維持に対する経営者の責任の表明，②直近の会計年度の末日における「財務報告に係る内部統制」の有効性の経営者による評価，③「財務報告に係る内部統制」の有効性の評価のために用いた枠組み，及び，④監査人が経営者による評価に証明（attestation）を与えた旨を，記述するものとした。また，四半期に生じた「財務報告に係る内部統制」の変更を経営者が評価する場合には，係る内部統制に重大な影響を及ぼすか，又は合理的に及ぼす可能性のある変更を評価するよう義務づけた。監査人による証明報告書には，「財務報告に係る内部統制」の有効性についての経営者による評価に対する監査人の証明と，有効な「財務報告に係る内部統制」を維持しているかについての監査人の意見を記載することが要求された[10]。

---

(10) この点は，わが国の内部統制報告書の監査証明と異なるところである。なお，関連するSEC規則の条項等は次のとおりである。Rule13a-15(a)：「開示統制・手続」及び「財務報告に係る内部統制」を維持する義務，Rule13a-15(b)：「開示統制・手続」の有効性につき評価する義務，Rule13a-15(c)：「財務報告に係る内部統制」の有効性につき評価する義務，Rule13a-15(d)：年次・四半期の「財務報告に係る内部統制」の変更につき経営者評価，Rule13a-15(f)：「財務報告に係る内部統制」の定義規定，Regulation S-X：監査人の証明・報告書と監査人の証明・報告の要件。

(3) 開示情報・内部統制と税務の関係

以上のように，SOX 法と SEC 規則によって，所定の会社の経営者は，年次報告書や四半期報告書に重要事実の不記載や不実記載がないこと等の認証に加えて，「財務報告に係る内部統制」及び「開示統制・手続」の双方について，それぞれの統制を維持すべき義務を負い，その有効性を評価した報告書を提出すべきこととなった。ただし，監査人による証明・報告の対象となるのは「財務報告に係る内部統制」のみである。

財務報告に係る内部統制の中に，税務機能（tax function）に係る内部統制が含まれると解されることは，文献においても指摘されており[11]，米国における実務的な認識でもあったように見受けられる。OECD の文書には，SOX 法施行初年度に，報告された重要な欠陥の約 3 分の 1 が税務機能に関するものであった旨の記載がある[12]。

また，財務情報としても，会社の所得に重大な影響（substantial impact）を与える場合には，課税リスクは貸借対照表の枠組みにおける偶発債務（contingent liabilities）又は課税資産を生じさせるゆえに，開示すべきものとされる[13]。さらに，第Ⅲ章において取り上げる US GAAP（Interpretation No. 48 on "Uncertainty in Income Tax"）の下，上場会社等には，所定の税務リスクを貸借対照表の注記で開示することが求められている。これらの情報は，「財務報告に係る内部統制」及び「開示統制・手続」において，確実に記録・処理・要約・報告されるべき情報である。

SOX 法の規制の下では，これら税務に関するものも含めて財務報告に係る内部統制，あるいは開示統制・手続を，構築・維持することが所定の上場会社の経営者の責任であるとされ，その構築・維持について評価し結果を公表することが義務づけられたことになる。

---

(11)　D. E. Hardesty, Sarbanes-Oxley Compliance in the Corporate Tax Department, (2004) 34 State Tax Notes 589, at pp. 592-593.

(12)　OECD, Forum on Tax Administration/Information Note, 2009, at par. 23.

(13)　W. Schoen, Tax and Corporate Governance: A Legal Approach/W. Schoen, ed., Tax and Corporate Governance (2008), at p. 50.

3 OECD のコーポレートガバナンス原則

(1) 「OECD コーポレートガバナンス原則」策定の経緯と性格

OECD 閣僚理事会は，1998 年 4 月 OECD に対し，各国政府・関連する国際機関及び民間部門の協力を得て，コーポレートガバナンスの標準とガイドラインを作成するよう要請し，これを受けて 1999 年 5 月に，「OECD コーポレートガバナンス原則（OECD Principles of Corporate Governance）」が策定された。背景には，1997 年に発生したアジア経済危機があったが，金融危機に直面した東南アジア諸国と韓国を除けば，当時の OECD 加盟国のコーポレートガバナンスは健全であると考えられていたため，OECD の原則は加盟国に遵守を求める法規範的な性格のものではなく，各国の法制や規制枠組みの策定・向上を図るためのガイドラインとすることが適切であると考えられて，そのような性質のものとして策定された[14]。

その後，2001 年のエンロン・ワールドコム事件を受けて，2004 年には同原則が改訂されているが，旧原則の基本的性格は維持されている[15]。さらに，2014 年 11 月，OECD コーポレートガバナンス委員会は，「OECD コーポレートガバナンス原則」の改訂に向けて，改訂草案を公表し，パブリックコメント手続を実施した。パブリックコメントの締切りは 2015 年 1 月 4 日とされ，コメント内容も公表された。今回の改訂の直接的な原因は，金融危機後の FSB（金融安定化理事会）からの要請といわれる。そして，改訂された原則は，「G20/OECD コーポレートガバナンス原則」として，2015 年 9 月に公表されている。

(2) 「OECD コーポレートガバナンス原則」（2004 年）と租税法

「OECD コーポレートガバナンス原則」は，Ⅰ～Ⅵの章立てで「原則（大原則と枝原則 A. B. C. …）」と「原則の注釈（Annotations to the OECD Princi-

---

(14)　本原則の紹介として，奥島孝康監修 OECD 閣僚理事会・OECD 民間諮問委員会編『OECD のコーポレートガバナンス原則』（きんざい，2001 年）。

(15)　日本コーポレートガバナンスフォーラム編『OECD コーポレート・ガバナンス－改定 OECD 原則の分析と評価』（明石書店，2006 年）17 頁。

ples of…）」から構成されている。

「Ⅰ　有効なコーポレートガバナンスの枠組みのための基礎の確保（Ensuring the Basis for an Effective Corporate Governance Framework）」の「C　法域における異なる当局間の責任分担は明確にされなければならず，公共の利益に資することが確保されなければならない。」という原則の注釈において，「コーポレートガバナンスの要請や実務は，会社法，証券法，会計・監査基準，倒産法，契約法，労働法及び租税法のような，複層的な法分野によって典型的には影響を受ける。このような状況下では，多様な法的影響により意図せざる重複や法規間の抵触を生じさせるリスクが存在し，それが主要なコーポレートガバナンスの目標を遂行する可能性を損なう場合もある。」と述べて，租税法がコーポレートガバナンスに影響を与える法分野の一つであることを確認している。

また，「Ⅵ　取締役会の責任」では，大原則「コーポレートガバナンスの枠組みは，会社の戦略的方向付け，取締役会による有効な業務監査，及び，会社・株主に対する取締役会の説明責任を確保すべきである。」の注釈において，「取締役会の他の重要な責任は，会社が，租税法，競争法，労働法，環境法，機会均等や健康・安全に関する法律を含め，適用される法律の遵守を確保するための体制（systems）を監視することである。」とし，また，「D　取締役会の果たすべき主要な機能」の1つとして，「7．独立性ある監査を含め，会社の会計・財務報告体制の完全性（integrity）を確保するとともに，適切な管理体制，特にリスク管理，財務・経営管理のための体制，並びに，法律及び関連する基準の遵守体制の整備を確保すること」をあげている。

このように，OECDのコーポレートガバナンス原則では，租税法は，会社が遵守すべき法律の1つであり，会社がその遵守のための体制を整備すべき対象であって，その体制整備を確保することがコーポレートガバナンスにおいて，取締役会の責任（responsibilities）として，その果たすべき主要な機能の1つである，と位置づけられている。この位置づけは，わが国における考え方と近いものといえる。なお，ここにあげた「Ⅵ」の内容自体は，1999

年に策定された「OECD コーポレートガバナンス原則」から，変更されていない。

⑶ 「G20/OECD コーポレートガバナンス原則」（2015 年）

改訂草案の「Ⅵ　取締役会の責任」においては，次のように税務への言及が増加していた。第1に，「A　取締役会構成員は，充分に情報を与えられた上で，誠実に，相当な注意を払い，会社と株主の最善の利益において，行動すべきである。」という原則が掲げられているが，その注釈において，次の下線部分の文言が追加されていた。すなわち，「ほとんどすべての法域において，注意義務は，取締役会構成員に重大な過失がなく相当の注意を払って決定が行われた場合には，経営上の判断の誤りには及ばず，また，アグレッシブな租税回避を行うこと (the duty of care does not extend to…, or to an obligation to pursue aggressive tax avoidance) には及ばない」。下線部分は，ほとんどの法域において，取締役の会社に対する注意義務との関係では，アグレッシブな租税回避を行うことが会社に対する取締役の義務違反の問題とはなっていない，との趣旨を示すものかと思われる。しかしながら，2015 年 9 月公表の「G20/OECD コーポレートガバナンス原則」では，結局，下線部分は削除されている[16]。

第2に，改訂草案では，「C　取締役会は高い倫理基準を適用すべきである。取締役会は利害関係者の利益を考慮に入れるべきである。」という原則の注釈には，以下の文章が追加されていた。すなわち，「同様に，取締役会が，経営者に実施を許されるタックスプランニング戦略を監視して，会社および株主の長期的利益に寄与せず，法的リスクやレピュテーション・リスクの原因となる実務を抑止することは，各法域において益々望まれている」。さらに，「G20/OECD コーポレートガバナンス原則」では，上述の「～の原因となる実務」の例として，「例えば，アグレッシブな租税回避を行うこと (for example the pursuit of aggressive tax avoidance)」という文言が上記の文章

---

(16)　OECD, G20/OECD Principles of Corporate Governance (2015), at p.52.

に加えられている[17]。このように，アグレッシブな租税回避行為と取締役の注意義務との関係について言及することはやめ，他方で，取締役会の監視によりアグレッシブな租税回避行為を抑止することがほとんどすべての法域で望まれていることに言及する，という内容となった。今回の改訂の経緯からは，コーポレートガバナンスにおける取締役会の役割との関係からも，アグレッシブな租税回避行為を抑止する方向を指向しようとするG20/OECDの姿勢が窺われる。

4 会社法上の取締役（会）の義務と租税法

⑴ 会社法における内部統制

　わが国でも本年，金融庁と東京証券取引所を共同事務局とする有識者会議が「コーポレートガバナンス・コード」を策定し，これを取り入れた取引所の有価証券上場規程が2015年6月1日から施行されている。このコードにおいては，取締役会が内部統制やリスク管理体制を適切に整備すべきことへの言及（原則4-3）はあるものの，租税法や税務への直接的な言及はない。しかしながら，会社法上，取締役は，善管注意義務（会社330条，民644条）の一環として法令遵守義務を負い，そこにいう「法令」には，会社を名宛人とし，取締役が業務を行う際に遵守すべきすべての法令が含まれると解するのが，通説[18]・判例（最判平成12・7・7民集54巻6号1767頁）[19]である。この「すべての法令」に租税法も含まれると解することに，異論はないものと思われる。

　そして，このような法令遵守等のための体制として，内部統制体制（内部統制システム）を構築すべきことについては，会社法と金商法に関連規定が設けられており，また，会社法の関連規定制定以前から，一部学説及び判例

---

(17)　Ibid., at p. 53.

(18)　たとえば，江頭憲治郎『株式会社法〔第6版〕』（有斐閣，2015年）463頁，神田秀樹『会社法〔第17版〕』（弘文堂，2015年）256頁，伊藤靖史他『会社法〔第3版〕』（有斐閣，2015年）236-237頁等。

において，取締役の善管注意義務の中には，内部統制体制（内部統制システム）構築義務が含まれると解釈されてきた。

取締役の内部統制体制構築義務に関する裁判例としては，大阪地判平成12・9・20 判時 1721 号 3 頁（大和銀行 NY 支店事件）が，健全な会社経営を行うためには，会社が営む事業の規模，特性等に応じたリスク管理体制（いわゆる内部統制システム）を整備することを要し，そ「の大綱については，取締役会で決定することを要し，業務執行を担当する代表取締役及び業務担当取締役は，大綱を踏まえ，担当する部門におけるリスク管理体制を具体的に決定するべき職務を負う。この意味において，取締役は，取締役会構成員として，また，代表取締役又は業務担当取締役として，リスク管理体制を構築すべき義務を負い，さらに，代表取締役及び業務担当取締役がリスク管理体制を構築すべき義務を履行しているか否かを監視する義務を負うのであって，これもまた，取締役としての善管注意義務及び忠実義務の内容をなす」と判

---

(19) 平成 17 年改正前商法 254 条 3 項（会社 330 条）・254 条ノ 3（会社 355 条）は取締役の善管注意義務・忠実義務を定め，同法 266 条 1 項 5 号（会社 423 条 1 項に相当）では，法令・定款に違反する行為が任務懈怠となることを定めていた。ここにいう「法令」の意義について，下級審裁判例および学説には見解の対立があったが，最判平成 12・7・7 民集 54 巻 6 号 1767 頁（野村證券損失補填事件）は，「商法 266 条〔会社法 423 条 1 項に相当〕は…法令に違反する行為をした取締役はそれによって会社の被った損害を賠償する責めに任じる旨を定めるものであるところ，取締役を名あて人とし，取締役の受任者としての義務を一般的に定める商法 254 条 3 項（民法 644 条），商法 254 条ノ 3 の規定（以下，併せて『一般規定』という。）及びこれを具体化する形で取締役がその職務遂行に際して遵守すべき義務を個別的に定める規定が，本規定にいう『法令』に含まれることは明らかであるが，さらに，商法その他の法令中の，会社を名あて人とし，会社がその業務を行うに際して遵守すべきすべての規定もこれに含まれるものと解するのが相当である。けだし，会社が法令を遵守すべきことは当然であるところ，取締役が，会社の業務執行を決定し，その執行に当たる立場にあるものであることからすれば，会社をして法令に違反させることのないようにするため，その職務遂行に際して会社を名あて人とする右の規定を遵守することもまた，取締役の会社に対する職務上の義務に属するというべきだからである。」と判示して，ここにいう「法令」には，会社を名宛人とし会社が業務を行う際に遵守すべきすべての規定が含まれるとの見解を示している。

第 7 章　コーポレートガバナンスとタックスコンプライアンス　233

示したことを嚆矢とする[20]。

　平成 17 年制定の会社法は，大会社である取締役会設置会社に対して，取締役の職務の執行が法令・定款に適合することを確保するための体制その他株式会社の業務の適正を確保するために必要なものとして法務省令で定める体制の整備について，取締役会で決定することを義務づけた（平成 26 年改正前会社 362 条 4 項 6 号・5 項。大会社である非取締役会設置会社と委員会設置会社につき，平成 26 年改正前会社 348 条 3 項 4 号 4 項・416 条 1 項 1 号ホ）。平成 26 年改正会社法では，決定すべき内容を，取締役の職務の執行が法令・定款に適合することを確保するための体制その他株式会社の「業務並びに当該株式会社及びその子会社からなる企業集団の業務の適正」を確保するために必要なものとして法務省令で定める体制の整備として（会社 362 条 4 項 6 号），従来会社法施行規則 100 条 1 項 5 号で定められていた内容（企業集団の内部統制体制）を，会社法本体で規定しているが，実質的な変更はないといえる。大会社である非取締役会設置会社，監査等委員会設置会社及び指名委員会等設置会社についても，同様である（会社 348 条 3 項 4 号 4 項・399 条の 13・416 条 1 項 1 号ホ）。そして，ここにいう「株式会社の業務の適正」や「当該会社及びその子会社からなる企業集団の業務の適正」を確保するために必要な体制には，租税法の遵守（タックスコンプライアンス）を確保するために必要な体制が含まれると考えることができる。なお，前掲大阪地判平成 12・9・20 にもみられるように，内部統制システムは，事業の規模・特性等に応じて整備することが必要であると考えられるので，必ずしも大会社においてのみその整備が求められるものではなく，取締役会の業務監査権限の行使や取締役の監視義務の履行に必要であるか否かによって実質的に判断されるものと考えられる。

---

(20)　内部統制体制構築義務に関する初めての最高裁判決は，最判平成 21・7・9 判時 2055 号 147 頁であり，義務違反を認定する判断枠組みを確認した上で，代表取締役の過失を否定している。

(2)　金商法における内部統制

　他方，金商法においては，J-SOX と呼ばれた 2006 年の法改正により，上
場会社には，確認書及び内部統制報告書を内閣総理大臣に提出することが義
務づけられ，また，内部統制報告書は公認会計士・監査法人による監査証明
の対象とされて，その結果が内部統制監査報告書として一緒に提出されるこ
とになった。まず，確認書は，有価証券報告書・半期報告書・四半期報告書
と併せて提出される，これらの開示書類の記載内容が金融商品取引法令に基
づき適正であることを確認した旨を記載した書類である（金商 24 条の 4 の
2・24 条の 4 の 8・24 条の 5 の 2）。また，内部統制報告書は，有価証券報告書
と併せて内閣総理大臣に提出するものとされ，当該会社の属する企業集団及
び当該会社に係る財務計算に関する書類その他の情報の適正性を確保するた
めに必要な体制（財務報告に係る内部統制）について経営者が評価した報告書
である（金商 24 条の 4 の 4）。内部統制報告書は，会社の代表者及び最高財務
責任者（その者がいる場合）が署名し，内部統制の基本的枠組み，評価の範
囲・基準日・評価手続，評価結果を記載する（内部統制府令第 1 号様式）。な
お，公認会計士・監査法人による監査証明（内部統制監査報告書）の対象は，
内部統制自体ではなく，内部統制報告書とされている（金商 193 条の 2 第 2
項）。

　このようにして，経営者は財務報告に係る内部統制を評価し，重要な不備
（material weakness）[21]があれば，内部統制報告書に内部統制は有効でないと
記載しなければならないが，重要な不備があっても評価の基準日までにそれ
が是正されていれば，有効であると評価することができる。そこからは，金
商法により，経営者には内部統制の不備を是正し，有効な内部統制を整備す
ることが求められている，とみることができる。ここにいう内部統制は，財
務報告に係る内部統制であるので，税務上の処理の適正性を確保する体制の
整備には，直接的には繋がらないのではないか，という疑念もあり得よう。

---

(21)　'material weakness' の訳語は，当初「重要な欠陥」とされていたが，実務へ
　　　の影響も考慮して，「重要な不備」と用語を改めている。

第 7 章　コーポレートガバナンスとタックスコンプライアンス　235

しかしながら，企業会計審議会の「財務報告に係る内部統制の評価及び監査の基準並びに財務報告に係る内部統制の評価及び監査に関する実施基準」（平成 19 年 2 月。なお，内部統制府令 1 条 1 項 3 項 4 項）では，ここにいう「内部統制」が，基本的に，企業等の 4 つの目的の達成のために企業内のすべての者によって遂行されるプロセスであるとされ，その目的の③として「事業活動に関わる法令等の遵守」を挙げている。さらに，SOX 法に関するアメリカでの議論，また，日本は確定決算主義を採用することからしても，財務報告に係る内部統制の中に，税務に係る内部統制が含まれると解することは，十分に可能であると思われる。なお，有価証券報告書の記載事項には，「事業等のリスク」の項目がもうけられているが（企業内容等の開示に関する内閣府令 15 条 1 号イ，第 3 号様式記載上の注意 (33)），記載上の注意において，課税リスクに関係する言及はされていない。

　いずれにしても，会社法上その整備が要求される内部統制体制は，財務報告に係る内部統制に限定されることなく，法令・定款適合性を確保し業務の適正を確保するために必要な体制とされており，その整備が，少なくとも大会社・監査等委員会設置会社・指名委員会等設置会社の取締役（会）の義務とされているのであるから，会社法上の内部統制体制には，タックスコンプライアンスに関わる内部統制が含まれると解することができると考えられる。

(3)　義務違反の場合の民事責任

　取締役が故意・過失により法令に違反する行為を行えば，会社に対する損害賠償責任が生じうる（会社 423 条 1 項）。大会社等において，法令遵守のための内部統制体制の構築・運用に問題があり，あるいはその整備義務を怠った場合も，同様である。個別法令につき「法令」違反による取締役の責任が問題となった事案には，独占禁止法，食品衛生法，廃棄物処理法，卸売市場法などの違反に関するものがある[22]。なお，取締役の任務懈怠について悪意・重過失があれば，第三者に対する責任が発生する場合があり（会社 429 条），またこれとは別に，第三者に対して不法行為責任（民 709 条）が生ずる場合がある。

Ⅲ 租税行政の効率化とタックスコンプライアンス 向上のための方策－米国FASB解釈指針第48号 及び内国歳入庁CAP制度の意義と実効性－

1 考察の対象

　2001年のエンロン・ワールドコム事件における金融取引を悪用した粉飾決算に起因する法人破綻と，それに端を発する世界的金融不況・信用喪失を受けて，企業のコーポレートガバナンスの強化のための法整備が行われたが，この粉飾には，大手監査法人も関与していたことから，米国では不正な財務報告を防止するための財務会計基準及び開示規制の整備が行われた。それが，後に詳述する2006年7月15日に発された，米国財務会計基準審議会（Financial Accounting Standards Board　以下FASBという。）の基準書解釈指針第48号（Financial Accounting Standards Board Interpretation No. 48：以下FIN48という。）「（企業）所得税における不確実性に係る会計」（Accounting for Uncertainty in Income Taxes）である[23]。この解釈指針は，FASB基準書第109号「（企業）所得税務会計」（Accounting for Income Taxes）に定める法人所得及び個人事業所得に係る会計基準の内容を明確化するためのガイドラインを示すものである。

　他方で，企業における財務経理の合理性・相当性を外部から透視し，判断

---

(22)　贈賄に関する東京地判平成6・12・22判時1581号3頁（ハザマ事件），独占禁止法違反に関する前掲最判平成12・7・7（野村證券損失補填事件），卸売市場法違反に関する名古屋地判平成13・10・25判時1784号145頁，食品衛生法違反に関する大阪高判平成19・1・18判時1973号135頁（ダスキン事件），廃棄物処理法違反に関する大阪地判平成24・6・29資料版商事342号131頁（石原産業事件）などがある。

(23)　FIN48は，FASB及びIRSのウェブページからダウンロードすることができる。http://www.fasb.org/CS/BlobServer?blobcol=urldata＆blobkey=id＆blobwhere=1175820931560＆blobheader=application/pdf；
http://www.irs.gov/Businesses/Corporations/FASB-Interpretation-No. 48, --Accounting-for-Uncertainty-in-Income-Taxes

第7章　コーポレートガバナンスとタックスコンプライアンス　237

することが難しい取引は，エンロン・ワールドコム事件で問題となった金融取引にとどまらず，21世紀になってとりわけ活発化している，多国籍企業における企業間内部取引（例えば，移転価格，資本取引のほか，組織再編なども含む。），電子商取引，無形資産取引にも拡大している。さらにこれらの取引による不正利益をレバレッジする方法として，国際的な税制の格差を利用した合法的節税策（いわゆるタックスヘイブン国を利用するのが典型であるが，そうでなくとも各国の国内租税法規における課税ベースや税率に著しい格差があれば，それを利用した節税策が開発されている。）も加わるので，ある国の国内租税法規の改正や租税執行の強化などの影響により，多国籍企業を構成するある一つの企業への租税負担の増加が他の関連企業の損失を招き，これにより当該他の国における投資家の利益が失われたり，企業の信用力に悪影響が出て，結局，単に法人税の減収だけでなく，多方面にわたる税収減が引き起こされるおそれがある。

　それゆえ，企業としても，積極的な租税回避を図ろうとするのでなければ，租税法令の適用が明確とはいえない新種の経済取引や国際取引を行うときには，当該取引についてはどの租税法令が適用されて，どの程度の租税負担になるかという企業側の判断やこの判断が課税庁によって否認されることがないという予測（この判断や予測をタックスポジション（tax position）という。）の適否について，予め課税庁側と合意しておく方が税務リスクマネジメントの観点から有益であるし，他方，課税庁としても，限られたマンパワーと時間と情報を用いて適正な租税行政を実現するためには，税財務情報を適正に開示してくれる企業には，行政コストの削減に見合った執行上の優遇をしてでも，積極的かつ真摯な協力を求めることとしながら，反面，調査必要度の高い法人には重点的な税務調査を行うこととした方が効率的である。こうした，納税義務者と課税庁との双方の利益に適った行政施策として考案されたのが，米国における法令遵守確認手続（Compliance Assurance Process：以下CAPという。）である。

　CAPは，2005年に，パイロットプログラムとして，大企業を対象として，

試験的に実施され，その結果に基づき，2011 年 12 月 31 日以後に開始する課税年度から，恒常的制度とされている。CAP は，内国歳入法典（Internal Revenue Code）の規定に基づく納税義務者に対する義務として行われるものではなく，あくまでも，これを希望する企業と課税庁との間の合意に基づき実施される協定であって，日本流にいえば，行政契約の一種ということができる[24]。また，他の制度との関連でいえば，従前にも，個別の取引の合理性の有無について納税義務者と課税庁とが協議する制度として，移転価格税制における事前確認や国内取引に係る税務取扱事前照会制度としてのアドバンス・ルーリングがあったわけであるが[25]，CAP は，個別の取引ごとの合法性事前審査ではなく，企業税財務活動全般にわたる包括的アドバンス・ルーリングのようなものということもできよう。

　本章は，FIN48 及び CAP の内容を詳細に解説した上で，それぞれの実効性について分析をするものである。

2　米国財務会計基準書第 109 号及び同解釈指針第 48 号の詳細と分析

(1)　緒論

米国においては，いわゆる税務会計の基準が財務会計基準書（FAS）第

---

(24)　諸外国における Voluntary Compliance Program の概要については，前掲注(1)『国税庁レポート 2013』29-30 頁参照，石井・前掲注（5）29 頁以下を参照。なお，ドイツにおける「事実上の合意」の適法性に関する裁判例の動向は，我が国においては重要な意義を有するが，この点については，吉村典久「ドイツにおける租税上の合意に関する判例の展開」金子宏先生古稀祝賀論集『公法学の法と政策（上）』（有斐閣，2000 年）239 頁参照。

(25)　米国については，金子宏「財政権力－課税権力の合理的行使をめぐって」同『租税法理論の形成と解明（上）』（有斐閣，2010 年）89 頁所収（初出 1983 年），同「アドバンス・ルーリングについて」同書 159 頁所収（初出 1994 年），神山弘行「事前照会制度に関する制度的課題＜研究ノート＞」RIETI（経済産業研究所）Discussion Paper Series 10-J-036（2010 年 6 月）等を参照。ドイツについては，手塚貴大「租税手続における事前照会－ドイツ租税法における制度と理論，およびその示唆するもの」租税法研究 37 号 45 頁参照。その他の国の事前照会制度については，石井・前掲注（5）31 頁以下参照。

第 7 章　コーポレートガバナンスとタックスコンプライアンス　239

109 号で定められているが，その個別の経理の詳細を明らかにするために，いくつかの解釈指針が発されている。FIN48 は，そのような解釈指針の一つで，企業が（法人）所得税に係る不確実な租税法律関係についてどのようなタックスポジションをとり，経理しているかを開示するための新しいルールを導入するものである。FIN48 の目的は，企業が財務諸表に記載すべき事項に係るタックスポジションにつき，課税庁から経理を否認されないですむかもしれない確率を数値化して評価し，開示させることにある[26]。

　このタックスポジションの評価は，後に詳述するが，2 段階のプロセスにより行われ，その概要は次のとおりである。第 1 段階は，「認識」（recognition）である。企業は，法的・会計的な技術的合理性を持ち，かつ利益の最大化に資する取引や会計処理ではあるものの，課税庁の税務調査に耐えられず，否認されるおそれや争訟リスクを有するタックスポジションの限界を認識する。これは，認識限界（a recognition threshold）と呼ばれる[27]。

　第 2 段階は，認識限界に係る「測定」（measurement）である。これは，企業における個々の取引や経理が，課税庁によって否認されないかどうかを測定する作業のことをいう。この測定の結果，課税庁による調査にも耐え（more likely than not to be sustained upon examination），否認されないであろう確率が 50% 超あるものが，企業として採用すべきタックスポジションとなる[28]。企業は，財務諸表の注記において，自己の損益や税額について，どのような課税リスクがあるかを表示した上，否認されることがないであろう確率が 50% 超ある適正なタックスポジションであることを開示する必要がある。

---

(26)　FIN48 の概要を整理するに当たっては，Randall D. McClanahan and Elizabeth F. Sublette, *Accounting for Uncertainty in Income Tax Positions: FASB Interpretation No.48* を参照した。この論文は全米法曹協会のウェブページから検索しダウンロードすることができる。http://apps. americanbar. org / dch / thedl. cfm % 3 Ffilename % 3 D / CL 480000 / sitesofinterest _ files / 20070301000000. pdf

(27)　FIN48. at Par. 5

(28)　FIN48. at Par. 6

FIN48 は，2006 年 7 月 15 日に財務会計基準審議会から発された。施行時期については，租税専門家や経済界から 1 年程度の猶予期間を設けるべきであるとの要望があったが，財務会計基準審議会は，2006 年 12 月 15 日以後に開始する課税年度から FIN48 を適用することとした。

(2)　適用対象（人的対象と物的対象）

FIN48 は，一般に公正妥当と認められる会計原則（GAAP）に則った財務諸表を備えた法人であればすべてに適用される。また，このような法人に加え，非営利団体（not-for-profit organizations），（S 法人，有限責任会社及び有限責任組合などの）導管体（pass-through entities）及び不動産投資信託（REITs）等の信託にも適用される[29]。親子会社や関連会社の経理については，FIN48 が一体的に適用される。

FIN48 は，FAS109 に基づき経理されるあらゆるタックスポジションについて適用される[30]。FIN48 の適用の時間的限界は，過去及び将来の納税申告書において採用されるべきタックスポジションのすべてに及ぶ[31]。そして，タックスポジションには，単に収益，費用，損失，税額計算のような経理判断だけでなく，納税申告をしないこととした決定（decision），課税管轄地間の所得の分配（allocation）や移転（shifting）に係る判断，所得の性質決定（characterization），課税所得からの除外決定，事業体を非課税団体へと変換することを含む組織再編決定など，あらゆる経営判断が含まれるとされている[32]。

企業は，個々のタックスポジションを認識し，測定する前提として，計算単位（the unit of account）を決めなければならない。これは，どのような行為又は計算の集合体をもって一つの取引として経理するのかという，単位を意味する。企業は，事業の内容に即して，自ら計算単位を決定し[33]，税財

---

(29)　FIN48. at Par. 1
(30)　FIN48. at Par. 3
(31)　FIN48. at Par. 4
(32)　FIN48. at Par. 4
(33)　FIN48. at Par. 5

第 7 章　コーポレートガバナンスとタックスコンプライアンス　241

務の経理に当たって，この計算単位を継続的に適用しなければならない[34]。

(3)　認識

FIN48 は，前述のように，不確実なタックスポジションについて 2 段階の評価を行う手続である。第 1 段階の「認識」とは，企業が自己のタックスポジションについて税務調査に耐えうるかどうか（more likely than not to be sustained upon examination），すなわち課税庁から否認されないですむかどうかを判断することをいう[35]。企業がこの認識限界の判断をするに当たっては，課税庁はあらゆる重要な事実及び情報にアクセスすることにより，タックスポジションを発見できる権限を持つこと，及び過去の行政実務や先例に照らして税務否認された事例があれば，それも考慮すべきである[36]。

タックスポジションの当否（すなわち，否認されるかどうか）の判断は，企業の採用した計算単位ごとに行われるので，最終的な「申告納付税額」が妥当であったとしても，その税額計算に至るまでの個々の計算単位の経理について不正があれば，当該タックスポジションは否認されることに留意されなければならない[37]。

(4)　測定

第 2 段階として，企業は当該タックスポジションを採用することにより，どれだけ節税できるのかを測定しなければならない。その節税額は，当該タックスポジションが否認されたと想定した場合の利益の額と否認されなかった場合に得られる利益の額との最大差額として計算される[38]。

FIN48 は，否認されるかもしれない節税額を算定するため，「累積的確率」（cumulative probability）という手法を用いている。これは，企業があるタックスポジションをとることによって得られる節税額と，否認されないかもしれない（逆にいえば，申告是認されるであろう）確率とを次のように推計す

---

(34)　FIN48. at Par. 9
(35)　FIN48. at Par. 6
(36)　FIN48. at Par. 7
(37)　FIN48. at Par. 7
(38)　FIN48. at Par. 8

242

る方法である[39]。

得られる節税額	達成される節税額の 個別是認確率	是認される確率の 累積割合
$ 100	15%	15%
$ 80	25%	40%
$ 60	30%	70%
$ 40	20%	90%
$ 0	10%	100%

　上記の例では，$ 60 は，その全額が是認されるであろう確率が 50% 超ある最大節税額となる。それゆえ，企業としては，課税庁に当該タックスポジションについては $ 60 を計上すべきであると解されている。もちろん，こうしたタックスポジションの累積的確率の測定は，租税法令が明確であれば，不要となる

　このような累積的確率の手法は，税務調査官と企業の内部税務担当者や外部委託税務アドバイザーとの間で潜在的な対立を生み出すであろうといわれている。FIN48 が発される前にも，このようなタックスポジションの測定は，税務アドバイザーの間ではしばしば行われていた。税務アドバイザーは，申告是認確率（及びこれにより達成される節税利益）とリスク（課税処分リスク，罰則リスク，争訟リスク等）とを分析し，企業に提示したであろうし，これからも提示するであろう。しかし，この分析報告書は，税務アドバイザーの潔白を証明するものでも，結果責任を回避するものでもないと解されている。

---

(39)　本文中の累積的確率に係る計算の例示については，McClanahan and Sub-lette, *supra* note 24, at p. 4. 節税額 60 ドルのときの累積確率が 70% と計算されるのは，60 ドル超の節税額を達成したときの個別の是認確率の和を意味する。すなわち，15% + 25% + 30% = 70% ということで，50% 超の是認確率を有することになる。もちろん，FIN48 が求めている是認確率は，50% 超なのであるから，アグレッシブな節税ポジションをとるのであれば，60 ドル超 80 ドル未満の間になるので，たとえば節税額 70 ドルのときの累積確率が 55% 程度の累積確率になるのではないかとも思われるが，誤差等を勘案したときに，70 ドルの節税は安全とはいえないとの判断があるのではないかと思われる。なお，こうした個別是認確率や累積確率は，企業が自ら見積もるのであって，SEC や IRS 等の公的機関によって割り振られるわけではない。

⑸ 重要な認識，不認識及び測定の修正

FIN48によれば，企業は，過去の事業年度において入手可能であった情報が後に発見されたことを理由として，当該過去の認識測定を修正することはできない。しかしながら，新しい情報が入手可能になったときには，企業は当該タックスポジションに係る当初の認識測定を修正することができる。すなわち，企業が一度行った認識評価を修正できるのは，新しい情報が発見されたときだけである[40]。

⑹ 分類（Classification）と年度帰属

あるタックスポジションについて申告納税において報告された金額が，FIN48に基づき測定された金額を超えるときには，この差額は認識されざる（否認される）節税額（unrecognized tax benefits）とされる（又は純損失の繰越額ないし（可能な）還付額が減額される）[41]。この金額は，もし1年以内又はそれより長くともその営業循環期間（operating cycle）以内に支払われうるのであれば，当期（current）に分類されるべきである[42]。もしその金額が認識限界に適合するタックスポジションから創出された一時的な増差税額（a taxable temporary difference）であるときには，繰延税額（a deferred tax liability）に分類されるべきではない[43]。

⑺ 開示（Disclosures）

FIN48は，企業の財務諸表において，次の項目を含む一定の開示を求めている[44]。

① 認識されざる節税利益に係る始期と終期の差引残高が財務諸表上一致すること（a tabular reconciliation）。

② 認識されざる節税利益に係る重要な変更が次の12ヶ月間に生ずると合理的に予測されるタックスポジションに係る情報。

---

(40) FIN48. at Par. 12
(41) FIN48. at Par. 17
(42) FIN48. at Par. 17
(43) FIN48. at Par. 18
(44) FIN48. at Par. 21

③　認識されざる節税利益の総額が，もし認識されたならば実効税率（当該企業の実際の租税負担率）に影響を及ぼすであろうこと。

④　（法人）所得税申告書及び貸借対照表上認識される節税利益と罰金の総額。

そして，

⑤　主要課税管轄地における課税年度の記録。

　企業や租税専門家は，上記開示項目が課税庁に対してロードマップを提供することにならないかという懸念を表明したが，財務会計基準審議会FASB は，このような開示は，財務諸表ユーザー（すなわち，企業のステークホルダー）に対して，企業業績の見積もりに係る重要情報を提供するものとして必要であるとの見解を表明している。

⑻　FIN48 の評価

　FIN48 は，不確実なタックスポジションの経理における認識，測定及び開示のルールを修正するもので，理論的にも実務的にも極めて重要な意義を有している。とはいえ，FIN48 に従った経理を行うためには，多額の費用を要し，また過去のタックスポジションについても精査・解明を要するものだけに，定着するまでには一定の時間が必要であろう。また，会計士と税務アドバイザーとの関係にも対立を招くおそれがある。タックスポジションの正確な開示は，企業が課税庁から悉皆的調査を受けるおそれを含んでいるため，企業のステークホルダーの保護と最大利益の開示とを使命の一つとする会計士の立場と，適正納税額の算出を推奨してきた税務アドバイザーの立場とでは，相当な利益相反が生じうるからである。

3　内国歳入庁による法令遵守確認手続の詳細と分析

⑴　緒論

　米国内国歳入庁（Internal Revenue Service：以下 IRS という。）は，2005 年に，まずパイロットプロジェクトとして，大企業の納税義務者 17 社を対象に法令遵守確認手続プログラム（以下 CAP program という。）に着手した。CAP program は，納税申告をする前に，租税確証（tax certainty）を得たいと希望する納税義務者のために，納税義務者と課税庁との間で納税義務者の採用しているタックスポジションが租税法令に適合するかどうかを確認するための点検の取組である。IRS は，試行期間に CAP が実効性を持つかどうか検討を重ね，2011 年 12 月 31 日以後に開始する課税年度から恒常的制度として，次の 3 つの段階からなる手続を設けている[45]。すなわち，前段階法令遵守確認手続（Pre-CAP），法令遵守確認手続（CAP）及び法令遵守保全措置（Compliance Maintenance）である[46]。

　これらのプログラムの適用を希望する納税義務者は，書式 14234 号「前段階法令遵守確認及び法令遵守確認申請書」【参考資料 1】を IRS の所轄課税庁に提出し，一定の審査を受けることになる。

　当分の間，これらのプログラムの適用対象は，大企業が想定されている。当初の 2011 年時点で，CAP program を申請した納税義務者は，上場 160 社程度であった[47]。

(2) 前段階法令遵守確認手続（Pre-CAP program）

　Pre-CAP の段階においては，申請した納税義務者は，IRS と共に，申請

---

(45) CAP 制度の概要については，内国歳入庁のウェブページを参照。http://www.irs.gov/Businesses/Corporations/CAP-Permanency-in-a-Nutshell
　また，日本語による概要紹介として，池田・前掲注（6）14 頁，水野雅史＝池上寿一＝小磯有子＝加藤寛崇「米国税制及び税務行政の概要」税大ジャーナル 24 号（2014 年 9 月号）204 頁参照。

(46) Pre-CAP 及び CAP の申請書【参考資料 1】，Pre-CAP 基本合意書【参考資料 2】，CAP 基本合意書【参考資料 3】は，いずれも内国歳入庁のウェブページからダウンロードすることができる。なお，参考資料 1 ないし 3 は，岩﨑の翻訳である。http://www.irs.gov/Businesses/Corporations/Compliance-Assurance-Process
　Pre-CAP 基本合意書及び CAP 基本合意書は，適格必須要件だけを記載した「ひな形」である。実際の基本合意書においては，対象企業の実態に合わせた期待要件が追加されることもある。

(47) *PwC, IRS Hot Topics: New Compliance Assurance Process procedures promote tax certainty*, Feb 01, 2012 at http://www.pwc.com/us/en/washington-national-tax/newsletters/irs-hot-topics/new-co...を参照。なお，CAP program の概要を整理するに当たっても参照した。

課税年度における納税申告の内容について検証をすることから手続が始められる。すなわち，IRS が，確定申告後の納税申告の内容について，通常の審査手続において，納税義務者との間で予め合意された検証期間（open tax years）内に，税務会計の処理の仕方や租税法令の適用の当否について審査し，Pre-CAP program の適用が可能かどうかを判定する。この検証期間は，移行期間（the transition years）とも呼ばれる。なお，開業後間もない納税義務者のように，検証のための open years が設定できない者については，Pre-CAP program を省略して，直ちに CAP program に進むこともできる。とはいえ，この場合でも，CAP program を適用するかどうかの審査において，納税義務者の納税申告の内容が法令遵守の基準を満たしているかどうかを検証する期間が設けられるから，検証期間がないというわけではない。

　Pre-CAP program 及び CAP program の適用対象となる納税義務者は，現時点では，1000 万ドル（＄10 million）以上の総資産額を保有し，SEC への届出の対象となる公開会社（publicly held entity with SEC filing requirements）であり，かつ IRS から査察を受けたり，IRS との間での争訟を継続していない納税義務者である【参考資料 1】。

　Pre-CAP program の申請がなされ，それが適正なものとして受理されると，IRS と納税義務者との間で，納税義務者の事業内容に即して，IRS から検証のための「チームコーディネーター」（Team Coordinator: TC）が任命され，法令遵守の具体的内容を定めた Pre-CAP 基本合意書（Memorandum of Understanding: 以下 MOU という。）が締結された上で，その事業内容に沿った税務経理や納税申告がなされているかどうか，一定期間にわたり検査が行われる【参考資料 2】。

　Pre-CAP の審査が適正に完了したときに，当該納税義務者にはより精密な法令遵守の審査が行われ，かつ税務調査等の執行に係る特典が用意されている CAP program へと進む。

⑶　法令遵守確認手続（CAP program）

　CAP の段階では，申請した納税義務者は，IRS と協働して，申告前に，

当該納税申告に係る重要課税問題について，認識しかつ解決するように努める。当該納税義務者は，Pre-CAP 手続の段階と同等の適格性を満たす必要がある。もし当該納税義務者が申請年度において IRS から税務調査を受けているときには，追加的要件として，①IRS により調査されている事業年度が 1 事業年度分に過ぎないこと，及び②当該納税義務者は必要な納税申告を過去においてはすべて適法に行ってきたことを満たさなければならない。

　CAP program への申請は，CAP の対象事業年度の前年の 9 月 1 日から 10 月 31 日までの間になされなければならない。申請が適正なものとして受理されると，翌年 1 月 31 日までの間に，CAP 基本合意書（CAP MOU）が締結されなければならない【参考資料 3】。

　MOU の締結後，IRS は，納税義務者と IRS との接点となる「経理コーディネーター」（Account Coordinator：以下 AC という。）を任命する。必要に応じて，AC 以外の専門家からなるチームメンバーも任命される。納税義務者は，事業上重要な取引を約定しかつ履行したときには，この取引について懸念されるタックスポジションを IRS に開示する。また，IRS は，この取引につき審査をするため関係書類に係る情報開示請求を行う。その結果，法令遵守が確認されたときには，IRS は事案解決合意書（Issue Resolution Agreement：以下 IRA という。）を起案する。CAP 対象事業年度における納税申告前の最終段階で，経理コーディネーター（AC）は，様々な事案解決合意書を統合して，書式 906（Form 906）により最終合意書を作成し，IRS に提出する。すべての問題が解決されたときには，IRS は，「合意完了書」（Full Acceptance letter）を発する。

　納税義務者が CAP 対象事業年度に係る納税申告をした後，IRS は，申告後審査（a post-filing review）を行う。すべての開示項目が MOU どおりであることが確認されたときに，IRS は，「変更不要書」（No Change letter）を発する。もし解決できていない項目が残っているときには，IRS は，「部分承認書」（Partial Acceptance letter）を発し，当該解決できていない項目について伝統的な質問検査の方法により調査を行う。納税義務者は，これに対して，

不服審査庁（Office of Appeals）に対して，再調査請求をすることもできる。

⑷　法令遵守保全措置（Compliance Maintenance）

納税義務者が，CAP の適格必須要件と期待要件（CAP eligibility requirement and expectations）とを満たすときには，法令遵守保全措置の段階に進む。この段階では，納税義務者は，納税義務に影響を及ぼすであろうあらゆる書類について継続的に IRS に開示することが求められる。これに対して，IRS は，当該納税義務者の行う取引や経理について，税務調査の程度・期間を緩和することができる。ただし，IRS は，納税義務者の事業内容や取引の複雑性・数量に応じて，CAP の段階に戻して，法令遵守検査をやり直すこともできる。

⑸　法令遵守制度の評価

IRS は，納税申告前の納税環境（a pre-filing environment）を整備するため，アドバンス・ルーリングの発給や移転価格課税に係る相互協議のための情報開示請求など，納税義務者との協働作業を行ってきたが，上述した3段階からなる法令遵守手続は，これらの協働作業をさらに推し進めるものであるといえる。納税義務者にとっても，この制度によって，納税申告をする前に，税額の確実性（課税処分リスクがないこと）が解るとか，IRS との間で見解が相違する項目についても協議を通じて納税者側の権利が守られるとか，解決された項目については，将来の同種事案における処理の方法などが解り，予測可能性が増すといったメリットを受けることができる。

とはいえ，MOU の内容からも予想されるように，これらの法令遵守手続の運用は，IRS にとっては，極めて複雑で時間を要する精密な申告前税務調査を実施するようなもので，多くの納税義務者に対して実施できるような性質ものとは思われないし，納税義務者にとっても，自己の納税申告の内容について，法的安定性や予測可能性を得ることにはなっても，その代償として，極めて煩瑣な書類整備やアドバイザー費用や時間を要すると共に，その事業内容や秘密を IRS に対して（証拠と共に）開示する結果となるという問題も含んでいる。納税義務者の立場からすれば，法令遵守手続に適合するほど開

示をするのであれば，税務調査の負担が減ったり，課税処分リスクが少なく
なることは当たり前のことであって，とりわけメリットといえるものではな
いという消極的な評価もあろう。

　法令遵守手続の内容は，何年間かの実証期間を経て，やがて手続の簡略化
（たとえば，Pre-CAP と CAP との統合や，申告前検査項目の縮減など）がなされた
り，法令遵守適格納税義務者に対する特典がより拡充されるなどが検討され
るのではないかと推測される。

4　小　　括

　本章では，納税義務者のタックスコンプライアンス確保に資する米国の新
しい試みとして，FIN48 と CAP program を考察した。FIN48 は，企業の税
財務経理について，投資家や債権者の権利・利益の保護を目的とするもので
あるのに対し，CAP program は，もっぱら課税庁との関係において，租税
行政の効率化と納税義務者における租税負担の法的安定性と予測可能性の確
保を目的とするものであって，制度の目的と対象を異にする。とはいえ，そ
れぞれの制度の効果は，相互に関連を持つものであって，予期しない課税処
分等による企業の信頼の喪失や負担の増加によって被る経済的不利益を回避
し，もって投資家・債権者の保護と租税徴収の確保の両方を満たすものであ
る。

　とりわけ，財務諸表上，タックスポジションを開示することを求める
FIN48 を適用する企業であれば，CAP program を申請することも比較的容
易で新たな負担が少なくてすむから，両制度は連動して，コーポレートガバ
ナンスとタックスコンプライアンスをレバレッジするものといってもよいで
あろう。

　しかしながら，問題点として，両制度のいずれもが，とりわけ多国籍企業
については，親子会社，関連会社を含めた税財務情報を開示することを前提
とするだけに，費用と税財務管理の事務負担を増加させるものであって，そ
れに耐えうる利益と人材とを有する大企業でなければ実行するのは困難であ

ろうと思われる。

　それゆえ，両制度は，コーポレートガバナンスとタックスコンプライアンスに資するオールマイティーなものというよりは，直接的適用対象を大規模公開会社・多国籍企業に限定した特殊なものと位置づけるべきであろう。が，そうだとしても，これらの適用対象企業は，経済的影響力や納税額が大きいのが実情であろうから，両制度がうまく機能することは，グローバル化した現代経済においては重要な意義を有すると考える。

IV　おわりに

　本稿においては，コーポレートガバナンスとタックスコンプライアンスとを結びつける新しい租税行政の仕組みについて考察を加えてきた。我が国においては，つい最近になって話題になったテーマではあるが，国際的に見ると，21世紀になってから，多くの緻密な議論と様々な関連規制の積み重ねが行われてきたことが解る。

　とりわけ，グローバル経済下における企業活動は，投資家や債権者などの民間人であれ，調査権限という公権力を行使しうる規制機関や課税庁であれ，なかなか実態を把握しにくい状況にある。タカタ株式会社のエアバックの欠陥事件やマクドナルド株式会社の食品異物混入事件などからも解るように，製造から販売まで全世界規模に行っている企業においては，ある一つの国における事故の発生によって，全世界の関連企業にまで損失が波及することがあり，また，スターバックス・コーヒー株式会社やアマゾン株式会社による合法的所得移転に対する超法規的課税問題を発端として，国際的な税制の隙間や抜け穴を合法的に利用したアグレッシブな租税回避行為（aggressive tax avoidance）に対する課税強化が国際的に進められつつあることに鑑みれば，ある一国における課税強化が他国における親子会社・関連会社にも波及し，当該所在国の税収に多大な悪影響を及ぼすこともありうるのである。

　こうした状況からも，投資家や債権者にとっては，対象企業の租税法律関

係に関する経営判断がそれぞれの利益に影響を及ぼすことから，コーポレートガバナンスの重要な内容になっているし，他方，課税庁にとっても，企業の事業上（とりわけ，国際的事業活動）の経営判断が租税法令に反するものでないとしても結果的に自国の税収に多大な悪影響を及ぼすこともあるので，当該経営判断がどの程度の課税リスクを含んでいるか重大な関心事となっている。その意味で，現代は，コーポレートガバナンスとタックスコンプライアンスとが密接不可分の時代であるといえよう。

　本稿で考察した米国 IRS の法令遵守確認手続は，租税法律関係を法律の厳格な解釈適用によって解決するのではなく，納税義務者と課税庁とのフレキシブルな合意によって解決するという，いかにも米国的手法ではあるものの，現代的な企業活動には適合した有益な手法ということができる。手続の内容が包括的かつ詳細なため，適用対象となる企業は自ずと限定されるであろうが，処分・争訟による課税問題の事後的解決から，その事前の回避へという時代の流れにも沿った制度といえよう。

【参考資料 1】

　　Form14234（April 2011）　Pre-CAP and CAP Application Form

書式 14234 号（2011 年 4 月付）

　　＜前段階法令遵守確認プログラム及び法令遵守確認プログラム申請書＞

納税申告書に記載する納税義務者の氏名（納税者番号）

納税申告書に記載する住所

納税者番号・前段階法令遵守確認プログラムを選択するか法令遵守確認プログラムを選択するか・申請事業年度

＜質問項目＞

1.　あなたは，直近の米国所得税納税申告書において，1 千万ドル以上の総資産額（total assets）を有することを申告しましたか？　　はい・いいえ

2a.　あなたは，SEC 又はこれと同等の規制機関に対して，書式 Form 10K，10Q，8K 又は 20F ないしこれら以外の開示関係書類を，法律に基づき提出する義務があるか又は提出したことがありますか？　　はい・いいえ

2b.　2a に該当しない場合，あなたは，公認の監査済財務諸表（certified, audited financial statements）又はこれと同等の四半期毎の財務書類を提出していますか？　　はい・いいえ

3.　あなたは，現在，IRS から税務調査を受けていますか？
　　はい・いいえ

4.　あなたは，現在，IRS や現在の法人税に係る記録の閲覧を制限する権限を有する連邦・州の機関から提訴又は査察をうけたり，その査察が重要な租税事案に及ぶ可能性がありますか？　　はい・いいえ

5. あなたは，いずれかの課税年度又は査察や係争中の申告年度において，書式 Form 8886＜申告すべき開示対象取引＞に掲げられた定義に該当するいずれかの取引に着手したことがありますか？もし着手したことがある場合には，書式 Form 8886 の複写を添付してください。　　はい・いいえ

6. あなたは，最近，CPA program のために資料を提供する用意があるかのように装ったり，記録の入手可能性を妨げるような変更をしたことがありますか？　　はい・いいえ

7. 必要があれば，上記第 4 項目に関する概要説明書を提出してください。

　＜担当係官記載事項＞係官の署名・氏名活字標記・職責・電話番号・電子メールアドレス

【参考資料2】
Pre-CAP Memorandum of Understanding（2014.6.18改訂版）
＜前段階法令遵守確認プログラムに係る基本合意書＞
IRSと納税義務者（……）との基本合意書

法人名……・事業者番号……
Pre-CAP開始事業年度（……）

法人名……（以下「納税義務者」という。）と内国歳入庁（IRS）（以下，両者を「当事者Parties」という。）とは，以下に記載する前段階法令遵守確認プログラムに係る基本合意書を締結する。この基本合意書の実施に当たっては，当事者は，納税義務者がCAP手続の段階に向けて，納税申告書の検査が適正に完了するように勤勉かつ誠実に協働することを合意する。

（A）目的

Pre-CAP段階においては，納税義務者は，IRSと共に，伝統的な申告後の調査手続において，CAP選択基準及びCAP段階における手続に適合するように，提出された納税申告書の検査を完了するように協働する。納税義務者とIRSは，合意された期間内の課税年度の納税申告を検査するための行動計画を策定する。

（B）チーム・コーディネーター

Pre-CAPの着手に当たって，IRSは，納税義務者に対して，チームコーディネーターを指名する。チームコーディネーター（TC）は，基本的には，IRSの代理人として勤め，法令遵守を推進し，すべての連邦税事案に関する接点となる。もしチームコーディネーターがその任務を継続することができなくなったり，IRSがチームコーディネーターを解任することを決定した場合には，IRSは，納税義務者に通知し，直ちに後任者を指名する。IRS職員の変更は，この基本合意書を変更するものでも取り消すものでもない。

（C）Pre-CAPにおける基本合意書の有効期間

この基本合意書は，……年（以下「Pre-CAP 年度」という。）に適用され，両当事者により直ちに実施される。いったん Pre-CAP に選定されると，当該納税義務者は，Pre-CAP の基準（criteria）に適合するよう努めなければならず，かつあらゆる Pre-CAP の要請（expectations）に応えなければならない。当事者は，納税義務者が CAP 段階に到達するか，Pre-CAP を離脱するか，又は Pre-CAP を中止することを選択するまでの各 Pre-CAP 年度において，この基本合意書を遵守しなければならない。

(D) 役割，責任及び協議

1. 納税義務者がなすべき開示事項

IRS と納税義務者とは協働して，設定された期間内に必要なあらゆる検査を完了するための行動計画を策定する。Pre-CAP の段階には，納税義務者は，CAP 段階において納税義務者に要求されるのと同等の透明性と協力を示さなければならない。納税義務者は，連邦所得税の納税義務に重大な影響（a material effect）を及ぼす取引の存在，その申告すべきポジション（return reporting position），そしてその取引の進捗状況の説明を明示しなければならない。さらに，納税義務者は，連邦所得税の納税義務に重大な影響を及ぼす一切の事由及びこれらの事由に関連して申告すべきポジションを開示しなければならない。重要な情報は設定された期間内において示されなければならない。納税義務者は，この章において納税義務者が開示しなければならないことは，書面でなされることとなる。

上述した取引，取引の進捗状況の説明及び重大な事由に加えて，納税義務者は IRS に次のことを提供する。すなわち，事業概要，関連するすべての事業体を明らかにする現在の法的・会計的・税務的組織図（organizational charts），そしてこれらのすべての事業体を含めた重要情報の流れ（flow），財務業績情報（financial performance information），課税年度に重大な影響を及ぼす事由に関する情報，会計帳簿組織の入手方法，開示が求められる情報に関する必要な資料などである。

納税義務者は，情報と文書を自発的に又はチームコーディネーターからの

要請により提供する。チームコーディネーターは，提供されたすべての重要情報を迅速に審査し，かつ納税義務者に対して⑴追加的情報の提出を求めるか，⑵納税義務者の税務取扱いについて IRS が同意しないか，又は⑶納税義務者の税務取扱いは適正なものであるかを通知する。

当事者は，必要とされる情報資料請求（Information Document Requests：以下 IDRs という。）の範囲について自由かつ誠実に協議し，その回答期限について相互合意する。何らかの事情により，納税義務者が IDRs の期限を守れないときには，納税義務者は IRS に直ちに通知し，その遅延の状況を説明し，当事者は合意により期限を更新する。IRS は，情報資料請求に係る対応が適正であるかどうかを迅速に評価し，その対応を分析した後，当該納税義務者との間で審査結果について協議する。当事者は，この検査手続の間，CAP program（the Program）の目的に適合するよう，適切さと迅速さに努めなければならない。IDRs に関して，大企業及び情報資料請求執行手続に関する国際指令（the Large Business and International Directive on Information Document Requests Enforcement Process）が 2014 年 2 月 28 日付けで適用される。

納税義務者は，チームコーディネーターに対して，Pre-CAP 年度の納税申告に影響があるときには，その影響が最終合意や争訟に及ぶときも含めて，既に検査され完了した課税期限を更新したり再調整したりするたびに，その課税時期と税額計算書（tax schedules and computations）を提出する。納税義務者は，Pre-CAP 開始会議の 15 営業日前にはこれらの情報を開示しなければならない。

Pre-CAP を申請中の納税義務者が，Revenue Procedure 2006-9 に基づき事前価格確認合意（Advance Pricing Agreements）の申請をしていたり，かつ又は Revenue Procedure 2006-54 に基づき米国の主務官庁からの支援を要請したりしているときには，チームコーディネーターに対して，これらの要請をした事実を通知しなければならない。その場合には，チームコーディネーターは，当該事前価格相互確認合意チーム（Advance Pricing and Mutual

第 7 章　コーポレートガバナンスとタックスコンプライアンス　257

Agreement Team：以下 APMA という。）又は条約支援解釈チーム（Treaty As-sistance and Interpretation Team：以下 TAIT という。）に通知し，ないしアナリストに CAP と APMA/TAIT Programs との調整に当たらせる。

　Pre-CAP 納税義務者は，管理取引（controlled transactions）を包括する事前価格確認合意（Advance Pricing Agreements）を実現するよう努める。移転価格案件を進める納税義務者は，チームコーディネーターに対して，相互協議手続（APA）に入ることがよいかどうかを検討するため，APMA 手続と調整をとるように請求することができる。

　納税義務者は，将来の解決策や過去の検証期間に生じた問題に係る通知や書類提出の合意を 15 営業日前に行うものとする。当事者は，未検証課税期間や Pre-CAP 期間における解決策の効果を検討し，かつ変更が適正に組み込まれているかどうかを検討する。

　納税義務者は，連邦又は州の機関から査察の着手を受けたときには，直ちに，チームコーディネーターに通知するものとする。この通知には次のものが含まれる。すなわち，当該査察の詳細，当該法人の帳簿書類等を閲覧することが制限されるかどうかについての評価，当該査察から起こりうる重大な課税問題である。

　納税義務者は，Pre-CAP の課税期間について，米国に申告した所得，費用及び／又は税額控除に影響を及ぼす，外国からの調査や税額調整（pendig adjustments）の着手がなされたときには，直ちに，チームコーディネーターに通知するものとする。また，当該納税義務者は，四半期毎に，知り得た情報を更新するものとする。

　Pre-CAP の関連において IRS に提出された一切の情報は，IRC 6103 条に定める秘密保護規定により，開示されない納税申告情報とされる。

　2.　重要な限界（Materiality Thresholds）を設定しかつ遵守すること及び調査のために必要な項目

　当事者は，重要な限界を含む，Pre-CAP 検査の範囲を共に決定する。重要な限界は，両当事者によって取引を検査するかどうかを決める指針として

用いられる。当事者は，この重要な限界の例外が認めれる事由について自由に議論する。しかしながら，検査対象となる取引や項目を特定する決定は，IRS の裁量に委ねられている。

さらに，重要な限界は，Pre-CAP の検査の過程で再考されることもありうる。重要な限界は，Pre-CAP 行動計画において書面で記録される。Pre-CAP 行動計画は，納税義務者との議論を経て納税義務者に提示される。

重要な限界と項目の特定手続が上記のとおりであるとしても，IRS は，いつどのように特定されたかにかかわらず，次に掲げる項目について検査することができる。その項目とは，タックスシェルター，上場取引（listed transactions），金利取引（transaction of interest），不正行為（fraudulent items），大企業及び国際租税局（LB&I: Large Business & International）におけるコンプライアンス政策，企業経営者（Industry Director）及び業務部門の管理者（Operating Division Directives），関連問題（coordinated issues）及び突発的問題（emerging issues）である。当事者は，詐術的又は法律的なものではない，計算上／数学上又は会計上の明らかな過誤／欠落を正す権利がある。

重要な限界は，Pre-CAP においては，どの取引が検査の対象になるのかを納税義務者に知らせる意味を持っている。重要な限界は，検査対象取引の税務処理に関する調整をするときに意義がある。Pre-CAP の一環として検査された取引に係る申告額の調整は，重要な限界の下でなされるであろう。

3.　納税義務者と IRS との協議

Pre-CAP がうまくいくためには，誠実で自由な協議が重要である。さらに，Pre-CAP の目的を達成するためには，熱心に協働した相互努力が必要である。同時に，納税義務者がこの MOU を実行しかつ伝達するためには，当該納税義務者は，情報を共有しかつ疑問点や紛争を解決するための接点として機能するこの MOU の交付書を添付するものとする。IRS の所轄統括官（IRS Territory Manager）は，Pre-CAP 開始会議に出席するものとする。この Pre-CAP 開始会議の間，IRS は，Pre-CAP チームに参加する IRS の担当者一覧を納税義務者に対して提示する。IRS チームには，チームコーディ

ネーター，チームマネジャー，所轄統括官（Territory Manager）及び所轄税務署長（DFO: Director, Field Operations）も含まれうるが，これらに限定されているわけではない。

　当事者は，定期的に交流する。定期（週間，月間又は少なくとも四半期毎）会合では，重要な情報，書面及びインタビューについて議論したり提示したりするものとし，必要に応じて，Pre-CAP 行動計画の状況についても議論し，かつ Pre-CAP 検査の過程において生じた懸念を解決するよう行動する。各当事者は，上記の問題，紛争又は懸念を解決するため，権限ある代理人の出席を求める。さらに，当事者は，それぞれの観点から協力と透明性について公明正大に共に議論し，準備する。

（E）伝統的な申告後の手続

　伝統的な申告後の手続は，Pre-CAP の過程でも調整のため活用される。書式906（Form 906）の最終合意書は，是認されたときに発行されるものとする。所轄歳入庁係官の報告書（the appropriate Revenue Agent Report（s））は，検査結果に基づき発される。

（F）合意に至らなかった争点（Unagreed Issues）

　もし納税義務者が IRS から提示された解決策に合意しないときは，納税義務者と IRS とは，当該問題を解決するための手続を用いることになる。この問題解決手続は，臨機応変に行われる。IRS は，もし納税者からの申請があり，他に問題がないときには，即決手続（Fast Tracke Settlement：Revenue Procedure 2003-40 参照）をとる。

（G）終結又は Pre-CAP の中止

　納税義務者又は IRS がこの MOU を進める責務を果たすことができなかったり又は対応できない争点の解決は，IRM 4.5.1.1. の手続による。この手続は，臨機応変に採用される。納税義務者がこの MOU の条件を遵守できないと IRS が判断したときには，所轄統括官（Territory Manager）は，IRS の懸念を文書による通知として発する案件として処理する。この懸念が納税義務者に送達された後 30 日以内に解消されない場合には，この案件に係る

所轄税務署長（DFO：Director, Field Operations）は，終結文書を納税義務者に対して発し，この program への納税義務者の参加は終了する。IRS は，当該納税義務者の行った納税申告に対して伝統的な申告後調査を行うこととする。

　四半期毎に，Pre-CAP チームマネジャー（CAP チームの他のメンバーから選出された者）及び納税義務者並びに／又はこれらの者の代理人は，透明性と協力関係を評価しかつ記録する。協議は，この評価の結果に潜在的懸念がありうる場合に行われる。

　この MOU に至るまでに存在した重大又は一貫した過誤の例は，終結通知に示される。それらとは，⑴情報資料請求（IDRs：Information Document Requests）に対する回答期限を遵守しなかったり，無回答又は不完全な回答だったこと，⑵有意に又は誠意を持って事に当たらなかったこと，⑶すべての取引の存在，取引における手法（steps within the transactions）及びこの MOU の前掲セクション D1 に定める当事者の行うべきことを開示しなかったこと，⑷タックスシェルター又は別表記載の取引（listed transaction）を開示しなかったこと，⑸当該法人に係る公表記録からは IRS に認識されない査察又は訴訟の存在を開示しなかったこと，そして⑹その他この MOU に定める責任を果たさなかったこと，である。

　MOU の期待することに応じられないか又は応じる意思がない納税義務者は，いつでも，Pre-CAP から離脱したい旨を書面により提出することができる。当該書面を受理したときには，IRS は，当該納税義務者に対して終結通知を発し，これにより納税義務者の Pre-CAP への参加は終了する。IRS は，当該納税義務者の納税申告について，伝統的な申告後調査を行うこととする。

（H）争訟及び両院租税委員会の審査

　1.　争訟

　納税義務者が可能な還付請求権を認識したときには，あらゆる可能な還付請求を租税裁判所（TC）に対して行うことができる。連邦所得税に関する

還付を求める一切の争訟（Claims）又は請求（Request）については，書式 1120X 又は 1139 を提出することにより行わなければならない。争訟は，財務省規則 Treasury Regulation section 301.6402-2 に定める基準に適合しなければならない。この規程による，争訟の有効要件は，次のとおりである。

- 有効な証拠があること。
- いかなる控除又は還付を求めるのかについて詳細な根拠があること。
- 請求の趣旨を IRS に理解させるに足る十分な事実を提出すること，そして，
- 偽証罪に係る宣誓書を含むこと。

2. 両院租税委員会（Joint Committee on Taxation）

Pre-CAP 検査の終了にあたり控除又は還付が行われることとなったときには，IRC section 6405 により，両院租税委員会（Joint Committee on Taxation: 以下 JCT という。）の審査の対象となる。IRC 6405 条が適用されるときには，政府を代表する JCT により審査されかつ承認されるまでは，最終合意を行うことはできない。IRM 4.36.3.6.2. を参照。IRM 8.13.1.4.6.1. に基づき，納税義務者により署名された最終合意書は，両院租税委員会報告書原本（the original Joint committee report）に収録される。JCT が当該報告書及び提出された最終合意書に異議を唱えないときは，所轄執行部門が最終合意書に署名することができる。

基本合意書の締結

下記に書名のある両当事者の代表者は，記載された目的，責任及び手続ガイドラインについて相互に合意したことをここに明らかにする。両当事者は，この書面が Pre-CAP を実施することを目的とするものであって，法的執行力を有する合意ではないことを了解した。

署名及び日付

納税義務者側（連邦所得税申告を行う権限ある業務執行者）

氏名：

地位：

日付：

内国歳入庁側

氏名：

（大企業及び国際租税局長　地域所轄税務署長 LB&I Director, Field Operations）

日付：

【参考資料3】
CAP Memorandum of Understanding（2014.12.9 改訂版）
＜法令遵守確認プログラムに係る基本合意書＞
IRS と納税義務者（……）との基本合意書

法人名……・事業者番号……

終了課税年度：

法人名……（以下「納税義務者」という。）と内国歳入庁（IRS）（以下，両者を「当事者」という。）とは，以下に記載する法令遵守確認（the CAP: the Compliance Assurance Process）に係る基本合意書を締結する。この基本合意書の実施に当たっては，当事者は，法令遵守確認が適正に行われるよう勤勉かつ誠実に協働することを合意する。

（A）目的

　CAP は，連邦税に係るコンプライアンスを増進するための現在の問題を解決するためのものである。CAP においては，当事者は，納税申告前にすべて又は大半のタックスポジション（tax position）を解決することにより，連邦税のコンプライアンスを達成するために協働する。CAP がうまくいくと，IRS は，納税義務者の申告の正確性について許容できるレベルの確証を得ることができ，伝統的な税務調査の負担を軽減又は実質的に削減することができる。

　CAP 手続において，IRS が申告前検査を行うことは，IRC section 7605 (b) の目的のための納税義務者の帳簿書類等の調査又は検査にはならない。

（B）経理コーディネーター（Account Coordinator）

　CAP の最初に，IRS は，納税義務者に対して，経理コーディネーター（AC）を指名する。経理コーディネーターは，基本的には，IRS の代理人として勤め，法令遵守を推進し，すべての連邦税事案に関する接点となる。もし，経理コーディネーターがその任務を遂行することができなくなったり，

IRS が経理コーディネーターを解任することを決定した場合は，IRS は，納税義務者に通知し，直ちに後任者を指名する。IRS 職員の変更は，この基本合意書を変更するものでも取り消すものでもない。

（C）CAP における基本合意書の有効期間

この基本合意書は，……年度の終了時（以下「CAP 年度」という。）から適用され，両当事者により，直ちに実施される。いったん CAP に選定されると，当該納税義務者は，CAP 基準に適合するよう努めなければならず，かつあらゆる CAP の要請に応えなければならない。当事者は，CAP 申告前検査や申告後調査の間に生じた一切の諸問題が大企業及び国際租税局（Large Business & International（LB&I））により解決されるまでの間，納税義務者が CAP から離脱するか，中止することを選択するまでの間は，この基本合意書を遵守しなければならない。当事者は，毎 CAP 年度において，新しい基本合意書を締結しなければならない。

（D）役割，責任及び協議

1. 納税義務者がなすべき開示事項

IRS と納税義務者とは，連邦所得税の納税申告の前に，許容されうるタックスコン　プライアンスのレベルに達するように協働する。書式 940，941，5500，720，1042 のような，所得税額の申告とは関係のないものは，CAP には含まれず，これらは，伝統的な申告後調査の対象となる。複雑な移転価格事案は，典型的な CAP 合意検査期間を超えた期間延長が必要となろうし，その場合には，部分的合意書（a partial acceptance letter）が締結されるであろう。納税義務者は，重要な移転価格事案を含む，そのすべての事業取引について，明白で包括的な現時点における開示（open, comprehensive, and contemporaneous disclosures）をしなければならない。取引の存在に関する開示に加えて，納税義務者は，そのポジション及び連邦所得税額に重大な影響を及ぼす段階（steps）を記載した納税申告書案を提出するものとする。さらに，納税義務者は，連邦所得税額に重大な影響を及ぼしうる一切に事由及びこの MOU の後掲セクション D2 により合意された重要な限界（the materiality thresholds）に適合する事由に関する納税申告書案に記載するポジションを開示しなければならない。

　取引及びその他重要な事由又は上記の取引における段階（steps）の記載に加えて，納税義務者は IRS に次のことを提供する。すなわち，事業概要，関連するすべての事業体を明らかにする現在の法的・会計的・税務的組織図（organizational charts），そしてこれらのすべての事業体を含めた重要情報の流れ（flow），財務業績情報（financial performance information），課税年度に重要な影響を及ぼす事由に関する情報，会計帳簿組織の入手方法，開示が求められる情報に関する必要な資料などである。

　CAP の目的から，事由は，重要な影響を含むが，次のことに限定されるものではない。それらは，⑴納税義務者に CPA 年度の財務諸表の目的で保存することが求められている事由，⑵納税義務者に CPA 年度の次の期間の財務諸表の目的で保存することが求められている事由，などである。

　納税義務者は，情報と文書を自発的に又は経理コーディネーターからの要請により提供する。経理コーディネーターは，提供されたすべての重要情報を迅速に審査し，かつ納税義務者に対して⑴追加情報の提出を求めるか，⑵納税義務者の税務取扱いについて IRS が同意しないか，又は⑶納税義務者の税務取扱いは適正なものであるかを通知する。四半期毎に，経理コーディネーターは，この MOU の本セクション D1 との関係で納税義務者の作成した開示リストを準備する。このリストは，この MOU により求められたすべての重要な開示であることを証明する旨の署名（納税申告書に記載される公式な署名であるか，MOU の後掲セクション D3 による文書に納税義務者が個別に記載した公式な署名）を付して，納税義務者によって提出される。

　当事者は，必要とされる情報資料請求（Information Document Requests：以下 IDRs という。）の範囲について自由かつ誠実に協議し，その回答期限について相互合意する。何らかの事情により，納税義務者が IDRs の期限を守れないときには，納税義務者は IRS に直ちに通知し，その遅延の状況を説明し，当事者は合意により期限を更新する。IRS は，情報資料請求に係る対応

が適正であるかどうかを迅速に評価し，その対応を分析した後，当該納税義務者との間で審査結果について協議する。当事者は，この検査手続の間，CAP program（the Program）の目的に適合するよう，適切さと迅速さに努めなければならない。IDRs に関して，内国歳入庁マニュアル（Internal Revenue Manual：以下 IRM という。）Part 4.46.4.4. 所定の「情報資料請求管理措置」(Information Document Request Manegement Process) が適用される。

納税義務者は，経理コーディネーターに対して，CAP 年度の納税申告に影響があるときは，その影響が最終合意や争訟に及ぶときも含めて，既に検査され完了した課税期限を行使したり再調整したりするたびに，その課税時期と税額計算書（tax schedules and computations）を提出する。納税義務者は，CAP 開始会議の 15 営業日前にはこれらの情報を開示しなければならない。当事者は，未検査課税期間及び CAP 年度に係る解決策の効果を協議し，これらの変更を適切なものとして取り入れる。

CAP を申請中の納税義務者が，Revenue Procedure 2006-9 に基づき事前価格確認合意（Advance Pricing Agreements）の申請をしていたり，かつ／又は Revenue Procedure 2006-54 に基づき米国の主務官庁からの支援を要請したりしているときには，経理コーディネーター又は CAP チームコーディネーターに対して，これらの要請をした事実を通知しなければならない。その場合には，経理コーディネーター又は CAP チームコーディネーターは，当該事前価格相互確認合意チーム（Advance Pricing and Mutual Agreements Team：以下，APMA という。）又は条約支援解釈チーム（Treaty Assistance and Interpretation Team：以下，TAIT という。）に通知し，ないしアナリストに CAP と APMA／TAIT Programs との調整に当たらせる。

CAP program の納税義務者は，管理取引（controlled transactions）を包括する事前価格確認合意（Advance Pricing Agreements）を実現するよう努める。移転価格案件を進める納税義務者は，経理コーディネーターに対して，相互協議手続（APA）に入ることがよいかどうかを検討するため，APMA 手続と調整をとるように請求することができる。

納税義務者は，将来の解決策や過去の検証期間に生じた問題に係る通知や書類提出の合意を合意期限の15営業日前に行うものとする。当事者は，未検証期間やCAP年度における解決策の効果を検討し，かつ変更が適正に組み込まれているかどうかを検討する。

納税義務者は，連邦又は州の機関から査察の着手を受けたときには，直ちに，経理コーディネーターに通知するものとする。この通知には次のものが含まれる。すなわち，当該査察の詳細，当該法人の帳簿書類等を閲覧することが制限されるかどうかについての評価，当該査察から起こりうる重大な課税問題である。

納税義務者は，CAP年度について，米国に申告した所得，費用及び／又は税額控除に影響を及ぼす，外国からの調査や税額調整（pending adjustments）の着手がなされたときには，直ちに，経理コーディネーター又はCAPチームコーディネーターに通知するものとする。また，納税義務者は，四半期毎に，知り得た情報を更新するものとする。

CAPとの関連においてIRSに提出された一切の情報は，IRC 6103条に定める秘密保護規定により，開示されない納税申告情報とされる。

2. 重要な限界（Materiality Thresholds）を設定しかつ遵守すること及び調査のために必要な項目

当事者は，重要な限界を含む，CAP検査の範囲を共に決定する。重要な限界は，両当事者によって取引を検査するかどうかを決める指針として用いられる。当事者は，この重要な限界の例外が認められる事由について自由に議論する。しかしながら，検査対象となる取引や項目を特定する決定は，IRSの裁量に委ねられている。

さらに，重要な限界は，CAPの検査の過程で再考されることもありうる。重要な限界は，CAP計画において書面で記録され，重要なCAP年度においてだけ適用される。CAP計画は，納税義務者との議論を経て納税義務者に提示される。

重要な限界と項目の特定手続が上記のとおりであるとしても，IRSは，い

つどのように特定されたかにかかわらず，次に掲げる項目について検査することができる。その項目とは，タックスシェルター，上場取引（listed transaction），金利取引（transaction of interest），不正行為（fraudulent items），大企業及び国際租税局におけるコンプライアンス政策（LB&I compliance initiatives），企業経営者（Industry Director）及び業務部門の管理者（Operating Division Directives），関連問題（coordinated issues）及び突発的問題（emerging issues）である。当事者は，詐術的又は法律的なものではない，計算上／数学上又は会計上の明らかな過誤／欠落を正す権利がある。

　重要な限界は，CAP においては，どの取引が検査の対象になるのかを納税義務者に知らせる意味を持っている。重要な限界は，検査対象取引の税務処理に関する調整をするときに意義がある。CAP の一環として検査された取引に係る申告額の調整は，重要な限界の下でなされるであろう。もしこれらの項目が申告書が提出される前に解消したときには，これらの調整は申告後に当該納税申告に対してなされるであろう。

3. 納税義務者と IRS との協議

　CAP がうまくいくためには，誠実で自由な協議が重要である。さらに，納税申告前に連邦所得税額について決着するためには，熱心に協働した相互努力が必要である。同時に，納税義務者がこの MOU を実行しかつ伝達するためには，当該納税義務者は，情報を共有しかつ疑問点や紛争を解決する接点として機能するこの MOU の交付書を添付するものとする。IRS の所轄統括官（IRS Territory Manager）は，CAP 開始会議に出席するものとする。この CAP 開始会議の間，IRS は，CAP チームに参加する IRS の担当者一覧を納税義務者に対して提示する。IRS チームには，経理コーディネーター（AC），チームマネジャー，所轄統括官（Territory Manager）及び所轄税務署長（DFO: Direstor, Field Operations）も含まれるが，これらに限定されているわけではない。

　当事者は，定期的に交流する。定期（週間，月間又は少なくとも四半期毎）会合では，重要な情報，書面及びインタビューを議論したり提示したりするも

のとし，必要に応じて，CAP の状況についても議論し，かつ CAP の過程において生じた懸念を解決するよう行動する。各当事者は，上記の問題，紛争又は懸念を解決するため，権限ある代理人の出席を求める。さらに，当事者は，それぞれの観点から，協力と透明性について公明正大に共に議論し，準備する。

4. IRS による検査のレベル

CAP の間，IRS は，その裁量により（at its discretion），項目の複雑性や数により，また CAP における納税義務者のコンプライアンスの履歴，協力及び透明性により，検査のレベルを引き下げることができる。こうした状況の下，納税義務者は，CAP を継続し，かつ納税申告前に，申告是認に係る書面（the appropriate letter of acceptance before filing its tax return）の送達を受ける。

さらに，IRS は，その裁量により，納税義務者が法令遵守保全措置（Compliance Maintenance：以下 CM という。）の段階（phase）にあると決定することができる。この段階では，IRS は，項目の複雑性や数により，また CAP における納税義務者のコンプライアンスの履歴，協力及び透明性により，検査レベルを引き下げる。CM の段階では，納税義務者は，その取引について，明白，包括的そして即時に（open, comprehensive, and contemporaneous）開示し続ける義務を負う。納税義務者は，連邦所得税額，その他重要項目及び CAP 年度に生ずるであろう項目でこの MOU において合意された重要な限界に該当する事実について，重大な影響を及ぼす取引の進捗段階（steps）を記載した説明書を提出しなければならない。さらに，納税義務者は，これらの開示項目に関する税務ポジションを明らかにしなければならない。IRS は，毎年，取引の複雑性及び／又は数量又はその他の要素に応じて，当該納税義務者を CAP 段階と CM 段階との間で移動することができる。

（E）争点解決合意

当事者は，CAP を通じて，争点を明らかにし，これを解決するよう協働する。当事者は，定期的に，事実認識や専門技術的認識の違いを解消させる

目的で協議を行う。当事者が項目や争点を完全に明らかにした後，IRS は，事案解決合意書（Issue Resolution Agreement：以下 IRA という。）を CAP において合意した項目や争点毎に起案するが，ここには単に事実を解明するだけで解決されるような項目や争点は含まれない。IRA が発行されるたびに，当事者は回答期限を相互合意する。この回答において，納税義務者は当該 IRA について合意するか合意しないかを明らかにする。納税義務者が IRA に合意しないときには，納税義務者のポジションに関するすべての重要な事実及び法的立論を明らかにする。納税義務者が何らかの理由で IRA の回答期限を遵守できないときには，当該納税義務者は直ちに IRS に通知し，かつその遅延の理由を説明し，その上で，当事者は回答期限を更新する。CAP 年度の終了に当たって，また，IRS が適当と認めるときに，経理コーディネーターは，争点について合意された解決策を含む書式 906 により，完了した IRA（s）に基づく最終合意書（Closing Agreement（s））を発する。単なる事実解明により解決する争点や納税義務者によって明示されている情報を膨らませたり精密化したりするような争点は，IRA や書式 906 による最終合意書には記載されない。

（F）合意に至らなかった争点

　納税義務者が IRS の提示する解決策に合意しないときは，納税義務者と IRS とは，問題解決手続（existing issue resolution processes）を利用することができる。この手続は，臨機応変に行われる。IRS は，納税義務者からの要請があり，他に問題がないときは，即決手続（Fast Track Settlement：Revenue Procedure 2003-40 参照）をとる。

（G）CAP の結論及び申告後調査（Post-filing Review）

　CAP の申告前の段階における結論として，納税義務者が MOU の基準を完全に満たしており，かつその過程で確認されたすべての項目や争点が，最終合意書及び／又は IRA との関係において解決された場合には，IRS は，当該納税義務者に対して合意完了書（a Full Acceptance Letter）を発する。この合意完了書は，次のことに関する書面による確認書である。それは，申告

書の提出後審査の完了により，申告書が解決合意の内容と一致しており，かつ申告後調査において不明確な新たな項目や争点が他に見つからないときには，IRS は納税義務者の当該申告書を是認する。

CAP の申告前の段階における結論として，納税義務者が MOU の基準を完全に満たしてはいるが，IRS 及び納税義務者が確認されたすべての項目や争点を申告前に解決できていない場合は，IRS は，納税義務者に部分承認書（a Partial Acceptance Letter）を発する。この部分承認書は，次のことに関する書面による確認書である。それは，申告書の提出後審査の完了により，当該申告書が最終合意書及び IRA と一致しているときには，項目や争点が解決されたものとして，IRS は納税義務者の当該申告書を是認する。

納税義務者が納税申告書を提出した後，経理コーディネーターは，申告書の複写を確保し，申告後検査に着手する。申告後検査の間，当事者は，確認されたすべての項目や争点が合意されたとおりに報告されているかどうか，MOU のとおりにすべての開示がなされているかどうかを確認するため，当該申告書を共に検査する。合意完了書が発された場合においては，申告後検査の目標は，申告後 90 日以内である。当該申告書が最終合意書及び／又は IRA の条件と一致していないときで，申告前に解決されていない項目や争点がある場合や申告書において十分に開示されていない項目がある場合には，IRS は，伝統的な調査手続によりそれらの争点を検査する。IRS が申告前の段階で十分に開示されてた取引や納税義務者により開示されたとおりに申告書に記載された取引を検査しない決定をなすときには，IRS は，通常，申告後検査においては当該取引を検査対象とはしない。納税義務者には，伝統的な税務調査については，不服申立てを行う途が残されている。

申告後検査により，すべての項目や争点が開示されかつ解決されていることが確認されたときには，IRS は，IRC section 7605(b)に基づく納税義務者の帳簿調査を終了する，変更不要書（a NO Change Letter）を発する。

申告後 30 日以内に，納税義務者は，経理コーディネーターに対して，当該納税義務者の米国所得税申告書に署名する権限を有する職員によって作成

された申告後説明書（a Post-filing Representation）を提出する。申告後説明書は別添書式1（Attchment 1）の書式によりなされなければならない。

(H)終結又はCAPの中止

　納税義務者又はIRSがこのMOUを進める責務を果たすことができなかったり又は対応できなかった場合には，当事者はそうした争点をIRM 4.51.1の継続手続により解決する。この手続は，臨機応変に採用される。納税義務者がこのMOUの条件を遵守できないとIRSが判断したときには，所轄統括官（the Territory Manager）は，IRSの懸念を文書による通知として発する案件として処理する。この懸念が納税義務者に送達された後30日以内に解消されない場合には，この案件に係る所轄税務署長（Director, Field Operations：以下DFOという。）は，終結文書を納税義務者に発し，このprogramへの納税義務者の参加は終了する。IRSは，当該納税義務者の行った納税申告に対して伝統的な申告後調査を行うこととする。

　四半期毎に，CAPチームマネジャー（CAPチームの他のメンバーから選出された者）及び納税義務者並びに／又はこれらの者の代理人は，透明性と協力関係を評価しかつ記録する。協議は，この評価の結果に潜在的懸念がありうる場合に行われる。

　このMOUに至までに存在した重大又は一貫した過誤の例は，終結通知に示される。それらとは，⑴情報資料請求（IDRs: information Document Requests）に対する回答期限を遵守しなかったり，無回答又は不完全な回答だったこと，⑵有意に又は誠意を持って事に当たらなかったこと，⑶すべての取引の存在，取引の手法（steps within the transactions）及びこのMOUの前掲セクションD1に定める当事者の行うべきことを開示しなかったこと，⑷タックスシェルター又は別表記載の取引（listed transaction）を開示しなかったこと，⑸当該法人に係る公表記録からはIRSに認識されない査察又は訴訟の存在を開示しなかったこと，そして⑹その他このMOUに定める責任を果たさなかったこと，である。

　MOUの期待することに応じられないか又は応じる意思がない納税義務者

は，いつでも，CAP から離脱したい旨を書面により提出することができる。当該書面を受理したときには，IRS は，当該納税義務者に対して終結通知を発し，これにより納税義務者のこの program への参加は終了する。IRS は，当該納税義務者の納税申告について，伝統的な申告後調査を行うこととする。

（Ⅰ）争訟及び両院租税委員会の審査

1. 争訟

納税義務者が可能な還付請求権を認識した場合には，あらゆる可能な還付請求は経理コーディネーターに対して行われなければならない。連邦所得税に関する還付を求める一切の争訟（clames）又は請求（requests）については，書式 1120X 又は 1139 を提出することにより行わなければならない。争訟は，財務省規則 Treasury Regulation section 301.6402-2 に定める基準に適合しなければならない。この規程による，争訟の有効要件は，次のとおりである。

・　有効な証拠があること。

・　いかなる控除又は還付を求めるのかについて詳細な根拠があること。

・　請求の趣旨を IRS に理解させるに足る十分な事実を提出すること，そして，

・　偽証罪に係る宣誓書を含むこと。

2. 両院租税委員会（Joint Committee on Taxation）

CAP 年度の申告前に，当該納税申告が，申告されたときにおいて，両院租税委員会の検査対象となる還付請求となるときには，IRC section 6405 が適用される。同条が適用されるときには，政府を代表する JCT により審査されかつ承認されるまでは，最終合意を行うことはできない。IRM 4.36.3.6.2. を参照。IRM 8.13.1.4.6.1. に基づき，納税義務者により署名された最終合意書は，両院租税委員会報告書原本に収録される。JCT が当該報告書及び提出された最終合意書に異議を唱えないときは，所轄執行部門が最終合意書に署名することができる。

申告前に合意完了書（a Full Acceptance Letter）が発されたとき及び申告後検査によって，納税申告書が申告前の解決内容と同じに申告されているとき

並びに申告された納税申告に追加的な項目や争点が認められないときには，経理コーディネーターは，両院租税委員会の専門家に対して，審査し，両院租税委員会報告書を作成し，かつその報告書を JCT に提出するための書類を作成する。JCT が検査を完了しかつ IRS に対して完了通知（clearance notification）を送付したときには，IRS は最終合意を執行する。申告前に部分承認書が発されたときの納税申告については，懸案項目又は争点がすべて解消されていれば，両院租税委員会報告書が JCT に送付される。JCT がその検査を完了しかつ完了通知を IRS に送付したときには，IRS は最終合意を執行する。

<u>基本合意書の締結</u>

　下記に署名のある両当事者の代表者は，記載された目的，責任及び手続ガイドラインについて相互に合意したことをここに明らかにする。両当事者は，この書面が CAP を実施することを目的とするものであって，法的執行力を有する合意ではないことを了解した。

署名及び日付

納税義務者側（連邦所得税申告を行う権限ある業務執行者）

氏名：

地位：

日付：

内国歳入庁側

氏名：

（大企業及び国際関係局長　地域所轄税務署長 LB＆I Director, Field Operations）

日付：

別添書式1（Attchment 1）
納税義務者による申告後説明書（a Post-filing Representation）

納税義務者による申告後説明書は,

下記に署名のある者の最善の知見と信頼により，CAP基本合意書セクション G に従い，内国歳入庁（IRS）と……（納税義務者）との間で…年…月…日付けで，下記署名の者が提出する，…年…月…日に終了する課税年度の，移転価格案件を含む一切の完了した取引及び納税義務者の米国連邦所得税額について重大な影響を及ぼす事由について開示する。加うるに，本説明書を提出した日付において，当該納税義務者に報告が求められている，CAP年度又は次年度における財務諸表の作成するために残された課題として，…年…月…日に終了する課税年度に関する，納税義務者の米国連邦所得税額に係る開示されていない取引又はタックスポジションは存在しない。

署名及び日付：
（米国連邦得所得税申告書に署名する権限ある業務執行者）：

地位：
日付：

納税環境の整備

日 税 研 論 集　第 67 号　（2016）

平成 28 年 1 月 20 日　発行

定　価　（本体 3,149 円＋税）

編　者　公益財団法人　日本税務研究センター

発行者　宮 田 義 見

東 京 都 品 川 区 大 崎 1 - 11 - 8
日本税理士会館 1 F

発行所　公益財団法人　日本税務研究センター

電話（03）5435-0912（代表）

製　作　第一法規株式会社